In jener Gegend lagerten Hirten auf freiem Feld und hielten Nachtwache bei ihrer Herde. Da trat der Engel des Herrn zu ihnen, und der Glanz des Herrn umstrahlte sie. Sie fürchteten sich sehr, der Engel aber sagte zu ihnen: Fürchtet euch nicht, denn ich verkünde euch eine große Freude, die dem ganzen Volk zuteil werden soll: Heute ist euch in der Stadt Davids der Retter geboren; er ist der Messias, der Herr. Und das soll euch als Zeichen dienen: Ihr werdet ein Kind finden, das, in Windeln gewickelt, in einer Krippe liegt. Und plötzlich war bei dem Engel ein großes himmlisches Heer, das Gott lobte und sprach: Verherrlicht ist Gott in der Höhe, und auf Erden ist Friede bei den Menschen seiner Gnade.

Aus dem Evangelium
nach Lukas, 2. Kapitel, Verse 1–14

Marina Thudichum (Hrsg.) · Weihnachten für alle

Weihnachten

für alle

Vom Martinstag
bis zum Dreikönigsfest

Herausgegeben von
Marina Thudichum

Verlag Ludwig Auer
Donauwörth

Neubearbeitung
1. Auflage. 1988
© by Ludwig Auer GmbH, Donauwörth. 1980
Alle Rechte vorbehalten
Typographie: Franz Meier und Josef Kinzelmann, Donauwörth
Zeichnungen: Harald Hülsmann, Bissingen
Gesamtherstellung: Ludwig Auer GmbH, Donauwörth
ISBN 3-403-01926-8

Zu diesem Buch:

Es gibt viele Arten, Weihnachten zu feiern. Wir möchten diese Arten hier nicht aufzählen, sondern Anregungen geben, wie der einzelne sich sein Fest verschönen kann. Wir haben dabei ebenso an die vielen gedacht, die des Trostes und der Stille bedürfen, wie an jene, die den Heiligen Abend mit guten Freunden oder in der Familie feiern. Deshalb sind die Beiträge in diesem Buch sehr vielgestaltig – eine Sammlung liebevoll zusammengestellter Variationen zu dem großen Thema Weihnacht. Inhaltlich umfaßt das Buch den Zeitraum vom Martinstag bis zum Dreikönigsfest. Vielleicht vermögen diese „Variationen" auch jene etwas von dem Zauber und der Würde der „stillen Zeit" spüren zu lassen, die den Advent in geschäftiger Unruhe und Hetze verbringen müssen.

Mit besonderer Liebe haben wir der Vorbereitungen zum Heiligen Abend gedacht. Dazu gehören besondere Basteleien, neue Backrezepte, kleine Geschichten und Gedichte zum Vorlesen, Lieder zum gemeinsamen Singen.

Viele, die in Vereinen und Jugendgruppen Weihnachtsfeiern veranstalten, suchen nach geeigneten Vorschlägen. Hier finden sie religiöse Lesungen, Geschichten, Gedichte, Lieder, Krippenspiele. Die meisten Spiele können ohne technischen Aufwand, großen Raumanspruch und Kostümschwierigkeiten auch in der Familie aufgeführt werden.

Wir wünschen Ihnen – und damit uns – viel Freude mit diesem Buch und ein gesegnetes Weihnachten für alle!

Marina Thudichum

5

Weihnachten heute

Weihnachten damals war kein lärmendes Ereignis, und es blieb lange verborgen. Was im Kommen Jesu geschehen war, wurde erst nach seinen langen stillen Jahren in Nazaret offenbar. Charles de Foucauld hat diese Jahre in Nazaret am Ort selbst meditiert und in ihnen Werte, Impulse, Vorbilder entdeckt, die unserer auf Aktivität und Wirkung nach Außen bedachten Zeit zumeist entgegenstehen und die doch gerade sie dringend braucht.

Weihnachten heute – das sind Wirkungen Christi heute, Wirkungen seines Evangeliums und seiner Gnade. Und auch sie müssen nicht am Tage liegen, nicht von Computern erfaßt, nicht in den Zeitungen gemeldet werden.

Weihnachten heute – das kann ein neuer Brückenschlag von Mensch zu Mensch sein, wo vorher Mißverstehen, Abneigung und Haß regierten. Weihnachten heute, das kann eine neue Zuversicht und Hoffnung in einem Menschen sein, wo das Leben schon verpfuscht und vertan schien; es kann ein geduldiges Ausharren eines Menschen unter Lasten sein, die ihn schwer drücken und deren Ende nicht abzusehen ist. Dies und vieles, unendlich vieles andere, kann Weihnachten sein – und doch nie etwas anderes als ein Leben nach den Idealen des Evangeliums und in der Gnade Christi; ein menschliches Leben, dessen Werte mehr verborgen als offenkundig sein können, und doch ein Leben, in dem Gottes Herrschaft und Reich schon anbricht und der messianische Friede seine Kraft erweist.

Weil Gott Mensch geworden ist, darum darf und wird sich das Christliche immer wieder erweisen im menschlichen Unscheinbaren, im Alltäglichen, im Frohen und im Leidvollen – in all jenem Um und Auf im Ablauf der Zeit, aus dem unser Leben besteht. In Jesus Christus war ein Mensch ganz offen für Gott und Gott ganz anwesend in einem Menschen; und dieser Mensch Jesus war mitten unter uns. Seitdem gibt es nichts Höheres und Wichtigeres, als immer mehr offen zu werden für Gott und alles göttlich Gnadenhafte immer neu im menschlichen Alltag, im Unscheinbaren, sich auswirken und ausleben zu lassen.

Weihnachten ist kein Programm zur Weltverbesserung, kein Aufruf zu bestimmten Aktionen, so gut und notwendig sie sein mögen. Weihnachten ist zunächst für uns ein Geschenk. Wer Gottes Liebe, die in Menschengestalt uns entgegeneilt, annimmt und erwidert, wird selbst ein neuer Mensch; und neue Menschen sind wichtiger als neue Programme. Der alte Adam verbessert die Welt nicht, und seine Aktionen greifen zu kurz. Das heißt nicht, daß es der Aktionen und der Verbesserungen nicht bedürfte; sondern daß „Zuständereform" wenig bringt ohne „Gesinnungsreform"; ja daß es, genaugenommen, einer Neugeburt bedarf, eines ganz neuen Anfangs. Weihnachten war und ist immer wieder der ganz neue Anfang; und

Jesus Christus ist der neue, der göttliche Mensch. Je mehr wir uns ihm annähern, desto mehr bricht Gottes Reich mitten unter uns an. Aber das schafft nicht das Wollen und Laufen des Menschen, nicht menschliche Tatkraft und Leistung – es ist vor allem eine Gabe Gottes, Geschenk, Gnade. Und es wird wohl auch nie so sein, daß einer mit seiner Neugeburt fertig ist; den alten Adam schleppt er immer noch mit. Darum haben wir nötig, daß wir immer wieder Weihnachten feiern; nein, nicht nur feiern: daß wir Weihnachten zu leben suchen. Immer neu soll es heißen können: Erschienen ist die Güte und Menschenfreundlichkeit Gottes unter uns. Ist nicht das, gerade für uns Menschen heute, im 20. Jahrhundert, im Unfrieden und in den Grausamkeiten, in der Herzlosigkeit und Rastlosigkeit unserer Zeit, eine wahrhaft frohe Botschaft, der man nicht widersprechen kann?

Andreas Baur

Froh ist nur, wer geben mag.

J. W. v. Goethe

Am 11. November ist Martinstag

Martin von Tours wurde um 316 zu Sabaria geboren. Er besuchte die Katechetenschule zu Papia, mußte aber nach dem Willen seines heidnischen Vaters in das Heer eintreten. Er kam nach Gallien, wurde dort getauft und genoß ob seiner vornehmen Gesinnung und seines Edelmutes bald allseitige Achtung und Verehrung. Einst teilte er seinen Mantel mit einem Armen. Der Legende zufolge erschien ihm in der folgenden Nacht Christus, mit diesem Mantelstück bekleidet. Martin lebte dann mehrere Jahre als Mönch in seiner pannonischen Heimat, wo er seine Mutter bekehrte. Von den Arianern zur Rückkehr nach dem Westen gezwungen, ließ er sich erst in Italien und dann in Frankreich nieder. 375 wurde ihm das Bistum von Tours übertragen. Auch als Bischof lebte er in einer einsamen Zelle auf einem steilen Felsen. Als sich in der Nähe nach und nach 80 weitere Mönche ansiedelten, erstand dort das Kloster von Marmoutiers. Martin starb um das Jahr 400. Er erwarb sich große Verdienste um die Ausbreitung des orthodoxen Christentums und des Klosterwesens in Gallien.

Die Kirche erklärte den Tag seines Begräbnisses zum Tag seiner Verehrung. In der Beschreibung seines Lebens heißt es: „Er war jeder Gewalttat feind."

Warum wir dieses Buch mit dem Martinstag beginnen? Nun, der 11. November fällt zwar noch nicht in die Vorweihnachtszeit. Aber St. Martin ist bestimmt der rechte Begleiter auf dem Weg in den Advent. Er, der ehemalige Soldat, war ein Mann des Friedens und der Nächstenliebe. Er fand es nicht in Ordnung, daß er sich in einen Mantel hüllen konnte, während ein Bettler fror. Da teilte er den Mantel. Er teilte ihn mit dem Schwert, mit einer Waffe, deren Aufgabe es ist, den Tod zu bringen. So zwang Martin auch sein Schwert, Gutes zu tun.

Wir dürfen also am Martinstag beginnen, an Weihnachten zu denken, uns auf Weihnachten zu freuen.

Ein Herz
für
die Armen

Unsere Kirche war dem heiligen Martin geweiht. Ich war stolz darauf, denn der heilige Martin war auch mein Namenspatron.

Meine Mutter wußte viele Geschichten von diesem großen Heiligen. Am besten gefiel mir die, in der berichtet wird, wie Martin seinen Mantel mit einem Bettler teilte. „Er hatte ein Herz für die Armen", pflegte meine Mutter zu sagen. Ich nahm mir vor, auch ein Herz für die Armen zu haben.

Eines Tages kam ein Drehorgelmann durchs Dorf. Wir Kinder freuten uns sehr darüber und liefen von Haus zu Haus hinter ihm drein. Ich hatte bis dahin immer gefunden, daß Drehorgelmann sein ein lustiger Beruf ist. Aber mit diesem da war es anders. Er war alt und sehr mager. Er ging langsam, nach vorn gebeugt, hie und da hauchte er sich in die Hände. Es war kalt. Ich sah nachdenklich zu ihm hin und steckte meine Hände in die Hosentaschen. Dabei fühlte ich das Fünferl, das mir die Guggerbäuerin für einen Botengang geschenkt hatte. Ich trug es schon zwei Tage mit mir herum und überlegte immer noch, was ich mir dafür kaufen sollte. Plötzlich wurde mir heiß. Ein Herz für die Armen haben, bedeutete das, dem Drehorgelmann das Fünferl zu schenken? Ich erschrak ordentlich. Ein ganzes Fünferl? Der heilige Martin hatte nur seinen halben Mantel hergeschenkt – ein Fünferl konnte man aber nicht teilen. Um nicht weiter nachdenken zu müssen, lief ich, so schnell ich konnte, heim. Ich schwitzte vor Eile und Aufregung, und das war wahrscheinlich schuld, daß mich der dicke Wollschal am Hals besonders arg juckte und kratzte. Er war aus gefärbter Schafwolle, er ärgerte mich, so oft ich ihn anhatte, und ich mußte ihn den ganzen Winter über tragen. Ich blieb stehen und zerrte daran, und da kam mir plötzlich ein Gedanke: Ich könnte ja dem Drehorgelmann den Schal schenken, der war mehr wert als ein Fünferl. Ich würde ihn nicht auseinanderschneiden wie der heilige Martin seinen Mantel – nein, ich würde ihn ganz und ungeteilt überreichen. Mir schwindelte schier vor meiner großen Güte.

Als ich noch so an unserm Gartenzaun stand, kam der Drehorgelmann zurück. Müde schlurfte er dahin und zog die Drehorgel hinter sich her. „Sie!" sagte ich. Da schaute er auf und blieb stehen.

„Ich schenk' Ihnen was", erklärte ich hastig und riß mir den Schal vom Hals. Er schaute mich erstaunt an. „Nehmen Sie ihn doch", sagte ich, und weil der Mann sich nicht rührte, legte ich den Schal auf die Drehorgel.

Da endlich schüttelte der Drehorgelmann den Kopf und fragte: „Darfst du denn das?"

„Ich schenk' ihn gern her", sagte ich, und das war die Wahrheit.

Ich weiß heute noch nicht, wo mein Vater so plötzlich herkam. Jedenfalls stand er auf einmal neben mir. Ehe er etwas sagen

konnte, versicherte der Drehorgelmann eifrig und ängstlich, daß er mich nicht angebettelt habe. Dabei nahm er den Schal von der Drehorgel und hielt ihn meinem Vater entgegen.

Aber mein Vater wehrte freundlich ab: „Schon recht, behalten sie ihn nur!" Der Drehorgelmann bedankte sich überrascht und beglückt. Dann schlurfte er davon. Ich schaute ihm sehr erleichtert nach.

Aber meine Freude war verfrüht. „Etwas herzuschenken, was man selber nicht mag, ist keine gute Tat", sagte mein Vater. „Deine Mutter hat viel Arbeit gehabt mit dem Stricken, und die Wolle war auch nicht billig. Es wird einige Zeit dauern, bis du das abgearbeitet hast." Dann zog er sich seinen Schal vom Hals und wickelte ihn mir um. „Damit du nicht frierst", sagte er. „Ich habe ja noch einen." Dann ging mein Vater ins Haus.

Ich schaute ihm nach. Ich fühlte das Fünferl in der Tasche, aber es machte mir keine Freude mehr. Der Schal juckte mich noch ärger als meiner es getan hatte. Er war schwarz, meiner war wenigstens grün gewesen. Außerdem hing er mir bis zu den Knien hinunter, auch wenn ich ihn zweimal herumwickelte. Ich erkannte, daß es gar nicht so einfach war, ein Herz für die Armen zu haben.

Marina Thudichum

Wir basteln Laternen für den Martinszug

Auf der nebenstehenden Abbildung sehen wir ein Beispiel, wie man mit wenig Aufwand eine reizvolle Laterne herstellen kann. Wiedergegeben sind eine fertige zylinderförmige Laterne und daneben die Teile einer zweiten: bemalter Mantel, Bodenscheibe und zwei Ringe für das offene obere Ende.

Für den Mantel ist selbstverständlich Transparentpapier nötig. Da käufliches zwar gut durchscheint, aber dünn und sehr verletzlich ist, haben wir uns selbst eines hergestellt. Wir nehmen dazu gelbes Tonpapier (ein ganzer Bogen 72 × 50 cm ergibt drei Laternenstreifen 24 × 50 cm), bestreichen jeden Streifen mit Leinöl (dies ist vielleicht in der Küche vorrätig), legen es zwischen saugfähiges Makulatur- oder Seidenpapier (jedoch nicht Zeitungspapier, weil das abfärbt), das das überschüssige Öl aufnimmt.

Zum Malen eignen sich vorzüglich Wachsmalkreiden, in diesem Fall natürlich ohne Gelb und Weiß. Zunächst wird an der Längsseite oben und unten ein 2 cm breiter Streifen markiert, der zum Aufkleben an Boden und oberem Ring umgebogen und, wie auf der Abb. zu sehen, zahnartig eingeschnitten wird. Je nach Verwendung der Laterne werden Motive aufgemalt, bei der fertigen hier sind es

weihnachtliche Motive, Krippe und Stern, Maria und Josef, beim liegenden Laternenmantel Sankt Martin, der Bettler, ein Baum usw. Man könnte sich auch eine Fülle von verschiedenen Sternen, Schweifstreifen nicht zu vergessen, schön vorstellen. Der Laternenmantel wird mit Pattex so weit überlappend zusammengeklebt, daß er genau auf den Boden paßt. Dieser (aus starkem Karton) hat einen Durchmesser von 14 cm. Ebenso groß sind die oberen Ringe, die eine innere Weite von 10 cm haben; deswegen zwei, weil sie aus dünnem Karton leichter zu schneiden sind und, zusammengeklebt, trotzdem stabil genug werden, die Aufhängevorrichtung aus Draht an vier kreuzweise eingestochenen Löchern zu tragen. Dabei ist der obere Ring ebenfalls mit Wachsmalkreiden in einem passenden Ornament wie Zickzack oder Bogen oder Schrägstreifen dicht bemalt. Die fertige Laterne besitzt obenauf einen Ring aus Metallfolie mit eingeprägten und bemalten Sternen (siehe Prägestern Seite 69), außen fransig und innen zackig geschnitten. Wenn solche Laternen durch ein sogenanntes Teelicht erleuchtet werden, so werfen sie im dunklen Raum lauter Schattensterne an die Decke, was den Zauber noch erhöht.

Eleonore Weindl

14

**Ich geh
mit meiner Laterne**

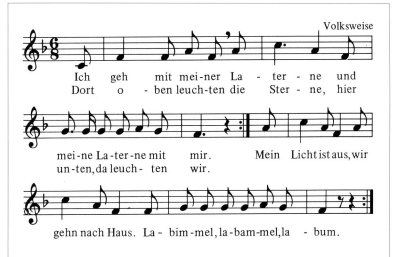

Volksweise

Ich geh mit mei-ner La - ter - ne und
Dort o - ben leuch-ten die Ster - ne, hier

mei-ne La -ter -ne mit mir. Mein Licht ist aus, wir
un-ten, da leuch- ten wir.

gehn nach Haus. La - bim-mel, la-bam-mel, la - bum.

Martinslied

1. Mar - tin, Mar - tin, Mar - tin ist ein
Zün - det ihm die
daß er dro - ben

from -mer Mann.
Lich -ter an,
seh -hen kann, was er un -ten hat ge -tan.

2. Martin, Martin, Martin ist ein lieber Mann.
Stimmt ihm frohe Lieder an,
daß er droben hören kann . . .

Laterne, Laterne

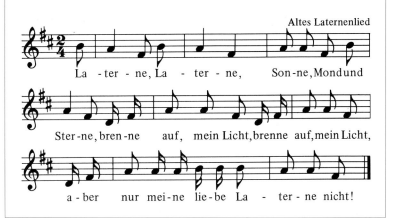

Altes Laternenlied

La -ter - ne, La - ter - ne, Son -ne, Mond und

Ster -ne, bren -ne auf, mein Licht, brenne auf, mein Licht,

a - ber nur mei -ne lie -be La - ter - ne nicht!

15

*Der Mensch
ist die Sehnsucht Gottes,
ist ein Ziel seiner Liebe.*
Augustinus

Adveniat regnum tuum

Die große Erwartung

Der Advent ist die Vorbereitungszeit auf Weihnachten, die Zeit der Erwartung auf den Erlöser.

Die Erwartung steigert sich – wie die Anzahl der brennenden Kerzen am Adventskranz – von Sonntag zu Sonntag, auf Weihnachten zu. Kinder und allzu schlichte Gläubige mögen meinen, damit seien 4000 Jahre des Wartens auf den Erlöser nachgebildet; wenn dies auch nicht stimmt, so gilt doch: Der Advent versetzt uns rückschauend in die Zeit, die dem Kommen des Herrn vorausging. Er will uns zugleich vorausschauend bewußt machen, daß wir selber noch Wartende sind, bis er zur Vollendung unseres Lebens und aller Welt wiederkommt.

Die Zeit der Erwartung seiner Ankunft reicht, biblisch gesprochen, von Adam bis Christus. Aber Adam bedeutet die ganze Menschheit, deren Ursprung sich in grauer Vorzeit verliert. Der Anfang unseres Advents ist somit weder einigermaßen datierbar noch vor der Erfindung der Schrift in den einzelnen religiösen Erwartungen und Hoffnungen sprachlich faßbar. Aber der Mensch selbst ist ein adventliches Wesen von Anfang an: erlösungsbedürftig, ausschauhaltend nach Heil, immer und immer wieder hoffend trotz allem Leid, aller Erfahrung von Vergeblichkeit und Vergänglichkeit. Die Hoffnung, daß das Licht die Nacht, das Leben den Tod, die Liebe den Haß endgültig besiegen, daß einmal den Menschen unsagbarer Friede, unzerstörbare Freude und selbstlos lauteres Glück beschieden sein werden – diese Hoffnung gehört zu den höchsten Gütern der Menschheit.

Die Menschheit lebt im Advent.

Diese Hoffnung und Erwartung wird freilich erst in Israel ihrer selbst bewußt; dort ist sie in Gott und seiner Geschichte mit den Menschen verankert. Die Propheten können auf vergangene Erfahrungen mit Gott hinweisen und dürfen Verheißungen künftigen Heils im Namen Gottes verkünden. Solche Heilsworte, in bestimmter Zeit gesprochen und zunächst für diese Zeit bestimmt, werden im Volk Israel nicht vergessen; an ihnen entzünden sich immer neue Hoffnungen auf die Treue Gottes, der sein Volk nicht verläßt. Sie knüpfen sich besonders an den einen, der aus dem Geschlecht Davids kommen soll, den Gesalbten, den Messias oder Christus, der Friede und Heil, Gerechtigkeit und Gnade für immer in die Welt bringen wird.

Uns kann es hier nicht darum gehen, die vielfältigen Zeugnisse dieser Erwartung im jüdischen Volk aufzuzählen. Sie flammt immer wieder neu auf und reicht über Jahrhunderte der Unterdrückung und des Leids hinweg. Eine der ganz großen Gestalten dieser Erwartung begleitet den Christen in der Adventsliturgie; es ist Jesaia, in dessen Worten bereits der verhaltene Jubel aufbricht: „Ein Kind ist uns geboren, ein Sohn ist uns geschenkt; die Herrschaft liegt auf seiner Schulter und man nennt ihn wunderbarer Ratgeber, starker Gott, Vater in Ewigkeit und Friedensfürst" (Jes 9,5).

Die anderen Gestalten, die die Adventsliturgie beherrschen, sind Johannes der Täufer und schließlich Maria selbst, die Gläubige, die dem Wort des Engels vertraut hat, die ihr Jawort gesprochen hat, die dem Tag der Geburt Christi entgegengeht in dem Bewußtsein: „Selig preisen werden mich von nun an alle Geschlechter, denn Großes hat an mir getan der Mächtige . . ."

Aber die Erwartung des Volkes Israel richtet sich nicht nur auf den Messias, sondern fast noch mehr auf das Reich, das er herauführen soll: das Reich Gottes, das Reich der Himmel, wie man ehrfurchtsvoll (um den Gottesnamen zu vermeiden) in Israel sagte. Es war die erregende Botschaft Jesu Christi, daß Gottes Reich durch ihn zum Greifen nahe gekommen sei – „mitten unter euch"!

Vielfach wurde dieses Reich Gottes verständlicherweise von den Juden unter der römischen Besatzung politisch mißdeutet. Eine ungeduldige Befreiungstheologie erwartete vom Messias vor allem die Erlösung vom römischen Joch. Jesus aber brachte die Erlösung von den Sünden und die Hoffnung auf die Überwindung des Todes, wenn einst die Menschen gleichgestaltet werden mit dem auferstandenen Herrn.

Das ist das große Heilsgut, um dessen Kommen er seine Jünger zu beten lehrte: „Vater unser, Dein Reich komme!" Adveniat regnum tuum!

Der Advent ist darum immer auch gemeint als eine Zeit, in der wir unsere Erwartung des Reiches Gottes erneuern sollen. Denn wir haben durch Glauben und Taufe volles Bürgerrecht in diesem Reich; die Kirche bietet uns in Wort und Sakrament die Kräfte dieses Reiches an, daß sie in uns wirken können – aber seine Herrlichkeit ist noch verborgen. Nur das gläubige Auge nimmt einiges davon wahr. Darum leben wir wirklich noch im Advent. Und so sollen wir es wieder verstehen, wenn wir Weihnachten entgegengehen.

Den Advent begehen, das heißt: hören auf die alten Worte der Propheten, die in Christus neue Bedeutung gewinnen; hören auf sein Wort; sich freuen über seine Botschaft und seine Verheißung; umkehren von falschen Wegen; neu anfangen, die Liebe zu üben, die das Grundgebot des Reiches Gottes ist. *Andreas Baur*

*Wir warten
auf den Einen*

Melodie: Erna Woll · Text: Marina Thudichum

1. Wir war - ten auf den Ei - nen, der
uns so ganz ver - steht, der Zeit hat für uns
al - le und im - mer mit uns geht. Der
weiß, wa - rum wir la - chen, wa - rum wir
trau - rig sind; der weiß, wie - vie - le
Fra - gen und Nö - te hat ein Kind.

2. Wir warten auf den Einen, den Gott verheißen hat!
   Wir warten in den Dörfern, wir warten in der Stadt
   auf ihn, den Freund der Kinder, der Armen in der Welt,
   der alle dunklen Nächte mit seinem Licht erhellt.

3. Erhörst Du unser Rufen? Wir sind doch alle dein!
   Komm du in unsre Mitte, wir wollen dankbar sein.
   Du Heiland aller Menschen, du kommst ja auch für mich!
   Sohn Gottes, Freund, Erlöser, ich warte sehr auf dich.

Der Barbara-zweig

Wer am Weihnachtstag, mitten im schneekalten Winter, dem Christkind einen blühenden Geburtstagsstrauß schenken will, der muß am 4. Dezember Barbarazweige in die Blumenvase stellen.
Man nimmt Ästchen vom Kirsch-, Apfel-, Birn-, Pfirsich- oder Aprikosenbaum. Sie werden darum Barbarazweige genannt, weil sie am Namenstag der heiligen Barbara geschnitten werden und, wie ein Wunder, trotz der eisigen Winterzeit, genau am Weihnachtstag in herrlicher Blüte stehen.

Nach der Legende war Barbaras früh verstorbene Mutter die Tochter des römischen Kaisers Maximin I. Barbaras Vater war ein fanatischer Götzendiener, der sein Kind abgöttisch liebte. Wenn er verreisen mußte, schloß er seine überaus schöne und kluge Tochter in einen prächtig eingerichteten Turm ein, damit nur ja keiner ihr nahen konnte. Als er eines Tages von der Reise zurückkehrte, sah er mit Befremden, daß ein drittes Fenster in den Turm gebrochen war. Schnell trat er in Barbaras Zimmer. Da fand er in die marmorne Wand das verhaßte Kreuzzeichen eingeritzt. Auf seine Fragen bekannte Barbara, daß sie Christin geworden sei. Sie selbst habe das Fenster, der aufgehenden Sonne zu, anbringen lassen, weil es drei sind, die die Welt erleuchten: *der Vater, der Sohn und der Heilige Geist.*

In maßloser Wut schleppte der Vater seine Tochter vor das Gericht. Auf ihr furchtloses Bekenntnis zu Christus wußte der Richter keine andere Antwort als die Folter und den Kerker. Später erschlug der ergrimmte Vater sein eigenes Kind mit dem Schwert, worauf ihn ein Blitz getötet haben soll.

Am 4. Dezember

Gehe in den Garten
am Barbaratag.
Gehe zum kahlen
Kirschbaum und sag:

Kurz ist der Tag,
grau ist die Zeit.
Der Winter beginnt,
der Frühling ist weit.

Doch in drei Wochen,
da wird es geschehn:
Wir feiern ein Fest,
wie der Frühling so schön.

Baum, einen Zweig
gib du mir von dir.
Ist er auch kahl,
ich nehm ihn mit mir.

Und er wird blühen
in leuchtender Pracht
mitten im Winter
in der Heiligen Nacht.

Josef Guggenmos

21

Gegrüßt sei Maria

1. Ge -grüßt sei Ma - ri -a, jung -fräu-li-che Zier! Du
bist vol -ler Gna-den, der Herr ist mit dir! Ein
ganz neu-e Bot-schaft, ein un -er-hörts Ding, von der
himm-li-schen Hof-statt, ich, Ga-bri-el, dir bring.

2. Was sind das für Reden, was soll dieses sein?
   Wer kommt denn zu mir in mein Schlafzimm'r herein?
   Die Tür ist verschlossen, die Fenster sein zu,
   wer ist dann, der rufet bei nächtlicher Ruh?

3. Erschröck nicht, Maria, es gschiecht dir kein Leid,
   denn ich bin ein Engel, verkünd dir groß Freud!
   Du sollest empfangen und tragen ein Sohn,
   nach welchem verlangen viertausend Jahr schon.

4. Wie soll es geschehen, erkenn keinen Mann,
   will lieber vergehen, als tragen ein Sohn.
   Ich hab ja versprochen mein Jungfrauschaft Gott,
   so rein ich geboren, will bleibn bis in den Tod.

5. Bei Gott ist alles möglich, auf ihn nur fest trau,
   wie man dich verehret als Mutter und Jungfrau.
   Gleich wie ein schön Bluemen ihr Farb nicht vergeht,
   Gott wird zu dir kommen, du bleibst unverletzt.

6. Frohlocke, o Himmel, frohlocke, o Erd!
   Das höllisch Getümmel zerstöret jetzt werd.
   Maria hat gefunden bei Gott alle Gnad,
   den Sündern ein Ruhstatt erworben sie hat.

Ein Verkündigungslied aus Moosburg in Kärnten

Der heilige Nikolaus

Vor vielen hundert Jahren lebte in einer Stadt – weit, weit von hier – ein Bischof mit Namen Nikolaus. Einmal war eine große Hungersnot. Nirgends gab es Brot zu kaufen, und wenn man eine Handvoll Gold gegeben hätte. Da sprachen die Menschen zu dem heiligen Mann: „Gott liebt uns nicht mehr. Er hat uns ganz und gar verlassen." Nikolaus aber antwortete: „Betet zu ihm, er wird uns helfen."

Und siehe, es dauerte nicht lange, da kam übers Meer ein Schiff gefahren, das steuerte dem Lande zu und warf seine Anker aus. Das Schiff war hoch mit Korn beladen. Da ging der heilige Mann zu den Schiffsknechten und sprach: „Seht hier die armen Menschen an! Sie haben seit Tagen nichts gegessen und sind nahe daran, zu sterben. Habt Erbarmen und füllt uns ein paar Säcke mit euerm Korn. Gott wird es euch lohnen!"

Die Knechte antworteten: „Wir möchten gerne helfen, aber unser Herr würde merken, wenn etwas fehlte, und glauben, wir hätten ihn bestohlen." Da sprach der heilige Nikolaus: „Helft nur, und habt keine Angst! Wenn ihr zu euerm Herrn kommt, wird kein Körnlein fehlen." Die Knechte glaubten ihm und schenkten den Hungernden Korn genug. Da wurde Mehl gemahlen und Brot gebacken, und alle aßen, und alle wurden satt.

Als ein paar Tage danach das Schiff weiterfuhr und in das fremde Land kam, siehe, da fehlte in den Säcken wirklich nicht ein Korn, so wie es der heilige Mann gesagt hattc.

Wir feiern Nikolausabend

Der Nikolaus ist ein Kinderfreund – kein Kinderschreck. Er ist ein väterlicher Gesandter des Himmels, ein Vorbote weihnachtlicher Freude, der zugleich Rat und Hilfe für die Vorbereitung auf das Ereignis der Christnacht vermittelt.

Der Nikolausabend ist ein Grund zum Feiern. Eine Feier, die auf der Angst aufbaut, bringt weder Freude noch Gewinn.

Man sollte den Kindern erzählen, daß St. Nikolaus ein gütiger Bischof war, der sich freute, wenn er anderen helfen konnte, und der ganz besonders die Kinder liebte. Natürlich war er traurig, wenn sie Unfug trieben und nicht folgten. Dann hat er sie ermahnt und ihnen gut zugeredet, wie das ja auch die Eltern tun.

Genau so ist es auch noch heute, wenn er als Vorbote des Christkinds in die Häuser kommt. Weil er ein weiser Mann ist, ist er genau davon unterrichtet, was so das Jahr über daheim und in der Schule geschieht, und was anders und besser werden sollte. Und das sagt er dann auch ganz ruhig und deutlich. Natürlich kann er Ungezogenheiten nicht belohnen, aber er kann das Gute besonders hervorheben und dadurch neuen Ansporn geben.

Es ist nett, wenn sich Eltern und Kinder zum Nikolausempfang um den Adventskranz versammeln. Ein paar Kerzen, im Zimmer verteilt, versetzen die kleine Runde in eine erwartungsvolle und feierliche Stimmung. Es schafft eine anheimelnde Atmosphäre, wenn der Nikolaus mit einem Lied begrüßt wird.

Der Nikolaus selbst sollte zur Einleitung eine kleine Rede halten. Er kann von seinem weiten und beschwerlichen Weg erzählen, von der großen Aufgabe, die er jedes Jahr zu erfüllen hat. Er kann auch sagen, wie sehr er sich über den freundlichen Empfang in diesem Hause freut. Dann kann er Einzelheiten aus seinem goldenen Buch lesen – Ermahnungen und Belobigungen persönlicher Art. Zum Dank und Abschluß singen alle dem Nikolaus noch ein gemeinsames Lied. Der Abschied selbst sollte nicht zu sehr ausgedehnt werden, um den Eindruck nicht zu verflachen und die Stimmung zu erhalten.

Auf den folgenden Seiten haben wir einige Vorschläge ausgeführt, die sich mit Kleidung und Ausstattung des Nikolaus sowie mit der „Begrüßungsansprache" befassen.

Kleidung und Ausstattung des Nikolaus

Was der Nikolaus braucht, nämlich Bischofsmütze, Krummstab und Schriftrolle für Begrüßungsvers und Sündenregister, kann man leicht selber machen, noch dazu schöner als das, was es zu kaufen gibt.

Die *Bischofsmütze* besteht aus zwei gleichen Teilen in Form der Mitra. Um Symmetrie zu ermöglichen, wird vorher ein Modell in wirklicher Größe aus gefaltetem Packpapier gemacht; untere Breite 30 cm, Höhe 40 cm. Die beiden Mützenteile selbst werden nach dem aufgefalteten Muster aus goldbronziertem, biegsamem Plakatkarton geschnitten und innen beiderseits etwa 10 cm hoch mit festen Papierbändern zusammengeklebt. Außerdem wird der Zusammenhalt beider Mützenteile gesichert durch ein außen umlaufendes, zähes, gut angeklebtes Band aus Goldpapier, etwa 6 cm breit. Durch Druck von beiden Seiten öffnet sich die flache Mütze und sitzt überraschend gut auf der wolligen Perücke des Nikolaus, die man samt dem Bart kaufen kann.

Das unten umlaufende Goldband soll zur Belebung farbig gestaltet werden, wie es die Abbildung zeigt. Auch die Randbogen nach oben zu werden durch schmale Schmuckstreifen hervorgehoben. Bei unserer Mitra wurde vorn ein Faltenschnitt in Kreuzform mit schöner Balkenendung aufgeklebt und noch passender Zierat in dichter

Deckfarbe dazugemalt. Die Rückseite kann ein anderes Symbolornament tragen, etwa das griechische Christuszeichen P.

Das abgebildete Musterexemplar der Mitra hat schon seine Geschichte und zeigt kleine Spuren des Gebrauchs. Viele Kinder staunten schon über die hochfeierliche Bischofsmütze und den ungewohnt schönen *Krummstab*. Dieser wird aus einer geradfaserigen, leicht abgekanteten Nadelholzleiste 2 × 2 cm, 180 cm lang hergestellt. Oben trägt er die Schnecke oder „Kurva". Sie wird auf ein 2 cm dickes solides Nadelholzbrett, 20 cm hoch und 12 cm breit aufgezeichnet. Die Schnecke beginnt unten mit einem Knauf, etwa 6 cm breit, der mit seinem u-förmigen Ausschnitt nach unten genau auf das obere Ende des Stabes passen muß. Dort angeleimt, verbindet er die beiden Teile fest.

Doch vorher muß die Schnecke mit einer grobzähnigen Laubsäge ausgeschnitten, geraspelt, gefeilt, ebenfalls abgefast und schön bemalt werden. Auch die Länge des Stabes kann, etwa von der halben Höhe ab, verziert werden, vielleicht durch ein spiralförmig nach oben laufendes aufgeklebtes Goldband auf dem weiß gestrichenen Stab und in den Zwischenräumen durch mehrfarbige Streifen und lebhafte Farbtupfer.

Für das *Gewand* nimmt man selbstverständlich nicht irgend ein rotes Stück Stoff, sondern womöglich einen weißen Chorrock mit einem ausgedienten Rauchmantel aus der Pfarrei. Wir haben dabei immer Entgegenkommen gefunden. Alles in allem wird das ein „hoher Nikolaus", wie einmal ein ehrfürchtig erschauerndes Kind urteilte.

Statt des üblichen Buches wird in unserem Fall eine *Papier-Rolle* gezeigt. Von ihr liest der Nikolaus die Begrüßungsrede, Lob und Mahnung für die einzelnen Kinder.

Sie wird auf einen langen, 24 cm breiten grünen Tonpapierstreifen mit rotem Filzstift geschrieben, mit goldenem Rand eingefaßt, mit Deckfarben bunt bemalt und mit einer großen Schleife gebunden. Langsam entrollt, wird der Fortgang der Nikolausrede auch sinnfällig gezeigt. Die Rolle läßt der Nikolaus im Hause.   *Eleonore Weindl*

Nikolaus-
Begrüßungsrede

Recht guten Abend, liebe Leute!
Wie schon so oft, komm' ich auch heute
fern aus dem Himmel zu Besuch
mit Bischofsstab und Namensbuch.
Mein Weg war weit, ihr könnt's euch denken,
auch mußte ich den Schlitten lenken.
Mein Esel zog ihn mit Geschnauf,
der schwere Sack lag obenauf.
Am weißen Bart sieht man mir's an:
ich bin schon ein sehr alter Mann.
Doch kann ich ohne Brille sehn
und jedes Wort genau verstehn.
Und darum weiß ich auch Bescheid
über die Kinder weit und breit.
Ich hab von wilden und von lieben
mit Fleiß gar vieles aufgeschrieben.
Vom einen dies – vom andern das,
ich glaube, daß ich nichts vergaß!
Aha, ich seh's, ihr Schelmenpack,
ihr schielt ganz heimlich nach dem Sack.
Ein schöner Sack! Gewiß – nun wohl,
der Sack der ist bestimmt nicht hohl!
Weil ich ein guter Bischof bin,
ist sicher auch für euch was drin!
Doch soll man ja nichts übereilen,
eh ich beginne auszuteilen,
wird diese Rolle hier befragt,
was meint ihr wohl, daß sie mir sagt?

Marina Thudichum

Knecht Ruprecht

Von drauß, vom Walde komm ich her;
Ich muß euch sagen, es weihnachtet sehr.
Allüberall auf den Tannenspitzen
sah ich goldene Lichtlein blitzen.
Und droben aus dem Himmelstor
sah mit großen Augen das Christkind hervor.
Und wie ich so strolcht' durch den finstern Tann,
da rief's mich mit heller Stimme an:
„Knecht Ruprecht", rief es, „alter Gesell,
hebe die Beine und spute dich schnell!
Die Kerzen fangen zu brennen an,
das Himmelstor ist aufgetan,
Alte und Junge sollen nun
von der Jagd des Lebens einmal ruhn:
und morgen flieg' ich hinab zur Erden,
denn es soll wieder Weihnachten werden!"
Ich sprach: „O lieber Herre Christ,
meine Reise bald zu Ende ist.
Ich soll nur noch in diese Stadt,
Wo's eitel gute Kinder hat."
„Hast denn das Säcklein auch bei dir?"
Ich sprach: „Das Säcklein, das ist hier;
denn Äpfel, Nuß und Mandelkern
essen fromme Kinder gern."
„Hast denn die Rute auch bei dir?"
Ich sprach: „Die Rute, die ist hier;
doch für die Kinder nur, die schlechten,
die trifft sie auf den Teil, den rechten."
Christkindlein sprach: „So ist es recht,
so geh mit Gott, mein treuer Knecht."
Von drauß, vom Walde komm ich her;
ich muß euch sagen, es weihnachtet sehr.
Nun sprecht, wie ich's hierinnen find!
Sind's gute Kind, sind's böse Kind?

Theodor Storm

Ich hör ihn

Aus England

1. Ich hör ihn, ich hör ihn, ich hör ihn vor dem Haus.
Er spannt schon, er spannt schon, er spannt den Schlitten aus.

Und mit Klin-ge-lin-ge-ling und mit Schnauf-schnauf-schnauf

und mit Pol-ter-pol-ter-pol-ter schon die Trep-pe rauf. Ich

hör ihn, ich hör ihn, ich hör ihn vor dem Haus!

2. Ich seh ihn, ich seh ihn,
ich seh ihn klar vor mir.
Da steht er, da steht er,
Sankt Nikolaus ist hier.
Und mit Klingelingeling
und mit Schnauf-schnauf-schnauf
und mit Polter-polter-polter leert den Sack er aus.
Ich seh ihn, ich seh ihn,
Sankt Nikolaus ist hier.

Nikolaus für den Nikolaus

Das ist die Geschichte von „Père Claude", dem bekanntesten und bis heute unvergessenen Nikolaus von Paris.

„Père Noël, bitte schenk mir ein Bonbon!" Kein Kind bat umsonst. Vater Claude hatte immer alle Taschen seines roten Mantels voll Süßigkeiten. Vor jedem Weihnachtsfest fand man den über Siebzigjährigen in der Spielzeugabteilung eines Pariser Warenhauses, gut aufgelegt, immer von Kindern umdrängt. Immer hörte er sich geduldig alle Wünsche an. Ein Nikolaus, wie er im Buche steht.

Ja, und da passierte es an einem Nikolaustag, daß die Kinder von Paris vergeblich ihren Vater Claude suchten. Vor dem Warenhaus stand ein anderer „Père Noël". Auch er verteilte Bonbons. Aber die Kinder suchten Vater Claude. „Der Neue hat ja nicht mal einen richtigen Bart!" riefen die Kinder. „Wo ist Père Claude? Wir wollen unseren Vater Claude wieder haben!"

Das sei nicht mehr möglich, versuchte der Geschäftsführer des Warenhauses den Kindern zu erklären. Père Claude könne seinen Dienst nicht mehr versehen. Er sei jetzt zu alt, außerdem krank. Einen kranken Nikolaus dürfe sich das Warenhaus schon wegen der Kinder nicht leisten.

Ich weiß, wo Père Claude wohnt", rief ein Junge mit heller Stimme. „Kommt, wir besuchen ihn!" – „Wir bringen ihm etwas mit", schlugen ein paar Mädchen vor. „Eine Flasche Wein!" – „Etwas zu essen!"

Gesagt, getan. Die Kinder schütteten ihre Centimes- und Francstücke auf einen Haufen. Dann kauften sie im Warenhaus ein. Als die Verkäuferinnen in der Lebensmittelabteilung erfuhren, worum es ging, nahmen sie das Geld gar nicht an und gaben obendrein noch eine Flasche Schnaps und ein Stück kalten Braten dazu.

Es war schon dunkel, als die Kinder endlich das alte Miethaus fanden. Die Türe stand offen; von der Hausmeisterin war weit und breit keine Spur zu sehen.

Sieben Stockwerke stiefelten die Kinder die ausgetretenen Steintreppen hoch. Vater Claude wohnte in einer Mansarde unterm Dach.

So leer das Haus bisher gewesen war, so viele Menschen drängten sich auf einmal auf der obersten Treppe. Ein Mann wollte die ausgelassene Schar barsch hinunterweisen: „Hier habt ihr nichts verloren", fuhr er die Kinder an. „Marsch, hinaus mit euch!"

Aber sonderbar: Warum wurden die vielen Menschen mit einemmal so still, als die Kinder vorbrachten, daß sie doch nur für den alten Père Claude, den Nikolaus von Paris, selber den Nikolaus machen wollten.

Frauen und Männer traten beiseite und ließen die Kinder den schmalen Mansardengang entlanglaufen. „Da ist sein Zimmer", flüsterte der Bub, der sich auskannte. Ja, da war das kalte, elende Mansardenzimmer von Père Claude. Auch Père Claude war da, sogar im vollen Staat seines roten Mantels. Nur daß der alte Mann jetzt auf seinem Bett lag und sich nicht rührte . . .

Die Kinder erfuhren noch, daß ihr Vater Claude um die Mittagszeit gestorben war. Er habe, so meinte die Hausmeisterin, es einfach nicht überlebt, daß er nicht mehr der „Père Noël" von Paris sein konnte.   *Toni Francis*

30

Niklausabend

Aus dem Hunsrück

1. Laßt uns froh und munter sein
und uns in dem Herren freun!
Lustig, lustig, traleralera,
bald ist Niklaus - - a - bend da,
bald ist Niklaus - - a - bend da!

2. Dann stell ich den Teller auf,
Niklaus legt gewiß was drauf!
Lustig, lustig, traleralera,
bald ist Niklausabend da!

3. Wenn ich schlaf, dann träume ich:
Jetzt bringt Niklaus was für mich!
Lustig, lustig, traleralera,
heut ist Niklausabend da!

4. Wenn ich aufgestanden bin,
lauf ich schnell zum Teller hin.
Lustig, lustig, traleralera,
nun war Niklausabend da!

5. Niklaus ist ein guter Mann,
dem man nicht g'nug danken kann.
Lustig, lustig, traleralera,
nun war Niklausabend da!

Sankt Nikolaus in Not

Es war ein Abend von flaumweicher Stille und lilienreiner Friedsamkeit. Und wären die flimmernden Sterne herniedergesunken, um als Heilige in goldenen Meßgewändern durch die Straßen zu wandeln – niemand hätte sich gewundert.

Es war ein Abend, wie geschaffen für Wunder und Mirakel. Aber keiner sah die begnadete Schönheit des alten Städtchens unter dem mondbeschienenen Schnee. Die Menschen schliefen.

Nur der Dichter Remoldus Keersmaeckers, der in allem das Schöne sah und darum lange Haare trug, saß noch bei Kerzenschein und Pfeifenrauch und reimte ein Gedicht auf die Götter des Olymps und die Herrlichkeit des griechischen Himmels, die er so innig auf Holzschnitten bewundert hatte.

Der Nachtwächter Dries Andijvel, der auf dem Turm die Wache hielt, huschte alle Viertelstunden hinaus, blies eilig drei Töne in die vier Windrichtungen, kroch dann zurück in die warme, holzgetäfelte Kammer zum bullernden Kanonenöfchen und las weiter in seinem Liederbüchlein: „Der flämische Barde, hundert Lieder für fünf Groschen." War eins dabei, von dem er die Weise kannte, dann kratzte er die auf einer alten Geige und sang das Lied durch seinen weißen Bart, daß es bis hoch ins rabenschwarze Gerüst des Turmes schallte. Ein kühles Gläschen Bier schmierte ihm jedesmal zur Belohnung die Kehle.

Trinchen Mutser aus dem „Verzuckerten Nasenflügel" saß in der Küche und sah traurig durch das Kreuzfensterchen in ihren Laden. Ihr Herz war in einen Dornbusch gefallen. Trinchen Mutsers Herz war ganz durchstochen und durchbohrt, nicht weil all ihr Zuckerzeug heut am Sankt Nikolausabend ausverkauft war – ach nein! weil das große Schokoladenschiff stehengeblieben war. Einen halben Meter war es hoch und so lang wie von hier bis dort! Wie wunderschön stand es da hinter den flaschengrünen Scheiben ihres Lädchens, lustig mit Silberpapier beklebt, verziert mit rosa Zuckerrosetten, mit Leiterchen aus weißem Zucker und mit Rauch in den Schornsteinen. Der Rauch war weiße Watte.

Das ganze Stück kostete so viel, wie all die kleinen Leckereien, die Pfefferkuchenhähne mit einem Federchen am Hintern, die Knusperchen, die Schaumflocken, die Zuckerbohnen und die Schokoladenplätzchen zusammen. Und wenn das Stück, das Schiff aus Schokolade, das sich in rosa Zuckerbuchstaben als die „Kongo" auswies, nicht verkauft wurde, dann lag ihr ganzer Verdienst im Wasser, und sie verlor noch Geld obendrein.

Warum hat sie das auch kaufen müssen? Wo hat sie nur ihre Gedanken gehabt! So ein kostbares Stück für ihren bescheidenen kleinen Laden!

Wohl waren alle gekommen, um es sich anzusehen, Mütter und

Kinder, sie hatte dadurch verkauft wie noch nie. Aber kein Mensch fragte nach dem Preis, und so blieb es stehen und rauchte immer noch seine weiße Watte, stumm wie ein toter Fisch.

Als Frau Doktor Vaes gekommen war, um Varenbergsche Hustenbonbons zu holen, da hatte Trinchen gesagt: „Sehen Sie nur mal, Frau Doktor Vaes, was für ein schönes Schiff! Wenn ich Sie wäre, dann würde ich Ihren Kindern nichts anderes zum Sankt Nikolaus schenken als dieses Schiff. Sie werden selig sein, wie im Himmel."

„Ach", sagte Frau Vaes abwehrend, „Sankt Nikolaus ist ein armer Mann. Die Kinder werden schon viel zu sehr verwöhnt, und außerdem gehen die Geschäfte von dem Herrn Doktor viel zu schlecht. Wissen Sie wohl, Trinchen, daß es in diesem Winter fast keine Kranken gibt? Wenn das nicht besser wird, weiß ich gar nicht, was wir anfangen sollen." Und sie kaufte zwei Pfefferkuchenhähne auf einem Stäbchen und ließ sich tagelang nicht mehr sehen.

Und heute war Nikolausabend; aller Kleinkram war verkauft, nur die „Kongo" stand noch da in ihrer braunen Kongofarbe und rauchte einsam und verlassen ihre weiße Watte. Zwanzig Franken Verlust! Der ganze Horizont war schwarz wie die „Kongo" selber. Vielleicht könnte man sie stückweise verkaufen oder verlosen?

Ach nein, das brachte noch nicht fünf Franken ein, und sie konnte das Ding doch nicht auf die Kommode stellen neben die anderen Nippsachen.

Ihr Herz war in einen Dornbusch gefallen. Sie zündete eine Kerze an für den heiligen Antonius und eine für Sankt Nikolaus und betete einen Rosenkranz, auf daß der Himmel sich des Schiffes annehmen möge und Gnade tauen. Sie wartete und wartete. Die Stille wanderte auf und ab.

Um zehn Uhr machte sie die Fensterläden zu und konnte in ihrem Bett vor Kummer nicht schlafen.

Und es gab noch ein viertes Wesen in dem verschneiten Städtchen, das nicht schlief. Das war ein kleines Kind, Cäcilie; es hatte ein seidig blondes Lockenköpfchen und war so arm, daß es sich nie mit Seife waschen konnte, und ein Hemdchen trug es, das nur noch einen Ärmel hatte und am Saum ausgefranst war wie die Eiszapfen an der Dachrinne.

Die kleine Cäcilie saß, während ihre Eltern oben schliefen, unter dem Kamin und wartete, bis Sankt Nikolaus das Schokoladenschiff von Trinchen Mutser durch den Schornstein herunterwerfen würde. Sie wußte, es würde ihr gebracht werden; sie hatte es jede Nacht geträumt, und nun saß sie da und wartete voller Zuversicht und Geduld darauf; und weil sie fürchtete, das Schiff könne beim Fallen kaputtgehen, hatte sie sich ihr Kopfkissen auf den Arm gelegt, damit es weich wie eine Feder darauf niedersinken könnte.

Und während nun die vier wachenden Menschen im Städtchen: der

Dichter, der Turmwächter, Trinchen Mutser und Cäcilie, ein jedes mit seiner Freude, seinem Kummer oder seiner Sehnsucht beschäftigt, nichts sahen von der Nacht, die war wie ein Palast, öffnete sich der Mond wie ein runder Ofen mit silberner runder Tür, und es stürzte aus der Mondhöhle eine solche strahlende Klarheit hernieder, daß sie sich auch mit goldener Feder nicht beschreiben ließe.

Einen Augenblick fiel das echte Licht aus dem wirklichen Himmel auf die Erde. Das geschah, um Sankt Nikolaus auf seinem weißen, schwer beladenen Eselchen und den schwarzen Knecht Ruprecht durchzulassen.

Aber wie kamen sie nun auf die Erde? Ganz einfach. Das Eselchen stellte sich auf einen Mondstrahl, stemmte die Beine steif und glitschte nur so hinunter, wie auf einer schrägen Eisbahn. Und der schlaue Knecht Ruprecht faßte den Schwanz vom Eselchen und ließ sich ganz behaglich mitziehen, auf den Fersen hockend. So kamen sie ins Städtchen, mitten auf den beschneiten großen Markt.

In Körben, die zu beiden Seiten des Eselchens hingen, dufteten die bunten Leckereien, die Knecht Ruprecht unter der Aufsicht von Sankt Nikolaus in der Konditorei des Himmels gebacken hatte. Und als man sah, daß es nicht reichte und der Zucker zu Ende ging, da hatte Knecht Ruprecht sich in Zivil geworfen, um unerkannt in den Läden, auch bei Trinchen Mutser, Süßigkeiten zu kaufen, von dem Geld aus den Sankt-Nikolaus-Opferstöcken, die er alle Jahre einmal in den Kirchen ausleeren durfte. Mit all den Leckereien war er an einem Mondstrahl in den schönen Himmel hinaufgeklettert, und nun mußte das alles verteilt werden an die kleinen Freunde von Sankt Nikolaus.

Sankt Nikolaus ritt durch die Straßen, und bei jedem Haus, in dem ein Kind wohnte, gab er je nach der Artigkeit des Kindes dem Knecht Ruprecht Leckereien, welche dieser, mit Katzengeschmeidigkeit an Regenkandeln und Dachrinnen entlangkletternd und über die Ziegel krabbelnd, zum Schornstein brachte; da ließ er sie dann vorsichtig hinunterfallen durch das kalte zugige Kaminloch, gerade auf einen Teller oder in einen Holzschuh hinein, ohne die zerbrechlichen Köstlichkeiten zu bestoßen oder zu schrammen.

Knecht Ruprecht verstand sich auf seine Sache, und Sankt Nikolaus liebte ihn wie seinen Augapfel.

So bearbeiteten sie das ganze Städtchen, warfen herab, wo zu werfen war, sogar hier und da eine harte Rute für rechte Taugenichtse.

„Da wären wir bis zum nächsten Jahr wieder mal fertig", sagte Knecht Ruprecht, als er die leeren Körbe sah. Er steckte sich sein Pfeifchen an und stieß einen erleichterten Seufzer aus, weil die Arbeit nun getan war.

„Was?" fragte Sankt Nikolaus beunruhigt, „ist nichts mehr drin? Und die kleine Cäcilie? Die brave kleine Cäcilie? Schscht!"

Sankt Nikolaus sah auf einmal, daß sie vor Cäciliens Haus standen und legte mahnend den Finger auf den Mund. Doch das Kind hatte die warme, brummende Stimme gehört wie Hummelgesumm, machte große Augen unter dem goldenen Lockenkopf, glitt ans Fenster, schob das Gardinchen weg und sah Sankt Nikolaus, den wirklichen Sankt Nikolaus.

Das Kind stand mit offenem Munde staunend da. Und während es sich gar nicht fassen konnte über den goldenen Bischofsmantel, der funkelte von bunten Edelsteinen wie ein Garten, über die Pracht der Mitra, worauf ein diamantenes Kreuz Licht in die Nacht hineinschnitt wie mit Messern, über den Reichtum der Ornamente am Krummstab, wo ein silberner Pelikan das Rubinenblut pickte für seine Jungen, während sie die feine Spitze besah, die über den purpurnen Mantel schleierte, während sie Gefallen fand an dem guten weißen Eselchen, und während sie lachen mußte über die Grimassen von dem drolligen schwarzen Knecht, der die weißen Augen herumrollte, als ob sie lose wie Taubeneier in seinem Kopf lägen, während alledem hörte sie die zwei Männer also miteinander reden:

„Ist gar nichts mehr in den Körben, lieber Ruprecht?"
„Nein, heiliger Herr, so wenig wie in meinem Geldsäckel."
„Sieh noch einmal gut nach, Ruprecht!"
„Ja, heiliger Herr, und wenn ich die Körbe auch ausquetsche, so kommt doch nicht so viel heraus wie eine Stecknadel."
Sankt Nikolaus strich kummervoll über seinen schneeweißen Lockenbart und zwinkerte mit seinen honiggelben Augen.
„Ach", sagte der schwarze Knecht, „da ist nun doch nichts mehr zu machen, heiliger Herr. Schreib der kleinen Cäcilie, daß sie im kommenden Jahr doppelt und dreimal soviel kriegen soll."
„Niemals! Ruprecht! Ich, der ich im Himmel wohnen darf, weil ich drei Kinder, die schon zerschnitten und eingepökelt waren, wieder zum Leben gebracht und ihrer Mutter zurückgegeben habe, ich sollte nun diese kleine Cäcilie, das bravste Kind der ganzen Welt, leer ausgehen lassen und ihm eine schlechte Meinung von mir beibringen? Nie, Ruprecht! Nie!"
Knecht Ruprecht rauchte heftig – das brachte ihn auf gute Gedanken – und sagte plötzlich: „Aber heiliger Herr, nun hört mal zu! Wir haben keine Zeit mehr, um noch einmal zum Himmel zurückzukehren, Ihr wißt, für Sankt Peter ist der Himmel kein Taubenschlag. Und außerdem, der Backofen ist kalt und der Zucker zu Ende. Und hier in der Stadt schläft alles, und es ist Euch sowohl wie mir verboten, Menschen zu wecken, und zudem sind auch alle Läden ausverkauft."
Sankt Nikolaus strich nachdenklich über seine von vier Falten

durchzogene Stirn, neben der schon Löckchen glänzten, denn sein Bart begann dicht unter dem Rande seines schönen Hutes.

Ich brauche euch nicht zu erzählen, wie Cäcilie langsam immer bekümmerter wurde von all den Worten. Das reiche Schiff sollte nicht bei ihr stranden! Und auf einmal schoß es leuchtend durch ihr Köpfchen. Sie machte die Tür auf und stand in ihrem zerschlissenen Hemdchen auf der Schwelle. Sankt Nikolaus und Knecht Ruprecht fuhren zusammen wie die Kaninchen. Doch Cäcilie schlug ehrerbietig ein Kreuz, stapfte mit ihren bloßen Füßchen in den Schnee und ging zu dem heiligen Kinderfreund. „Guten Tag, lieber Sankt Nikolaus", stammelte das Kind. „Alles ist noch nicht ausverkauft . . . bei Trinchen Mutser steht noch ein großes Schokoladenschiff vom Kongo . . . wie sie die Läden vorgehängt hat, stand es noch da. Ich hab es gesehen!"

Von seinem Schreck sich erholend, rief Sankt Nikolaus erfreut: „Siehst du wohl, es ist noch nicht alles ausverkauft! Auf zu Trinchen Mutser! Zu Trinchen . . . aber ach!" . . . und seine Stimme zitterte verzweifelt, „wir dürfen niemand wecken." „Ich auch nicht, Sankt Nikolaus?" fragte das Kind.

„Bravo!" rief der Heilige, „wir sind gerettet, kommt!"

Und sie gingen mitten auf der Straße, die kleine Cäcilie mit ihren bloßen Füßen voran, gerade nach der Eierwaffelstraße, wo Trinchen Mutser wohnte. In der Süßrahmbutterstraße wurde ihr Blick auf ein erleuchtetes Fenster gelenkt. Auf dem heruntergelassenen Vorhang sahen sie den Schatten von einem dürren, langhaarigen Menschen, der mit einem Büchlein und einer Pfeife in der Hand große Gebärden machte, und sein Mund ging dabei auf und zu. „Ein Dichter", sagte Sankt Nikolaus und lächelte.

Sie kamen vor Trinchen Mutsers Haus. Im Mondlicht konnten sie gut das Aushängeschild erkennen: „Zum verzuckerten Nasenflügel."

„Weck sie rasch auf", sagte Sankt Nikolaus. Und das Kindchen lehnte sich mit dem Rücken an die Tür und klopfte mit der Ferse gegen das Holz. Aber das klang leise wie ein Samthämmerchen. „Stärker", sagte der schwarze Knecht.

„Wenn ich noch stärker klopfe, wird's noch weniger gehen, denn mein Fuß tut mir weh", sagte das Kind. „Mit den Fäusten", sagte Knecht Ruprecht. Doch die Fäustchen waren noch leiser als die Fersen.

„Wart, ich werd meinen Schuh ausziehen, dann kannst du damit klopfen", sagte Knecht Ruprecht.

„Nein", gebot Sankt Nikolaus. „Kein Drehn und Deuteln! Gott ist heller um uns als dieser Mondschein und duldet keine Advokatenkniffe." Und doch hätte der gute Mann sich gern einen Finger abgebissen, um Cäcilie befriedigen zu können. „Ach! aber den Kerl mit den Affenhaaren auf dem Vorhang!" rief Knecht Ruprecht erfreut, „den darf ich rufen, der schläft nicht!"

„Der Dichter! Der Dichter!" lachte Sankt Nikolaus. Und nun gingen sie alle drei schnell zu dem Dichter Remoldus Keersmaeckers. Und kurzerhand machte Knecht Ruprecht kleine Schneebälle, die er ans Fenster warf. Der Schatten stand still, das Fenster ging auf, und das lange Gestell des Dichters, der Verse von den Göttern und Göttinnen des Olymps hersagte, wurde im Mondschein sichtbar und fragte von oben: „Welche Muse kommt, um mir Heldengesänge zu diktieren?"

„Du sollst Trinchen Mutser für uns wecken", rief Sankt Nikolaus, und er erzählte seine Not.

„Ja, bist du denn der wirkliche Sankt Nikolaus?" fragte Remoldus. „Der bin ich!" Und darauf kam der Dichter erfreut herunter, jätete allen Dialekt aus seiner Sprache, machte Verbeugungen und redete von Dante, Beatrice, Vondel, Milton und anderen Dichtergestalten, die er im Himmel glaubte. Dann stand er ihnen zu Diensten.

Sie kamen zu Trinchen Mutser, und der Dichter stampfte und rammelte mit so viel Temperament an der Tür, daß das Frauenzimmer holterdiepolter aus dem Bett stürmte und erschrocken das Fenster öffnete.

„Geht die Welt unter?"

„Wir kommen wegen dem großen Schokoladenschiff", sagte Sankt Nikolaus, weiter konnte er ihr nichts erklären, denn sie war schon weg und kam wieder in ihrer lächerlichen Nachtkleidung, mit einem bloßen Fuß und einem Strumpf in der Hand, und machte die Türe auf.

Sie steckte die Lampe an und ging sofort hinter den Ladentisch, um zu bedienen. Sie dachte, es müsse der Bischof von Mecheln sein.

„Herr Bischof", sagte sie stotternd, „hier ist das Schiff aus bester Schokolade, und es kostet fünfundzwanzig Franken." Der Preis war nur zwanzig Franken, aber ein Bischof kann ja gern fünf Franken mehr bezahlen.

Aber nun platzte die Bombe! Geld! Sankt Nikolaus hatte kein Geld, das hat man im Himmel nun einmal nicht nötig. Knecht Ruprecht hatte auch kein Geld, das Kind hatte nur ein zerschlissenes Hemdchen an, und der Dichter kaute an seinem langen Haupt- und Barthaar vor Hunger – er war vier Wochen Miete schuldig.

Niedergeschlagen sahen sie einander an.

„Es ist Gott zuliebe", sagte Sankt Nikolaus. Gerne hätte er seine Mitra gegeben, aber alles das war ihm vom Himmel geliehen, und es wäre Heiligenschändung gewesen, es wegzugeben.

Trinchen Mutser rührte sich nicht und betrachtete sie finster.

„Tu es dem Himmel zuliebe", sagte Knecht Ruprecht. „Nächstes Jahr will ich auch deinen ganzen Laden aufkaufen."

„Tu es aus lauter Poesie", sagte der Dichter theatralisch.

Aber Trinchen rührte sich nicht, sie fing an zu glauben, weil sie kein Geld hatten, daß es verkleidete Diebe seien.

„Schert euch raus! Hilfe! Hilfe!" schrie sie auf einmal. „Schert euch raus! Heiliger Antonius und Sankt Nikolaus steht mir bei!"

„Aber ich bin doch selbst Sankt Nikolaus", sagte der Heilige.

„So siehst du aus! Du hast nicht mal einen roten Heller aufzuweisen!"

„Ach, das Geld, das alle Bruderliebe vergiftet!" seufzte Sankt Nikolaus.

„Das Geld, das die edle Poesie verpfuscht!" seufzte der Dichter Keersmaeckers.

„Und die armen Leute arm macht", schoß es der kleinen Cäcilie durch den Kopf.

„Und ein Schornsteinfegerherz doch nicht weiß klopfen machen kann", lachte Knecht Ruprecht. Und sie gingen hinaus.

In der Mondnacht, die still war von Frostesklarheit und Schnee, tönte das „Schlaft ruhig" hart und hell vom Turm.

„Noch einer, der nicht schläft", rief Sankt Nikolaus erfreut, und sogleich steckte Knecht Ruprecht auch schon den Fuß zwischen die Tür, die Trinchen wütend zuschlagen wollte.

„Haltet ihr mir die Frau wach", sagte der schwarze Knecht, „ich komme sofort zurück!" Und damit stieß er die Tür wieder auf, und zwar so heftig, daß Trinchen sich plötzlich in einem Korb voll Zwiebeln wiederfand.

Und während die andern aufs neue hineingingen, sprang Knecht Ruprecht auf das Eselchen, sauste wie ein Sensenstrich durch die Straßen, hielt vor dem Turm, kletterte an Zinnen, Vorsprüngen und Zieraten, Schiefern und Heiligenbildern den Turm hinauf bis zu Dries Andijvel, der gerade „Es wollt ein Jäger früh aufstehn" auf seiner Geige kratzte.

Der Mann ließ Geige und Lied fallen, aber Knecht Ruprecht erzählte ihm alles. „Erst sehen und dann glauben!" sagte Dries. Knecht Ruprecht kriegte ihn am Ende doch noch mit hinunter, und zu zweit rasten sie auf dem Eselchen durch die Straßen nach dem „Verzukkerten Nasenflügel".

Sankt Nikolaus fiel vor dem Nachtwächter auf die Knie und flehte ihn an, doch die fünfundzwanzig Franken zu bezahlen, dann solle ihm auch alles Glück der Welt werden.

Der Mann war gerührt und sagte zu dem ungläubigen, hartherzigen Trinchen: „Ich weiß nicht, ob er lügt, aber so sieht Sankt Nikolaus doch aus in den Bilderbüchern von unsern Kindern und im Kirchenfenster über dem Taufstein. Und wenn er's nun wirklich ist! Gib ihm doch das Schiff! Morgen werde ich dir's bezahlen . . ."

Trinchen hatte großes Vertrauen zu dem Nachtwächter, der aus ihrer Nachbarschaft war. Und Sankt Nikolaus bekam das Schiff.

„Jetzt geh nur schnell nach Hause und leg dich schlafen", sagte Sankt Nikolaus zu Cäcilie. „Wir bringen gleich das Schiff."

Das Kind ging nach Hause, aber es schlief nicht, es saß am Kamin mit dem Kissen auf dem Ärmchen und wartete auf das Niedersinken des Schiffes.

Der Mond sah gerade in das armselig-traurige Kämmerchen.

Ach, was sah Cäcilie da auf einmal!

Dort auf einem glitzernden Mondstrahl kletterte das Eselchen in die Höhe mit Sankt Nikolaus auf seinem Rücken, und Knecht Ruprecht hielt sich am Schwanz fest und ließ sich mitschleifen. Der Mond öffnete sich; ein sanftes, großes Licht fiel in funkelnden Regenbogenfarben über die beschneite Welt. Sankt Nikolaus grüßte die Erde, trat hinein, und wieder war da das gewöhnliche grüne Mondenlicht.

Die kleine Cäcilie wollte weinen. Knecht Ruprecht oder der gute Heilige hatten das Schiff nicht gebracht, es lag nicht auf dem Kissen.

Aber siehe! Was für ein Glück, die „Kongo", stand ja da, in der kalten Asche, ohne Delle, ohne Bruch, strahlend von Silber, und rauchte für mindestens zwei Groschen weiße Watte aus beiden Schornsteinen! Wie war das möglich? Wie konnte das so in aller Stille geschehen? . . .

Ja, das weiß nun niemand, das ist die Findigkeit und die große Geschicklichkeit vom Knecht Ruprecht, und die gibt er niemand preis.   *Felix Timmermans*

Weihnachtliches Backen

**Großmutters
Grieß-Lebkuchen
(Größere Menge)**

300 g Honig
200 g Zucker
1 Beutel Pfefferkuchengewürz
je eine gute Prise
Zimt, Nelken,
Muskat
Ingwerpulver
je 50 g Zitronat
je 50 g Orangeat
200 g Grieß
3 große Eier
500 g Mehl
1½ Beutel Backpulver
etwas Puderzucker
etwas Zitronensaft

Der leicht erwärmte Honig wird mit dem Zucker und dem Pfefferkuchengewürz gut verrührt. Man gibt den Grieß, die Eier, das mit dem Backpulver vermischte und gesiebte Mehl, das feingehackte Zitronat und Orangeat und nach Belieben noch etwas Zitronensaft dazu. Die gut durchgerührte Masse wird über Nacht zum Quellen kühlgestellt und dann mit einem Löffel zu kleinen Häufchen auf das Backblech geformt. Da diese breitlaufen, brauchen sie Platz! Man bäckt die Lebkuchen bei Mittelhitze 15–18 Minuten und verziert sie dann mit einem Zuckerfaden aus Puderzucker und heißem Wasser.

**Geschnittene
Lebkuchen**

250 g Honig
2 Eßlöffel Zucker
250 g Mehl
¾ Päckchen Backpulver
1 Ei
1 Teelöffel Nelken
2 Teelöffel Zimt
etwas Muskatnuß
Piment und Kardamom
Salz und Marmelade
150 g Puderzucker
½ Zitrone
etwas Kokosfett
Schokostreusel

An den erwärmten Honig gibt man den Zucker und die Gewürze, das Ei und das mit dem Backpulver gemischte und gesiebte Mehl. Der dickliche Teig, der sehr gut gerührt wurde, wird 2 cm hoch auf ein gut gefettetes Blech mit Rand gestrichen. Man glättet die Oberfläche und bäckt die Masse bei Mittelhitze 18–22 Minuten gar. Nach etwa 3 Tagen, wenn der Lebkuchen weich ist, wird die Platte vorsichtig durchgeschnitten und mit pikanter Marmelade gefüllt. Man streicht auch dünn etwas Marmelade oben auf und zieht dann einen Guß aus Puderzucker, Zitronensaft und etwas heißem Kokosfett darüber. Zum Schluß schneidet man gleichmäßige Schnittchen und bestreut sie mit Schoko-Streuseln.

Honighappen

300 g Zucker
100 g Honig
150 g Butter
500 g Mehl
1 Beutel Backpulver
1 Beutel Pfeffer-
kuchengewürz
und etwas Anis
Cardamom und
Ingwer
2 Eidotter
200 g Puderzucker
1–2 Eßlöffel Kakao
1–2 Eßlöffel Kokos-
fett
etwas heißer Kaffee
etliche Mandeln
oder Pinienkerne

In einer trockenen Pfanne läßt man den Zucker ohne Flüssigkeit unter ständigem Rühren honigbraun werden und löscht dann mit einigen Eßlöffeln Wasser ab. Wenn der Zucker ganz glatt verkocht ist, zieht man den Topf vom Feuer und gibt an die noch warme Masse den Honig und die Butter und läßt alles auskühlen. Dann füllt man in eine Schüssel das Mehl mit dem Backpulver und fügt das Gewürz, die Zucker-Honigmasse und die Eidotter hinzu. Der sorgfältig durchgerührte Teig wird gut 1 cm hoch auf ein gefettetes Blech gegossen, oben glatt gestrichen und bei mittlerer Hitze 15–18 Minuten goldbraun gebacken. Noch warm, überzieht man die Oberfläche mit einem dicken Guß aus Puderzucker, dem Kakao, dem heißen Kokosfett und etwas heißem Kaffee. Dann schneidet man gleichmäßige Schnittchen und setzt in deren Mitte jeweils einen Pinienkern oder eine Mandel.

Ingwerblüten

250 g Mehl
1 Teelöffel Back-
pulver
130 g Butter
125 g Zucker
2 Eidotter
1 gehäufter Kaffee-
löffel Ingwerpulver
etwas Kardamom
Salz und Mandelöl
100 g Geleefrüchte
2 Eßlöffel Puder-
zucker
Himbeersaft

Aus dem Mehl, dem Backpulver, den Gewürzen, den Eidottern und dem Zucker bereitet man einen mürben Teig, der nach kurzem Ruhen ausgewellt und zu blütenartigen Förmchen ausgestochen wird. Man bäckt sie etwa 12 Minuten hell gar und besteckt sie dann mit zurechtgeschnittenen kandierten oder Geleefrüchten, die man mit etwas angerührtem Puderzucker und Himbeersaft aufklebt.

Nürnberger Herzen

3 Eier
100 g Mandeln
1 Eßlöffel Zimt
1 Teelöffel Nelken
1 ungespritzte
Zitrone
50 g Zitronat
25 g Orangeat
500–550 g Mehl
1 Beutel Backpulver
200 g Puderzucker
2 Eßlöffel Him-
beersirup
etwas Mandelöl
Pinienkerne oder
Mandeln

Zucker und Eier werden schaumig gerührt. Man gibt die Gewürze, die in Streifchen geschnittenen Mandeln, die feinge-schnittene, ungespritzte, geriebene Zitronenschale, das fein gehackte Zitronat und Orangeat und zuletzt das mit dem Backpulver gemischte und gesiebte Mehl dazu. Der zarte Teig wird dicklich ausgewellt und zu großen Herzen ausgestochen. Man bäckt sie bei Mittelhitze etwa 12 Minuten gar und über-zieht sie dann mit einem Guß aus dem Puderzuk-ker, der mit dem Him-beersaft und dem Man-delöl und etwas heißem Wasser dicklich angerührt wurde. Man garniert sie mit Pinienkernen, Mandelstif-ten und Schokostreuseln.

Frucht-Lebkuchen

375 g Zucker
5 Eier
100 g Nüsse oder
Mandeln
50 g Zitronat
25 g Orangeat
$^1\!/_2$ Zitrone
1 Teelöffel Zimt
$^1\!/_2$ Teelöffel Nelken
550–600 g Mehl
1 Beutel Backpulver
200 g Puderzucker
1 Eßlöffel Kokosfett
Haselnüsse und
100 g kandierte
Früchte.

Zucker und Eier werden sehr schaumig gerührt; man gibt die länglich ge-schnittenen Nüsse oder Mandeln, das feingehack-te Zitronat und Orangeat, die geriebene Schale einer ungespritzten Zitrone, Zimt und Nelken, nach Belieben etwas geriebene Muskatnuß und zuletzt das mit dem Backpulver vermischte und gesiebte Mehl dazu. Der gut ver-knetete Teig wird 1 cm dick ausgewellt und zu Lebkuchen ausgestochen. Man bäckt sie bei Mittelhitze etwa 15 Minuten gar und überzieht sie dann mit einem Guß aus dem Puderzucker, der mit etwas erwärmtem Kokosfett und Zitronensaft gerührt wurde. Zuletzt über-streut man sie mit einem Streifen aus gehackten, bunten kandierten Früch-ten und setzt je eine Haselnuß darauf. *Erna Horn*

43

*Gott spricht leise zu den Menschen,
er trumpft nicht auf.*

J. Langbehn

*Tochter Zion,
freue dich!*

Worte 1820 · Weise: G.Fr. Händel (1685–1759)

1. Toch - ter Zi - on, freu - - e dich!

Jauch - - ze laut, Je - ru - - - sa - lem.

Sieh, ___ dein Kö - nig kommt ___ zu dir,

ja, ___ er kommt, der Frie - - dens-fürst.

Toch - ter ___ Zi - on, freu - - e dich,

jauch - ze laut, Je - ru - - sa - lem.

2. Hosianna, Davids Sohn,
   sei gesegnet deinem Volk!
   Gründe nur dein ew'ges Reich,
   Hosianna in der Höh'!
   Hosianna Davids Sohn,
   sei gesegnet deinem Volk!

3. Hosianna, Davids Sohn,
   sei gesegnet, König mild!
   Ewig steht dein Friedensthron
   du, des ew'gen Vaters Kind.
   Hosianna, Davids Sohn,
   sei gegrüßet, König mild!

Zwei Kinder der Verheißung: Johannes und Jesus

Die Kindheitsgeschichte Jesu nach Lukas

Nach einer alten Überlieferung war der Verfasser des Weihnachtsevangeliums von der heiligen Nacht, Lukas, ein Arzt und zugleich ein Maler. Uralte Bilder von Maria, der Mutter Jesu, werden ihm deshalb von alters her zugeschrieben. An dieser Legende ist etwas sehr Wahres: Lukas malt uns in den ersten beiden Kapiteln seines Evangeliums ein schönes Bild von Maria als der gläubigen Frau, die ihr Jawort zur Botschaft Gabriels spricht und einen Lobgesang auf Gott anstimmt, der Großes an ihr getan hat. Freilich „malt" Lukas dieses Bild von Maria fast nebenher; denn er wollte vor allem verkündigen, wer Jesus ist und warum seine Geburt Anlaß zur Freude ist für alle Menschen und alle Zeiten.

Lukas ist von Geburt Heide gewesen; er war in Bethlehem nicht „dabei", er hat auch Jesus selber im Heiligen Land nicht gesehen. Im Vorwort seines Evangeliums schreibt er darum, daß er – wie andere vor ihm – einen Bericht abfassen wolle, bei dem er sich „an die Überlieferung der ersten Augenzeugen und Diener des Wortes" halten werde; er habe „allem von Anfang an sorgfältig nachgeforscht". Man kann durch Vergleich mit den anderen Evangelisten feststellen, daß Lukas seine Quellen gewissenhaft ausgewertet hat, insbesondere das Markusevangelium und die Spruchsammlung, die auch der Evangelist Mattäus benutzt hat. Besonders kunstvoll und schön hat er aber die ersten zwei Kapitel seines Evangeliums abgefaßt; kein anderer Evangelist hat so darüber berichtet.

Um von vornherein zu zeigen, wer Jesus ist, stellt er ihm einen der großen Menschen seiner Zeit gegenüber: Johannes den Täufer.

Lukas berichtet zuerst, daß der Engel Gabriel dem kinderlosen, greisen Zacharias erscheint und ihm die Geburt des lang ersehnten Sohnes ankündigt: „Dem sollst du den Namen Johannes geben. Er wird groß sein vor Gott. Schon vom Mutterleib an wird er vom Heiligen Geist erfüllt sein. Viele Israeliten wird er zum Herrn, ihrem Gott, bekehren." Zacharias glaubt dem Engel nicht; er hält seine Botschaft für unmöglich. So wird er vom Engel bis zum Eintreffen der Verheißung mit Stummheit geschlagen; er kann nicht mehr sprechen, nur noch Zeichen mit der Hand geben. Aber siehe da: bald erwartet Elisabet, die Frau des Zacharias, das verheißene Kind.

Und wieder – als Elisabet ihr Kind sechs Monate unter dem Herzen trägt – wird der Engel Gabriel gesandt; nicht zu Josef, dem Zimmermann in Nazaret, denn dieser wird nicht der wirkliche Vater des Kindes sein, das Gabriel jetzt verheißt. Er wird zu Maria gesandt, die mit Josef verlobt ist. Sie wird vom Engel gegrüßt als die Begnadete („voll der Gnade", sagen wir dafür), und sie hört die Botschaft: „Du wirst ein Kind bekommen, einen Sohn wirst du gebären, dem sollst du den Namen Jesus geben. Er wird groß sein und Sohn des Höchsten genannt werden. Gott, der Herr, wird ihm den Thron seines Vaters David geben. Er wird über das Haus Jakob in Ewigkeit herrschen und seine Herrschaft wird kein Ende haben." Und der Engel fügt hinzu: „Heiliger Geist wird über dich kommen und die Kraft des Höchsten wird dich überschatten. Deshalb wird auch das Kind heilig und Sohn Gottes genannt werden. Auch Elisabet, deine Verwandte, hat noch im Alter einen Sohn empfangen; sie ist jetzt schon im 6. Monat und galt doch als unfruchtbar. Denn für Gott ist nichts unmöglich." Da sagte Maria: „Ich bin die Magd des Herrn; mit mir geschehe, was du gesagt hast."

So hat der Engel bei Zacharias die Geburt eines Propheten verheißen, des späteren Johannes des Täufers; bei Maria aber den Sohn des Höchsten, den Gesalbten oder Messias auf Davids Thron, der in Ewigkeit herrschen und Sohn Gottes genannt wird: Jesus Christus. Und so muß jedem Leser des Lukasevangeliums gleich zu Beginn klar werden: Große Dinge bereiten sich da vor; dieses Buch wird die frohe Kunde vom Kommen des Messias bis zur Inthronisation zu ewiger Herrschaft erzählen. Daß dies durch den Leidensweg Jesu hin zum Kreuz und durch seine Auferstehung und Himmelfahrt geschehen wird, sagt Lukas an dieser Stelle noch nicht.

Er verknüpft vielmehr jetzt die beiden Verheißungsgeschichten durch eine wunderbare Szene: Maria besucht Elisabet. Die beiden Frauen, gesegneten Leibes, begegnen einander. Elisabet, durch ihr Kind vom Heiligen Geist erfüllt, ruft die Worte, die wir ihr im Ave Maria nachsprechen: „Gesegnet bist du vor allen Frauen, und gesegnet ist die Frucht deines Leibes." Und sie fügt hinzu: „Wer bin ich, daß die Mutter meines Herrn zu mir kommt? Selig bist du, weil du geglaubt hast, daß sich erfüllt, was der Herr dir sagen ließ."

Maria antwortet auf diese Seligpreisung mit einem Lied, dem Magnificat: „Meine Seele preist die Größe des Herrn, und mein Geist jubelt über Gott, meinen Retter. Denn auf die Niedrigkeit seiner Magd hat er geschaut. Siehe, von nun an preisen mich selig alle Geschlechter."

Lukas berichtet dann von der Geburt Johannes des Täufers, bei der Zacharias seine Sprache wiederfindet; ja er beginnt sogar prophetisch zu reden: „Du, Kind, wirst Prophet des Höchsten heißen; denn du wirst dem Herrn vorangehen und ihm den Weg bereiten . . ." Es ist der zweite Lobgesang, den Lukas in seinem Evangelium aufgeschrieben hat, das Benedictus des Zacharias.

Aber wenn er nun von der Geburt Jesu in Bethlehem erzählt, so öffnet sich über dem Kind in der Krippe der Himmel selbst. Kein Mensch mehr ist würdig, den dritten Lobgesang anzustimmen, der jetzt gesungen werden muß; die Engel Gottes selbst tun das: „Verherrlicht ist Gott in der Höhe und Friede ist auf der Erde bei den Menschen, die er liebt." Es ist das weihnachtliche Gloria. Denn so hat der Engel den Hirten die Weihnachtsbotschaft verkündet: „Heute ist euch der Retter geboren in der Stadt Davids; er ist der Christus, der Herr. Das ist die große Freude, die dem ganzen Volk zuteil werden soll."

Wenn Lukas abschließend sagt: „Maria aber bewahrte diese Geschehnisse in ihrem Herzen und dachte darüber nach", so deutet er damit vielleicht auch an, woher er von den Geheimnissen dieser Geburt Kunde hat.

Mit einer letzten Szene voll großer Bedeutung schließt Lukas die Kindheitsgeschichte Jesu in seinem Evangelium ab: bei der Darbringung des Kindes im Tempel zu Jerusalem stimmt der greise

Simeon wiederum ein Loblied an, „denn meine Augen haben das Heil gesehen, das du vor allen Völkern bereitet hast: ein Licht, das die Heiden erleuchtet, und Herrlichkeit für dein Volk Israel." Seinen Worten schließt sich die hochbetagte Prophetin Hanna im Tempel an. Nach diesen Ereignissen kehrt die heilige Familie nach Nazaret zurück, wo Jesus aufwächst. Aus seiner Kindheit erfahren wir nur noch einmal etwas von Lukas, nämlich in der Geschichte vom zwölfjährigen Jesus im Tempel. Wir erfahren nichts von den Umständen, wie er in Nazaret lebte, was er lernte, wer seine Lehrer waren. Für Lukas war das wohl wenig interessant und vermutlich wußte er davon auch kaum etwas. Das Evangelium ist nicht für unsere Neugierde geschrieben; es ist auch keine neuzeitliche Biographie, in der solche Einzelheiten nicht fehlen dürfen.

Lukas erzählt erst wieder, daß Johannes im 15. Jahr der Regierung des Kaisers Tiberius, als Pontius Pilatus Statthalter von Judäa war, mit seiner Bußpredigt in der Wüste, am Ufer des Jordan auftrat und daß auch Jesus zu ihm kam, um sich taufen zu lassen. Damals war Jesus ungefähr 30 Jahre alt. „Jesus kehrte, von der Kraft des Geistes getrieben, nach Galiläa zurück. Und die Kunde von ihm verbreitete sich in der ganzen Gegend. Er lehrte in ihren Synagogen und wurde von allen gepriesen." (Luk, 4, 14–15). Noch ist zu dieser Zeit in der Öffentlichkeit nicht bekannt, daß Jesus Gottes geliebter Sohn ist (Luk 3, 22); das wird erst offenkundig werden, wenn nach seinem Tod und seiner Auferstehung allen Völkern – angefangen mit Jerusalem – in seinem Namen die Bekehrung gepredigt wird. (Luk 24, 47)

Bis dahin sollte aber auch Johannes, der Prophet des Höchsten, mit Jesus das Prophetenschicksal teilen: Er starb im Gefängnis des Herodes, enthauptet als ein Opfer der rachsüchtigen Herodias. Aber noch aus dem Gefängnis hatte er seine Jünger zu Jesus mit der Anfrage geschickt: „Bist du es, der kommen soll, oder müssen wir auf einen anderen warten?" Jesus antwortete ihnen: „Geht und berichtet Johannes, was ihr gesehen und gehört habt: Blinde sehen wieder und Lahme gehen. Aussätzige werden rein und Taube hören: Tote werden auferweckt, und den Armen das Evangelium verkündet. Selig, der an mir keinen Anstoß nimmt!"

Das ist auch uns gesagt. Wir haben auf keinen anderen zu warten. Jesus ist der „Sohn der Verheißung", an den wir uns halten sollen. Seine Krippe, seine Botschaft, sein Kreuz und seine Auferstehung garantieren uns nicht den sofortigen Erfolg des Guten in dieser Welt, aber den endgültigen Sieg über alle Mächte des Bösen durch alles Leid hindurch. Die Kunde von ihm ist frohe Botschaft, ist immer wieder eine große Freude, die allem Volk zuteil werden soll.

Andreas Baur

Die Weihnachtsschlacht

,,Nur noch sechs Tage", stellt Nelly fest. Sie spitzt die Lippen und versucht, ,,Oh du fröhliche" zu pfeifen.

,,Noch sechs Tage", wiederholt die Mutter nachdenklich. Sie sagt es nicht fröhlich, nach einer Pause schickt sie den Seufzer nach: ,,Wenn nur alles schon vorüber wäre!" Nellys Pfeifton bleibt jäh in der Luft hängen. Entgeistert schaut sie ihre Mutter an.

,,Freust du dich denn nicht?"

,,Schon. Aber der ganze Rummel hängt mir zum Hals heraus."

Am Nachmittag hat Nelly frei, sie fährt mit einer Freundin Schlittschuh, und gegen Abend geht sie in den großen Selbstbedienungsladen, wo die Mutter arbeitet. Da geht es zu wie in einem Bienenhaus. Die Mutter sitzt auf einem Drehstuhl vor einer der sechs Kassen. Die Waren kommen auf einem Förderband auf sie zu, und während ihre rechte Hand auf den Zahlentasten liegt und tippt, dreht die linke die Waren so, daß sie die Preise ablesen kann, und legt dann ein Ding nach dem anderen in einen Gitterwagen. Wenn alles getippt ist, drückt die rechte Hand die Additionstaste und reißt den Kassenstreifen ab, die linke Hand stößt den gefüllten Wagen weg, zieht den leeren zur Kasse.

,,Toll, wie du das machst", hat Nelly schon manchmal zu ihrer Mutter gesagt. ,,Also, bei mir ginge das ganz langsam. So tip-tip-tip-tip und erst noch die Hälfte falsch." ,,Ach wo!" hat die Mutter lachend ausgerufen. ,,Das ist Übungssache. Am Anfang war ich auch nicht so flink. Ich fand die Preisschilder nicht und vertippte mich ab und zu. Dann murrten die Leute, weil sie warten mußten. Aber jetzt geht es beinahe im Schlaf."

,,Wie ein Roboter!" Nelly lachte.

Ein Roboter als Mutter? Der hätte nie Kopfweh, würde abends nicht müde. Aber ein Roboter hatte kein Herz. Da war ihr die Mutter, so wie sie war, doch lieber, auch wenn sie manchmal abends kaum mehr sprechen konnte vor Müdigkeit!

Noch vier Tage.
Noch drei.
Die Warteschlangen vor den Kassen wurden immer länger. Die Leute deckten sich mit Eßwaren ein, als daure Weihnachten ein halbes Jahr. Die automatischen Glastüren gingen mit einem Zischton auf und zu, auf und zu; die Mutter auf ihrem Drehstuhl spürte den Luftzug im Rücken. Auch die Kartonschilder, die an Fäden von der Decke hingen, schwangen im Luftstrom hin und her.

Über Mutters Kopf pendelte eine Weihnachtsglocke. AKTION stand rot drauf:

250 g PRALINEN ZUM SONDERPREIS!

In der Nähe schwebte ein Weihnachtsengel aus Karton, er trug ein Band in den Händen wie der Engel in der Kirche, aber darauf stand

nicht „FRIEDE DEN MENSCHEN AUF ERDEN", sondern „ROLLSCHINKEN ZUM FEST 15.80 DAS KILO".
Aus den Lautsprechern träufelte Weihnachtsmusik.
Das Förderband mit den Waren rollte.

Oh du fröhliche...
   Kalbskopf
oh du selige...
   Kaffee milde Sorte
   Clopapier dreilagig
Gnadenbringende...
   Taschentücher mit Monogramm
   Tafelsenf
Weihnachtszeit...

Die Mutter stöhnte, wischte sich mit dem Handrücken schnell die Schweißperlen über der Oberlippe ab.
Die Wartenden vor der Kasse traten unruhig von einem Bein auf das andere, schauten die Frau an der Kasse nicht an, starrten ins Weite, weil sie schon an den Heimweg dachten mit den schweren Taschen, an die verstopfte Straßenbahn.
Uff.
Noch drei Tage, dann ist es überstanden.
„Ich mache so ein Festessen wie letztes Jahr", sagte die Mutter am Abend zu Nelly. „Sülze auf Salatblättern, Schweinebraten, Pommes-frites, Bohnen und zum Dessert Schokoladencreme aus der Dose mit Birnen."
Am 24. Dezember war das Geschäft nur bis 14 Uhr offen.
Anschließend konnten die Angestellten von den übriggebliebenen Waren kaufen, auf alles gab es einen Rabatt von 15%. Das lohnte sich, fand Nellys Mutter. Aus diesem Grund hatte sie alle großen Einkäufe bis jetzt aufgespart: eine Schultasche für Nelly, eine Puppe, Farbstifte, eine Windjacke für Vater, die Eßwaren für das Weihnachtsfest.
Im Personalraum gab es für die Angestellten noch einen Imbiß.
„Die große Weihnachtsschlacht ist wieder einmal geschlagen", sagte der Personalleiter und sprach lobende Worte aus, dann wurden Schinkenbrote gereicht, ein Glas Wein.
Nach dem Imbiß ließ Nellys Mutter ihre dicken Plastiktüten im Personalraum stehen.
Sie merkte es erst, als sie draußen an der Bushaltestelle stand.
Meine Geschenke! Alle die guten Sachen fürs Nachtessen! dachte sie erschrocken.
Aber das Geschäft war schon geschlossen.
Vor dem 27. bekam man da nichts mehr heraus.
Mit leeren Händen kam sie zu Hause an.

Trotzdem feierten sie an diesem Abend Weihnachten. Vater zündete die Christbaumkerzen an, und Nelly sagte ein Gedicht auf. Sie wußte nur die ersten zwei Strophen, dann blieb sie stecken. Aber die Mutter fand es trotzdem sehr schön, und der Vater hatte gar nicht gemerkt, daß es weitergehen sollte.

Das Essen wurde kürzer als vorgesehen. Zum Glück hatte die Mutter den Braten schon vorher gekauft und die Kartoffeln ohnehin im Haus, aber es gab keine Vorspeise und keinen Nachtisch. Das heißt, sie knabberten einfach Nüsse und aßen Äpfel.

„Dafür habe ich keinen so vollen Magen wie letztes Jahr", meinte der Vater. „So schwere Essen bekommen mir nicht mehr."

Auch zum Auspacken war nicht viel da.

So blieb Zeit.

Viel Zeit.

Nelly holte das Memory-Spiel, das sie zur letzten Weihnacht bekommen hatte; alle Sonntage des verflossenen Jahres hatte sie vergeblich gewartet, daß jemand Zeit fände, mit ihr zu spielen.

Jetzt hatten die Eltern Zeit.

Vater hatte noch nie Memory gespielt.

Nach einer Weile hatte Nelly schon sieben Kartenpaare gefunden. Mutter drei, und Vater, der sonst immer alles besser wissen wollte, suchte dauernd am falschen Ort. Er versuchte, sich mit Tricks zu helfen, indem er heimlich Brotbrösel auf die Karten legte, die er sich gemerkt hatte. Oder er hielt die Hände so auf dem Tisch, daß der Daumen die Richtung markierte, in der eine gewisse Karte lag. Nelly kam ihm auf die Schliche. Sie spielten ein zweites und drittes Mal, und Vater ärgerte sich nicht, daß er immer verlor.

Dann spielten sie noch Mühle und den Tschau-Sepp-Jass.

Um Mitternacht löschte der Vater das Licht und sie schauten alle drei aus dem Fenster. Vom Schnee ging nämlich ein heller Schein aus, und man hörte die Weihnachtsglocken läuten.

„In dieser Stunde, vor fast 2000 Jahren, ist unser Heiland geboren", sagte die Mutter, und Nelly spürte, wie sie nun doch froh war, daß es Weihnacht geworden war.

Als Nelly ins Bett mußte, sagte sie: „Das war aber eine schöne Weihnacht."

„Wirklich?" fragte die Mutter erstaunt. „Wir hatten ja kein Festessen und fast keine Geschenke."

„Aber viel Zeit", sagte Nelly.

Eveline Hasler

Das Weihnachtskind

Es war Annes Vorschlag, das mit dem Heimkind. Auf der Rolltreppe war es ihr eingefallen. Im Warenhaus, unter den glitzernden Dekorationen aus goldenen Sternen, grünen Pappzweigen und roten Kugeln, die wie riesige Seifenblasen in dem grün-goldenen Geflimmer baumelten.

Aus dem Lautsprecher tönte ein Weihnachtslied: Stille Nacht, Heilige Nacht.

Anne hielt das Paket fest, das Paket mit dem Plattenspieler. Sie hatte ihn selbst aussuchen dürfen. Vor Annes Gesicht bauschte sich die riesige Tüte mit Mutters neuem Mantel. Das Weihnachtsgeschenk von Vater. Mutter hielt die Tüte krampfhaft fest und all die andern Pakete.

Da sahen sie den kleinen Kerl. Er stand oben an der andern Rolltreppe. Ganz verloren stand er da, mitten in der Menschenmenge, die unaufhörlich an ihm vorbeiströmte. Er weinte.

Zuerst sahen sie nur, daß er weinte. Sein kleines, tränenüberströmtes Gesicht war ganz verzerrt. Die dunklen Haare hingen ihm wirr über die Augen, die er mit seinen kleinen, dicken Fäusten rieb. Dann wischte er sich mit seinem roten Anorakärmel übers Gesicht. Die Rolltreppe glitt langsam aufwärts. Der Lautsprecher spielte immer noch ‚Stille Nacht, Heilige Nacht‘ und übertönte die Unterhaltungen der Vorüberhetzenden. Aber als Anne noch näher an den kleinen Jungen herangekommen war, hörte sie ihn auch weinen. Sein Weinen übertönte die ‚Stille, Heilige Nacht‘.

Da fiel Anne auf einmal das Heim ein, an dem sie morgens auf dem Schulweg immer vorbeikam. Neulich hatte ein kleiner Junge am Gitter vor dem Heim gestanden und geweint. Er hatte auch einen roten Anorak angehabt und sich mit dem Anorak das Gesicht abgewischt. Vielleicht fiel er Anne deshalb ein. Als sie oben ankamen, sahen sie, daß sich eine Verkäuferin um den Kleinen kümmerte. „Wir werden sie schon finden, deine Mutter“, hörten sie die Verkäuferin tröstend sagen.

Die Tränen rannen dem kleinen Jungen zwar immer noch übers Gesicht, aber sein Geschrei hatte aufgehört.

‚Wie schnell ein Kind sich trösten läßt‘, dachte Anne.

Zu Hause gingen sie nochmal die Liste der Geschenke durch, Mutter und Anne. Sie hatten nun fast alles beisammen. Die teuren Dinge stapelten sich im Wäscheschrank, die Geschenke für Vater, für Thomas, für die Nachbarn. Auch an die pelzgefütterten Hausschuhe für Tante Erna hatte Mutter gedacht. Die Tante würde sich freuen über das Päckchen.

Abends im Fernsehen sahen sie eine Werbesendung. Eine junge Dame zeigte einen teuren Rasierapparat, während ein Kinderchor

‚Stille Nacht, heilige Nacht' dazu sang. Da fiel Anne der kleine Junge im Warenhaus wieder ein.

„Eine aus meiner Klasse", sagte sie, mehr zu sich selbst, „hat erzählt, daß sie zu Weihnachten ein Kind aus dem Heim einladen." Erst sagte niemand etwas, aber dann fingen sie auf einmal an zu reden, wie schön es wäre, nochmal Weihnachten zu feiern wie früher, als Anne und Thomas klein waren. Zugesperrtes Weihnachtszimmer, Engelshaar im Flur, Glöckchenläuten. Und ein gutes Werk wäre es obendrein. Und das Fest hätte endlich wieder einen Sinn, einen richtigen Sinn, nicht nur diese Schenkerei.

Man könnte etwas basteln mit dem Kind, Märchen vorlesen, die Krippe gemeinsam aufbauen.

In den nächsten Tagen redeten sie immer wieder von dem Weihnachtskind. Auf dem Sofa im Wohnzimmer könnte es schlafen. Thomas würde mit ihm basteln. Anne könnte Märchen vorlesen. An einem der nächsten Tage wollte Mutter das Heim anrufen und alles mit der Leiterin besprechen.

Der Traum vom Weihnachtskind schien also wahr zu werden, so wie sie sich das vorgestellt hatten, mit Glöckchengeläute im Hausflur, mit abgeschlossenem Weihnachtszimmer und verlorenem Engelshaar. Sogar der Nachbarin erzählten sie schon davon. Nachmittags kam der Anruf von Frau Bergner, oder so ähnlich klang der Name. Ganz richtig konnte Anne es nicht verstehen. Aber daß es um Tante Erna ging, das entnahm sie dem aufgeregten Geschnatter am andern Ende der Leitung, und daß die Anruferin Tante Ernas Nachbarin war.

Tante Erna hatte sich den Arm gebrochen. Allein konnte sie sich nicht versorgen. Die Nachbarn fuhren alle weg über die Feiertage. Tante Erna könnte aber nicht ganz allein bleiben im Haus, mit dem gebrochenen Arm und so völlig hilflos. Was denn nun werden solle? Was sollte werden? Den ganzen Abend saßen sie zusammen und berieten. Nicht daß sie Tante Erna nicht gern gehabt hätten. Aber anstrengend war sie, die Großtante. Mit ihren ewig-gleichen Erzählungen, ihren Kochrezepten, die heute nicht mehr in Frage kamen. „Man rühre kräftig zwei Stunden", spöttelte Thomas gelegentlich. Und außerdem. Es war ja kein Platz. Das Sofa im Wohnzimmer war belegt. Das Kind aus dem Heim sollte doch dort schlafen, falls es käme. Anne hatte schon Engelshaar besorgt, das alte Glöckchen hatten sie gefunden. Eine neue Schallplatte mit Weihnachtsliedern lag bereit.

Soviel Mühe, soviel Vorfreude, und etwas Gutes taten sie ja obendrein mit dem Weihnachtskind aus dem Heim. Aber wohl war ihnen trotzdem nicht dabei.

„Wann kommt Ihr Weihnachtskind denn?" erkundigte sich am nächsten Morgen die Nachbarin. Die Mutter murmelte etwas Ausweichendes. Beim Mittagessen redete niemand von Tante Erna und von dem Weihnachtskind. Aber als Anne den Pudding auftrug, Vanillepudding, da sagte Thomas: „Das ist Tante Ernas Lieblingspudding."

Es war wie ein Zauberwort. Auf einmal redeten sie alle durcheinander. Ein Kind könnten sie immer noch nehmen aus dem Heim. Sonntags für einen Ausflug, zum Basteln, zum Vorlesen. Vielleicht sogar regelmäßig, nicht nur einmal für die Feiertage. Aber Tante Erna war jetzt krank. Jetzt brauchte sie Hilfe.

Nach dem Essen telefonierte die Mutter mit Tante Ernas Nachbarin. Am nächsten Tag kam Tante Erna an. Sie hatte den rechten Arm in der Schlinge und sie humpelte noch ein bißchen langsamer als sonst.

„Jetzt mache ich euch noch soviel Mühe!" sagte sie immer wieder. Sie saß auf dem Sofa und gab Mutter gute Ratschläge. Einmal kritisierte sie Annes Frisur. Da dachte Anne wieder an das Heimkind. Aber als sie Tante Erna dann sah, wie sie sich mühsam nach der Zeitung bückte und sie doch nicht aufheben konnte, wie sie mit ihrem Krückstock danach angelte, und dann der dankbare Blick, als Anne ihr die Zeitung aufhob, da fühlte Anne etwas wie Zärtlichkeit in sich aufsteigen.

Nachher tuschelte sie mit Thomas. Beim Abendessen fand Tante Erna auf ihrem Stuhl ein Stück Engelshaar. Daß Tante Erna so fröhlich lachen konnte, das hatten sie ihr gar nicht zugetraut. Wer hätte geahnt, daß auch Tante Ernas Eltern, Annes und Thomas' Urgroßeltern, früher, vor mehr als 60 Jahren, Engelshaar im Flur verstreut hatten, damit Tante Erna und Großvater glauben sollten, das Christkind sei schon vorbeigegangen. Den ganzen Abend erzählte Tante Erna Geschichten von früher. Wie gut sie erzählen konnte! Sie freute sich über das Glöckchenläuten im Flur und über die neuen Weihnachtslieder. Sie brachte Anne eine ganz schwierige Strickart bei, und das Rezept von Urgroßmutters Weihnachtskuchen war gar nicht so schwierig. Thomas probierte es selber aus. Der Kuchen geriet wunderbar.

Zu Weihnachten schenkte Tante Erna der Mutter ein Sticktuch. Über 60 Jahre war es alt. Tante Erna hatte es als Kind gestickt. Einen Weihnachtsbaum sah man darauf, mit roten Äpfeln und Kerzen. Urgroßvater und Urgroßmutter standen neben dem Baum und hielten zwei Kinder an den Händen. Das waren Großvater und Tante Erna mit Zöpfchen und blauen Schleifen. Darunter stand in roten Buchstaben: „O du fröhliche, o du selige, gnadenbringende Weihnachtszeit."

Es war ganz merkwürdig. Keins der teuren Geschenke gefiel ihnen so gut, wie dieses alte Stück Stoff mit der altmodischen Kreuzstich-

stickerei. Es war wie eine Erinnerung an eine längst vergangene Zeit.

Erst als Tante Erna wieder abgereist war und das Sticktuch gerahmt in der Diele hing, da fiel ihnen ein, daß sie an diesen Weihnachtstagen den Fernseher überhaupt nicht angedreht hatten. Tante Erna hatte so viel erzählt. Es war schön gewesen. Wer zuerst damit anfing, das wußten sie nachher nicht mehr, aber das kleine Mädchen auf dem Sticktuch nannten sie später immer „das Weihnachtskind".

Susanne von Schroeter

Der erste Hirte

in Junge von sieben Jahren war ich und hatte schon sechsmal Weihnachten gefeiert, und seit der letzten Weihnacht hatte ich auch selber die Weihnachtsgeschichte lesen können. Aber seitdem ich lesen gelernt hatte, sah ich die alte, liebe Weihnachtsgeschichte mit anderen Augen an. Merkwürdigerweise interessierte mich aber daraus keine Figur so sehr wie die Hirten, die vom Felde nach Bethlehem liefen. Ich hatte noch nie in meinem Leben einen Hirten gesehen. Ich war ein Stadtkind und hatte zwar auch noch keine Engel gesehen, aber von denen wußte ich ja, daß sie im Himmel zu Hause sind. Da war es doch nur Glückssache, wenn sich mal einer blicken ließ.

Einen König hatte ich auch noch nicht gesehen, dafür aber – lang ist es her – einen Kaiser, und der war noch mehr als ein König. Der wog drei Könige bei weitem auf.

Nur die Hirten eben, die waren mir noch nie in den Weg gekommen. In der Stadt gab es wohl Pferde, viel mehr Pferde als heute, aber es gab keine Schafe, keine Schafherden, also gab es auch keine Hirten. Kutscher waren ja wohl etwas anderes. Die hatten es bloß mit einem einzigen, höchstens zwei Pferden zu tun. Aber Kutscher kamen in der Weihnachtsgeschichte nicht vor, nur Hirten kamen darin vor – und ich wünschte mir sehnlichst, einmal einen richtigen Hirten zu sehen.

Eines Tages, ich glaube, es war Anfang Dezember, sagte ich es meiner Mutter, und sie verstand meinen Wunsch ganz gut und versprach, einmal darüber nachzudenken und – ja, natürlich müßte sie auch den Vater fragen, der wüßte vielleicht Rat.

Mein Vater war zwar auch Soldat gewesen, aber nun war er schon seit vielen Jahren Beamter und leitete ein Büro und verwaltete eine Anzahl von Magazinen, in denen Heu und Stroh und Getreide für die Truppen der Stadt aufbewahrt wurde. Auf diese Weise kam er auch mit Bauern und Händlern in Berührung und machte mitunter Fahrten ins Land hinaus. Noch nie hatte er mich zu einer solchen mitgenommen.

Im Dezember, als meine Mutter ihm von meinem Wunsche, einen richtigen Hirten zu sehen, erzählte, beschloß er kurzerhand, mich zu einer solchen Dienstfahrt mitzunehmen. Die Mutter sagte es mir, und ich war überglücklich und konnte es kaum erwarten, bis der verabredete Tag herbeikam. Es war, wie ich mich noch deutlich entsinne, ein sehr milder Winter damals und noch kein Schnee gefallen. Wir fuhren erst ein Stück mit der Eisenbahn, und dann, auf einem kleinen Bahnhof, bestiegen wir einen leichten, mit einem Pferde bespannten Wagen, der dort hielt. Und los ging die Fahrt ins Hirtenland. Denn so stellte ich es mir vor: daß da draußen ein Hirtenvolk lebte, mit Schafherden oder Rinderherden, vielleicht konnte man sie schon von weitem, rechts und links vom Wege, erblicken. Unser Wägelchen rollte gemütlich dahin.

Endlich aber wurde in der Ferne auf der rechten Seite der Straße so etwas wie ein Wald sichtbar. Ich sah es und machte meinen Vater darauf aufmerksam. Es war ein Park, also ein kleiner Wald, der zu einem einfachen Landhaus mit gelben Mauern, weißen Fenstern und rotem Dach gehörte. Und vor diesem Hause hielt unser Wägelchen endlich still.

Der Kutscher sprang herab von seinem erhöhten Sitz und half meinem Vater und dann mir beim Aussteigen. Erst jetzt bemerkte ich, daß er einen langen Schnurrbart hatte, dessen Enden seitwärts herabhingen. Vielleicht haben auch die Hirten hier solche Schnurrbärte?

So dachte ich und beschloß, fortan auf solche Männer zu achten, damit ich sie gleich aus den übrigen herauskennen möchte. Nun, der Mann, der uns aus dem Hause entgegenkam, hatte keinen Schnurrbart, also war er kein Hirte, ihm gehörte das Haus, wie ich dann merkte, und wir waren seine Gäste.

Ein schönes Frühstück ließ er uns vorsetzen, noch nie hatte mir ein Frühstück so gut geschmeckt wie hier draußen in diesem fremden Hause, an dessen Wänden Geweihe hingen und Köpfe von Hirschen. Ich ließ es mir munden, und über diesem Geschäft wäre mir beinahe der Zweck meines Herkommens aus dem Sinn geraten. Jedenfalls erschrak ich, als mein Vater nach beendetem Frühstück eben hierauf zu sprechen kam. Er hatte es nicht vergessen.

Ach, so ist es mir in der Erinnerung geblieben, und ich möchte jedem, der dies liest, wünschen, daß er auch eine so freundliche und ungetrübte Erinnerung an seinen Vater haben möchte. Ein guter Vater ist mehr wert als viel Geld und Gut. Ich glaube jedenfalls, daß ich seine Stimme, sein herzliches Lachen bis an mein Ende nicht vergessen werde, also auch nicht diesen Augenblick in dem fremden Hause, wo er, die Serviette noch in der Hand und von dem genossenen Frühstück sichtlich wohlgelaunt, dem Besitzer mein Anliegen vortrug.

Auch der war ein freundlicher und verständiger Mann. Er fragte mich nach meinem Namen und lobte mich, daß ich mitgekommen war, bloß um einen richtigen Hirten und seine Schafe zu sehen. Dein Vater und ich, sagte er, werden uns jetzt ein bißchen unterhalten, und du kannst inzwischen auf den Hof gehen und dir die Ställe zeigen lassen. Ich gebe dir unseren Eleven mit.

Ich wußte nicht, was das Wort bedeutete, und nickte bloß. Der junge Mann, der bald darauf ins Zimmer trat, fragte: ,,Einen alten Hirten willst du also sehen?"

Auf die Frage war ich nicht gefaßt: ich hatte mir weder einen jungen, noch einen alten vorgestellt, nur einen Hirten.

„Na", sagte der Eleve, „dann wollen wir mal zum alten Weise gehen." Ich horchte auf. Weise hieß er also, ein schöner Name. Wurden nicht die drei Könige aus dem Morgenland auch die drei Weisen genannt? Ich hatte die Weihnachtsgeschichte gelesen, ich wußte Bescheid. „Aber zuerst", sagte Eleve, „wollen wir noch zu den Schafen."

Wir näherten uns dem langgestreckten Stallgebäude, das aus roten Ziegeln errichtet war und viele Türen und kleine Fenster hatte. Mir klopfte das Herz. Es war die erste Schafherde, die ich in meinem Leben zu sehen bekam. Eng beieinander gedrängt standen sie da und äugten herüber und warfen die Köpfe wieder zurück und schoben sich noch enger zusammen. Die graue Wolle reichte ihnen bis dicht an das Maul und zwischen die Ohren. Ihre Stummelschwänze zuckten hin und her, und unablässig erscholl bald aus dieser, bald aus jener Gruppe das laute, klägliche Blöken.

Der Eleve erklärte mir dies und jenes, er hatte eine helle Kinderstimme, aber ich schwieg nur und staunte. Dies also war der Stall! Und in einem solchen Stall war der Heiland auf die Welt gekommen. Diese Gerüche und diese Geräusche hatte es auch in der Heiligen Nacht gegeben. Nicht bloß die Musik der Hirten und den Gesang der Engel. Mir war andächtig zumute, ich glaube, ich habe jeder Kuh, die ihren breiten Hals zu mir herüberdrehte, und in den Schafen allen, die ängstlich und neugierig aus ihren Wollbüscheln aufschauten – in einer jeden Kreatur dort hab' ich einen Zeugen der Heiligen Nacht, einen Bewohner des Stalles von Betlehem gesehen.

Ich war ein Knabe von sieben Jahren und zum erstenmal der Kreatur so nahe, zum erstenmal wohl auch so nahe dem wunderbaren Ereignis der Christnacht – vier Wochen vor Weihnachten.

Und der Hirte? Ich hatte ihn nicht vergessen über den Tieren. Als wir wieder zu den Schafen zurückkehrten und der Eleve erklärte, daß wir nun alles gesehen hätten, da wagte ich schüchtern zu fragen, ob wir nun wohl auch zu den Hirten gehen wollten?

„Ja, richtig", rief der rotwangige Jüngling, „zum alten Weise wollte ich dich noch bringen, na, dann komm nur."

Er schickte sich an, den Stall zu verlassen, ich aber zögerte. Wo wollte er denn hin? Der Hirte gehörte doch zu seiner Herde, den konnte er doch nicht anderswo suchen wollen. Oder – ob er auf dem Felde war, draußen irgendwo?

Das wollte sich aber wieder nicht mit der Weihnachtsgeschichte zusammenreimen, wo die Hirten doch in der Nacht auf dem Felde ihre Herde hüteten. Und jetzt war es noch nicht einmal Mittag. Oder schlafen die Hirten am Tage, weil sie doch nachts wachen müssen?

Ich weiß nicht mehr genau, was alles ich damals dachte, nur daß ich

in ziemlicher Verwirrung dem jungen Mann folgte, der mich mit dem alten Weise bekannt machen wollte. Doch traute ich ihm wohl zu, daß er mich an die richtige Stelle führen würde, er hatte bis jetzt seine Sache gut gemacht und war weder hochmütig, noch mürrisch gewesen.

Und so stapfte ich hinter ihm drein, wieder quer über den Hof, bis in die Nähe des großen Tores, wo ein einzelnes Haus stand, mehr einer Hütte ähnlich, aus Fachwerk aufgebaut und schief vom Alter. Ja, in einem solchen Haus konnte ein Hirte wohnen, ich wunderte mich nicht.

Er öffnete, wir traten ein – und da lag er denn, der alte Weise, in seinem Bette, in den rotgemusterten Kissen, ein alter Mann, mit weißen Stoppeln ums Kinn und die Hände über der Bettdecke gefaltet, die großen, knochigen Hände mit den dicken Adern und den langen, brüchigen Nägeln.

Ich sah es genau, Kinderaugen sind aufmerksam. Neben dem Bette stand ein Tischchen. Und darauf lag ein schwarzes Buch, und um das Buch herum waren vielerlei Flaschen gestellt mit Zetteln daran. Wir befanden uns in einer Krankenstube. Der alte Weise war krank.

„Guten Tag", sagte der Eleve, „guten Tag, Vater Weise. Ich bringe Ihnen Besuch." Der alte Mann drehte seinen Kopf herüber, ohne sich aufzurichten. Es war ein gutes, friedliches Gesicht, aber doch wohl von der Krankheit gezeichnet, mager und blaß.

Was sollte ich sagen? Stumm stand ich da und blickte ihn an.

„Komm näher", sagte der Eleve und schob mich dichter an das Bett heran, „komm näher und gib ihm die Hand."

Ich tat es. Ich fühlte die matte, kalte Greisenhand in der meinigen. Es schauderte mich, aber ich sagte nichts.

Da beugte sich der Eleve über das Gesicht des Alten und rief: „Er möchte mal gern einen richtigen Hirten sehen, Vater Weise, er kommt aus der Stadt."

Der Kranke verstand diese Worte, und es flog ein schwaches Lächeln über sein müdes Gesicht, leise sagte er:

„Da bringst du ihn zu mir? Ich bin doch keiner mehr."

Wie, dachte ich, kein Hirte mehr? Warum nicht? Bloß weil er alt und krank ist?

„Vater Weise", fuhr der Eleve fort, „wie lange sind Sie hier bei den Schafen gewesen?"

Der Alte bewegte die Augen, er dachte nach und erwiderte dann flüsternd: „Fiftig Johr."

„Hast du gehört", sagte der Eleve, „fünfzig Jahre lang ist er Hirte gewesen."

Dies ist mir in der Erinnerung geblieben von meinem Besuch bei dem alten Vater Weise. Ein alter Mann im Bett, müde von seiner Lebensarbeit, matt von der Krankheit. Und dann dies noch, daß er noch Weihnachten erlebt hat, zu Anfang des neuen Jahres aber gestorben ist.

Mit meinem Vater bin ich noch am gleichen Tage in demselben Wägelchen, das uns hergebracht hatte, wieder zurückgefahren. Mein Wunsch war erfüllt worden: ich hatte die große Herde gesehen, ich hatte den alten Hirten gesehen.

„Weise hat er geheißen", sagte ich. „Ein schöner Name für einen Hirten", erwiderte mein Vater. „Wie wär's, wenn wir dem alten Mann zu Weihnachten eine Freude machten, falls er dann noch lebt?"

So war mein Vater. Und ich entsinne mich, daß wir dann in der Adventszeit ein Paket zurechtgemacht haben für den armen, kranken Hirten.

Ich werde es meinem Vater mein Leben lang nicht vergessen, daß er mich zu dem alten Weise gebracht hat. Hirtentreue und Vatergüte, das war's, was ich bei jenem Ausflug erfahren hatte. Ein Knabe von sieben Jahren. Immer werde ich daran denken, auch wenn ich ein Mann von siebzig Jahren werden sollte. *Kurt Ihlenfeld*

Advent

Es treibt der Wind im Winterwalde
die Flockenherde wie ein Hirt,
und manche Tanne ahnt, wie balde
sie fromm und lichterheilig wird,
und lauscht hinaus. Den weißen Wegen
streckt sie die Zweige hin – bereit,
und wehrt dem Wind und wächst entgegen
der einen Nacht der Herrlichkeit.

Rainer Maria Rilke

Weihnachten entgegen

Ein Gelehrter kam aus Moskau nach Berlin und besuchte einen Fachkollegen. Seine erste erstaunte Frage galt dem weihnachtlichen Schmuck der großen Stadt. Er konnte sich von früher nicht darauf besinnen, daß schon vier Wochen zuvor das Fest seine Strahlen vorauswerfe. Diese Beobachtung eines Fremden war der Ansatzpunkt zu einem langen Gespräch im Freundeskreis.

Der Kulturkritiker klärte ihn auf: Unsere Sitten sind doch tot oder sterbend, ausgehöhlt vom Rationalismus unserer Zeit. Der Weihnachtsschmuck der Schaufenster bezeugt nur die Herrschaft von Mode und Propaganda, nichts weiter. Jetzt oder nie verdienen die Warenhäuser, deshalb sorgen sie für Stimmung, die im Großbetrieb billig geliefert wird . . .

Da setzt der Widerspruch ein. Das weise und gerechte Alter konstatierte zunächst, daß die weihnachtlichen Sitten sich gefestigt haben. Noch vor einem Menschenalter war der Adventskranz nur in Norddeutschland bekannt, der vielstrahlige Papierstern leuchtete nur bei den Herrnhutern. Selbst der Christbaum war noch vor 80 Jahren in den katholischen Gegenden Deutschlands fast unbekannt. Heute ist für den Deutschen der Christbaum nicht vom Weihnachtsfest zu trennen. In katholischen Gegenden ist er noch nicht lange zu Hause; ja, er galt vielfach als ausgesprochen lutherisch. An seiner Stelle wurde die Krippe aufgebaut, an der oft Generationen in wochenlanger Winterarbeit gebastelt hatten. Heute haben sich diese Unterschiede verwischt. Der Christbaum ist allen Deutschen gemeinsam, auch solchen, denen die Weihnachtsbotschaft kaum mehr bewußt ist als Goldgrund des Festes oder die sie bewußt überhören wollen. Auch ist es heute kaum mehr bekannt, daß der Christbaum ursprünglich am Morgen des ersten Feiertages brannte. Wenn die Erwachsenen aus der Frühmesse kamen, dann zündete die Mutter die Kerzen des Baumes an. Ohne Zweifel ist auch die Krippe unter dem Baum verbreiteter als in Vorväterzeiten, ebenso wie der Adventskranz mit seinen Lichtern und Bändern.

Der Theologe im Kreis macht neue Bedenken geltend; sind diese Sitten noch sinnerfüllt? Der Advent zeigt die Wandlung am deutlichsten. Mit der Verbreiterung kommt auch die Verflachung. Ursprünglich ist es eine ernste Zeit der inneren Sammlung und Einkehr. Man singt „Mit Ernst, o Menschenkinder, das Herz in euch bestellt" und nicht schon vier Wochen im voraus „O du fröhliche, o du selige . . .". Die kirchlichen Texte reden vom Jüngsten Gericht. Man saß im Dunkeln und ließ nur ein kleines Licht der Sehnsucht und der Hoffnung schon an Weihnachten mahnen. Heute dagegen brennen die Weihnachtsbäume an den Straßenkreuzungen der Großstadt bereits vom ersten Advent an, und die Schaufenster der Warenhäuser funkeln und glitzern, strahlen und leuchten so stark, daß der eigene Christbaum den Kindern fast dunkel dagegen erscheint. Wochenlanges Vorausfeiern entwertet Weihnachten, während stille Vorfreude es erhöht. Dann ist da das Schlagwort: „aufgeklärte Weihnachten". Im Grunde ist es ein Widerspruch in sich selbst, die Begriffe Aufklärung und Weihnachten zusammenzubringen; aber die aufgeklärte Weihnacht hat es doch fertiggebracht: ihr Symbol ist der „Weihnachtsmann". Er ist gänzlich anonym, aber reich und verschwenderisch. Am besten gedeiht er im Warenhaus. Da steht er in voller Größe mit einem Sack, aus dem alle guten, teuren Sachen herausquellen. Früher hatte er auch eine Rute an der Seite hängen, aber die ist jetzt schon unmodern.

Natürlich hat der Weihnachtsmann ursprünglich auch einmal einen Namen und eine Geschichte gehabt. Aber als er aufgeklärt wurde, legte er sie ab, um keinen Anstoß zu erregen. Nun paßt er für alle. Früher hieß er St. Niklas, St. Ruprecht oder Pelzmärtel und kam gar nicht zu Weihnachten, sondern in der Adventszeit. Er war nur ein Bote. Die guten Gaben brachte das Christkind selber. Von all der Herrlichkeit blieb nur der alte Mann mit dem Bart und den vielen Geschenken übrig. Die Großstadtkinder halten ihn wahrscheinlich für den Auslieferer des Warenhauses, wenn sie überhaupt darüber nachdenken.

Es gibt in den ganz aufgeklärten Schulen schon ganz aufgeklärte Lehrbücher, worin von der Weihnachtsfreude nur noch eine trockene Aufzählung geblieben ist von wünschbaren Dingen, die die guten Eltern kaufen und den Kindern schenken. Da ist dann der Weihnachtsmann, der säkularisierte Heilige, auch abgeschafft, und als Symbol bleibt nur noch – die Weihnachtsgans, der Festbraten, übrig. Vor lauter Aufgeklärtheit wird die Welt immer dunkler, obwohl das physikalisch schwer zu erklären ist. Doch das Christkind und der Weihnachtsstern lassen sich nicht aufklären. Dafür sind sie selber lauter strahlendes Licht, das scheint in der Finsternis.

Die Jungen im Kreis verwahren sich dagegen, daß unsere, daß ihre Zeit herabgesetzt wird. Klingen nicht die alten Lieder in der Schule und in der Kirche in neuem, beschwingtem Rhythmus, und trägt nicht das Radio dies Wissen von neuem Singen in jedes Haus? Ist euch überhaupt bewußt, wieviel der Rundfunk zur Verteidigung der Sitte beiträgt? Der Kritiker fällt ein: Verteidigung der Sitte – das ist bereits ein Zeichen für ihre Gefährdung, alle echte lebendige Sitte herrscht selbstverständlich und unbewußt.

Die Mutter sagt: „Ihr solltet nur einen Abend lang miterleben, wie altmodisch unsere Kinder aufs Christfest warten und Ausschau halten, ob das Christkind vorbeifliegt, dann würdet ihr nicht mehr von leerer Konvention sprechen. Wer in der Verbitterung so denkt, sollte sich einmal ernstlich vorstellen, was unser nordisches Klima und unser langer Winter für eine trostlose Angelegenheit wären, ohne den Höhepunkt des Weihnachtsfestes. Um zu spüren, was eine

Sitte bedeutet, muß man sie sich aus unserem Leben gestrichen denken. Was wäre die Woche ohne den Sonntag, die Kinderstube ohne die Geburtstagsfeier, der Winter ohne Weihnachten! Bis in die Politik hinein trägt das Christfest seine Forderung der Ruhe und des Friedens. Ein paar Tage lang schweigt die Hetze und Unrast. Wir wissen von keiner anderen Sitte, die solche Wirkung ausübt."

Ein junger Konservativer spricht: „Vielleicht ist es überhaupt eine falsche Einschätzung der intellektuellen Menschen, wenn sie halb verächtlich sagen: „Das ist ja nur Sitte", anstatt ehrfurchtsvoll zu bekennen: „Es ist sogar schon Sitte geworden." Denn wirksam bis in die Tiefen des Volkes werden große Gedanken und starke Überzeugungen erst durch die Versittung. Sie wirken dann durch die Macht der Gewohnheit auch auf die Kinder, die noch keine eigene Überzeugung haben, auch auf die Gleichgültigen, die solche nicht mehr haben. „Aber nicht wegen der traulichen Stimmung", ergänzt die Mutter, „sondern weil das Weihnachtsfest die Menschen lehrt, ihren Egoismus zu überwinden und an die anderen zu denken. Wir schenken, weil wir uns dankbar als Beschenkte fühlen."

„Wird die Weihnachtssitte die Menschen dazu führen, wirklich Frieden auf Erden zu halten?" fragt der radikale Kritiker ernst. Alle schweigen betroffen. Sie denken an die Weihnachtsfeste im Schützengraben.

„Nein", sagt der Theologe, „man darf von der Sitte nicht zuviel verlangen. Wir wollen sie nicht unterschätzen, aber sie ist doch nur etwas Vorletztes, nur eine Stufe zum Heiligtum, nur der Docht, an dem die Flamme sich entzünden kann, nur der Kanal, in den lebendiges Wasser sich ergießen will, nur Spalier, woran der Obstbaum sich hochrankt. Aber nicht das Spalier ist es, das Früchte trägt . . ."

Eine lebendige Kraft geht auch von den Weihnachtssitten nur da aus, wo Menschen die Botschaft gläubig hören, als Forderung an sich selbst verstehen und mit ihrem Leben darauf antworten. Diese Forderung heißt Wiedergeburt, das erst ist die Erfüllung der Sitte.

Elly Heuss-Knapp

*Es kommt
ein Schiff geladen*

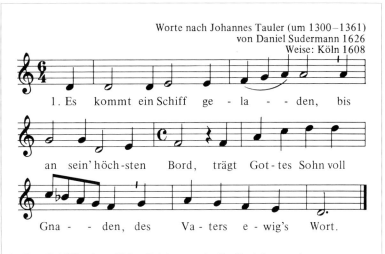

Worte nach Johannes Tauler (um 1300–1361)
von Daniel Sudermann 1626
Weise: Köln 1608

1. Es kommt ein Schiff ge-la-den, bis
an sein' höch-sten Bord, trägt Got-tes Sohn voll
Gna-den, des Va-ters e-wig's Wort.

2. Das Schiff geht still im Triebe,
   es trägt ein teure Last;
   das Segel ist die Liebe,
   der Heilig Geist der Mast.

3. Der Anker haft' auf Erden,
   da ist das Schiff am Land.
   Das Wort tut Fleisch uns werden,
   der Sohn ist uns gesandt.

4. Zu Betlehem geboren
   im Stall ein Kindelein,
   gibt sich für uns verloren;
   gelobet muß es sein.

5. Und wer dies Kind mit Freuden
   umfangen, küssen will,
   muß vorher mit ihm leiden
   groß Pein und Marter viel.

6. danach mit ihm auch sterben
   und geistlich auferstehn,
   ewigs Leben zu erben,
   wie an ihm ist geschehn.

*Leise rieselt
der Schnee*

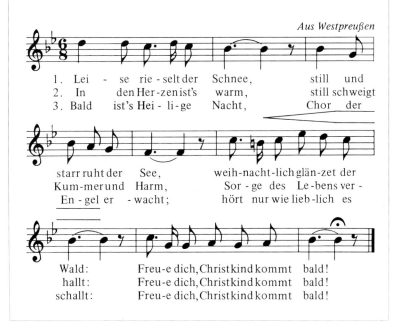

Aus Westpreußen

1. Lei - se rie - selt der Schnee, still und
2. In den Her-zen ist's warm, still schweigt
3. Bald ist's Hei - li - ge Nacht, Chor der

starr ruht der See, weih-nacht-lich glän-zet der
Kum-mer und Harm, Sor - ge des Le-bens ver-
En - gel er - wacht; hört nur wie lieb-lich es

Wald: Freu-e dich, Christ kind kommt bald!
hallt: Freu-e dich, Christ kind kommt bald!
schallt: Freu-e dich, Christ kind kommt bald!

Wir basteln weiter für Weihnachten

Christbaumschmuck aus Metallfolie (Abbildungen rechts oben und unten)

Wir brauchen dazu dünne (silbrig oder goldfarbig bestrichene) Alufolie zum Prägen (= eindrücken von Mustern), einen ausgedienten Kugelschreiber und darunter Zeitungslagen. Sollen zunächst Sterne entstehen, suchen wir im Haushalt allerlei Rundes: Schachtel- und Dosendeckel oder Gläser in verschiedener Weite. Durch Umfahren auf der Folie erhalten wir verschieden große Kreise, die wir ausschneiden. Nach innen zu wird auf jede Scheibe ein kleinerer Kreis gezeichnet, auf dem die Reihe der Sternzacken stehen soll. Wir gehen also nicht vom Kreuz aus, sondern von der Scheibe. Ringsum schneiden wir ohne Vorzeichnung viele, viele Strahlen, immer von außen nach innen bis zum eingezeichneten Kreis. Wenn dabei eine Zacke etwas breiter oder schmaler wird, tut's auch nichts. Durch Einprägen soll nun jeder Stern schöner werden und zum Blitzen kommen. Ganz wichtig ist, daß die eingeprägten Muster *in die Form passen,* also um die Mitte etwas Rosettenartiges, in die Zacke etwas spitz Zulaufendes. Immer von beiden Seiten prägen, z. B. eine Mittelrippe von vorne, die Seitenäste dazu von rückwärts! Auch kann der Rand mit Punkten oder Strichelchen „gezähnt" werden.

Neben Sternformen können auch Wickel- oder „Fatschen"-Kinder, Engelchen, Herzen oder Vögelchen zum Aufhängen entstehen. Hierzu werden am besten Modelle aus starkem Papier geschnitten, die sich zum Nachzeichnen auf der Folie eignen.

Zum Bemalen benützen wir einen wasserfesten Filzstift, der zum Beschriften von Folien geeignet ist. Wir verwenden zunächst nur zwei Farben, z. B. Rot und ein helles Blau. Erst zum Schluß können dann noch gleichsam lustige Farbtupfer in einer dritten Farbe sparsam dazugesetzt werden. So wurde z. B. der obere linke Stern in Orange- und Grüntönen gemalt und abschließend mit lila Streifen ergänzt.

Hat man schon allerlei fertig und bereits mehr Erfahrung, könnte ein großer und reicher Stern für die Baumspitze angefangen werden, wie er rechts oben abgebildet ist. Die runde Scheibe wurde nach einem Teller von etwa 20 cm Durchmesser aufgezeichnet.

Bei den Engeln und Sternen S. 69 handelt es sich um richtiges Messingblech, 0,1 mm stark. Hier läßt sich nicht einfach mit Kugelschreiber hantieren, die Prägespuren würden viel zu schwach, sondern mit Ahle, festen Nagelfeilen oder auch einem größeren Nagel, dessen gratige und scharfe Spitze geglättet und gerundet, dessen anderes Ende durch Umwickeln mit Tesakrepp griffiger wird. Das Aufzeichnen geschieht wieder mit Hilfe einer Schablone aus starkem Papier. Das Ausschneiden ist bei Blech etwas schwieriger, und man muß bedächtiger arbeiten.

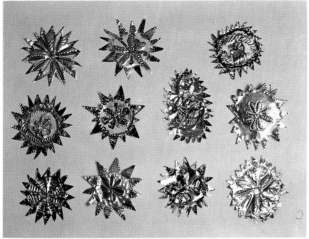

Auch *Räuchermännchen in Kegelform* (Abb. links) lassen sich in derselben Technik fabrizieren. Um einfach eine runde Scheibe aus der Blechfolie schneiden zu können, umfahren wir wieder den glatten Rand eines Eßtellers, schneiden den Kreis aus und halbieren ihn. Jede Hälfte, von der noch ein etwa 5 cm breites Dreieck weggeschnitten wird (wie die Skizze unten links zeigt), ergibt ein Räuchermännchen.

Da wir Abfall haben, kann das Muster für die Borte am Kegelsaum daran ausprobiert werden. Man setzt eine dichte Reihe von Punkten neben eine Linie (diese wird auf der rückwärtigen Seite gezogen), dann zieht man eine Linie auf der Vorderseite, dazu prägt man auf der Rückseite eine Art Tannennadeln, oder eine Linie mit blattartigen Bogen, Zickzack mit Punkten darin durch. Durch Prägen von beiden Seiten wird die Folie steifer, und das Ornament wirkt plastischer.

Durch Prägen von kleinen Strichen am gebogenen Rand entlang, kann man den glatten Schnitt etwas brechen. Daran schließt sich eine breitere Borte.

Dann kommt das Gesicht: Der Mund in der Mitte, etwa 12 mm im Durchmesser, wird ausgeschnitten, weil aus ihm der Rauch strömen soll. Um diese Öffnung drückt man als Lippe von rückwärts rundum eine Prägespur, darüber, ebenso von rückwärts, prägt man die Nase. Beide Augen (sie müssen wegen der starken Rundbiegung beisammen stehen) können von vorne und die Augenpunkte darin vorsichtig von rückwärts eingedrückt werden. Brauen machen die Augen schöner. Vielleicht erhält das Männchen noch dicke Backen, die mit einem runden Bleistiftende nach vorne gewölbt werden. Es kann auch ein Bart dazukommen. Mit Folienstiften werden Gesicht und Borte lustig bemalt, anschließend zum Kegel gebogen und zusammengeklebt.

Räucherkerzen gibt es in Papier- und Wachsgeschäften. Sie müssen auf nicht brennbarem Untersatz stehen; nach dem Anzünden stülpt man das Räuchermännchen darüber, das bald zu qualmen beginnt.

Eleonore Weindl

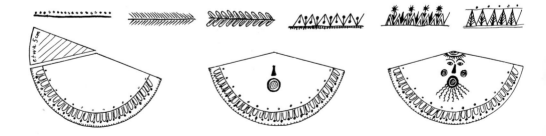

Weihnachtswunsch eines Zwetschgenmanderls

Ich bin ein einsam's Zwetschgenmanderl.
Kommst nicht einmal zu mir ans Standerl?
Die Zeit wird einem lang beim Steh'n,
wenn alle einfach weitergeh'n,
und kein's schaut einen freundlich an
und fragt: ,,Wie geht's, Herr Zwetschgenmann?"
Wir waren einmal unser sieben,
und ich allein bin übrig 'blieben.
Jetzt fehlt mir halt die Ansprach' recht.
Ich sag' dir g'schwind, was ich gern möcht':
Ein recht ein liebes Zwetschgenweiberl
mit rotem Rock und blauem Leiberl
und einem Schurz, schön umgebunden,
und einem Strohhut, einem runden.
Wenn du ein's siehst, dann schick mir's her!
Recht schönen Dank und hab' die Ehr'!

Marina Thudichum

71

Weihnachtliches Backen

Orangen-Leckerli

250 g Mehl
2 Teelöffel Backpulver
50 g Stärkemehl
175 g Butter
50 g Orangeat
75 g Zucker
1 Beutel Vanillinzucker
etwas Muskat
Ingwerpulver und
Salz
1 Ei
je 1/2 ungespritzte
Orange und Zitrone
2–3 Eßlöffel Orangenmarmelade
150 g Puderzucker
je 1 Eßlöffel Orangenlikör und Himbeersirup
1 Eßlöffel Kokosfett
1 Stück Schokolade

Aus Mehl, Backpulver, Stärkemehl, der in Flöckchen geschnittenen Butter, dem Ei, dem feingeschnittenen Orangeat, dem Zucker, den Gewürzen und etwas Zitronen- oder Orangensaft bereitet man einen mürben Teig, der nach kurzem Ruhen ausgewellt und zu gleichmäßigen Keksen ausgestochen wird. Man bäckt sie ungefähr 12 Minuten bei Mittelhitze hell gar und setzt je zwei mit Orangenmarmelade zusammen. Dann macht man aus Puderzucker, Likör und etwas Zitronen- oder Orangensaft und dem heißen Kokosfett einen dicklichen Guß, mit dem man die Kekse überzieht. Zum Schluß erwärmt man die Schokolade, füllt sie in eine kleine Tüte aus Pergamentpapier und spritzt Zickzackstreifen auf die Leckerli.

Nougat-Busserl

2 Eiweiße
140 g Zucker
2 Beutel Vanillinzucker
etwas Bittermandelöl
140 g Mandeln
Oblaten
125–150 g Nougat
Pinienkerne oder
Mandelsplitter

Den Schnee der Eier schlägt man sehr steif und gibt unter Weiterschlagen den Zucker, den Vanillinzucker, das Mandelöl und zuletzt die sehr fein geriebenen, geschälten Mandeln darunter. Aus der Masse werden kleine Häufchen auf Oblaten gesetzt, die man bei Mittelhitze 14–16 Minuten bäckt. Dann bricht man die überstehenden Oblaten-Ränder weg und setzt je zwei Busserl mit dick aufgestrichenem Nougat zusammen. Die Busserl werden auch noch halbseitig mit etwas leicht erwärmtem Nougat (Schokolade) bestrichen und auf der Schokoladeseite mit je zwei Pinienkernen garniert.

Mokka-Ecken

250 g Mehl
1 Beutel Mandel-
puddingpulver
1 gehäufter Teelöffel
Backpulver
60 g Haselnüsse
Zitronenschale und
Muskatnuß
125 g Butter
125 g Zucker
1 Eßlöffel Pulver-
kaffee
1 Beutel Vanillin-
zucker
1 Ei
etwas saurer Rahm
oder Joghurt
2–3 Eßlöffel
Himbeermarmelade
125 g Puderzucker
1–2 Teelöffel
Pulverkaffee
¹/₂ Teelöffel Kakao
1 Eßlöffel Kokosfett
etliche Haselnüsse

Aus Mehl, Puddingpulver, Backpulver, den feingeriebenen Haselnüssen, etwas geriebener Zitronenschale, den Butterflöckchen, dem Zucker und den Gewürzen, dem Ei, dem Pulverkaffee und saurem Rahm oder Joghurt verknetet man einen mürben Teig. Er wird kühlgestellt, dann dicklich ausgewellt und zu Dreiecken ausgestochen. Man bäckt sie bei Mittelhitze blond und füllt je 2 mit Marmelade. Zuletzt überzieht man die Ecken mit einem Guß aus Puderzucker, Pulverkaffee, Kakao, Kokosfett und etwas heißem Wasser, bekrönt sie mit einer Haselnuß und garniert sie seitlich mit geriebenen Nüssen.

Ingwer-Laibchen

125 g Butter
100 g Zucker
2 Beutel Vanillin-
zucker
2 Eier
2–3 Teelöffel Ing-
werpulver
etwas Mandelöl
300 g Mehl
¹/₂ Beutel Backpulver
2 Eßlöffel saurer
Rahm
ein Stück Schokolade
50–60 g kandierter
Ingwer

Butter, Zucker und Eier werden mit dem Vanillinzucker, dem Mandelöl und dem Ingwerpulver sehr schaumig gerührt. Man gibt das mit dem Backpulver vermischte und gesiebte Mehl dazu und gleicht den Teig mit etwas saurem Rahm aus. Er muß so geschmeidig sein, daß sich mit Hilfe eines Kaffeelöffels kleine, längliche Laibchen formen lassen, die man auf das Blech setzt und mit einem Streifen kandiertem Ingwer belegt. Sie werden bei mäßiger Hitze etwa 15 Minuten ausgebacken und dann mit einem dünnen Faden aus geschmolzener Schokolade garniert.

Christrosen

2 Eier
1–2 Eßlöffel Honig
180 g Zucker
je eine gute Messerspitze Zimt
Nelken
Piment und Ingwer
ein wenig Muskat
250 g Haselnüsse
350 g Mehl
1 Beutel Backpulver
etwas Weinbrand
100 g Puderzucker
oder Schokolade

Eier und Zucker, die Gewürze und die feingeriebenen Haselnüsse werden gut verrührt. Darunter gibt man das mit dem Backpulver gemischte und gesiebte Mehl sowie den Weinbrand und verknetet das Ganze sehr gut. Der Teig wird ausgewellt und zu Blumenformen ausgestochen. Man bäckt sie bei Mittelhitze 12–14 Minuten blond gar und garniert sie hierauf mit einem Guß aus Puderzucker, etwas heißem Kokosfett und Wasser. Man kann auch erwärmte Schokolade verwenden.

Liegnitzer Bomben

2 Eßlöffel Butter
100 g Zucker
2 Eier
375 g Honig
75 g Mandeln
175 g Rosinen
1–2 Eßlöffel Rum
$^1/_2$ Gläschen Bittermandelöl
1 Zitrone
75 g Zitronat
eine Messerspitze Hirschhornsalz
375 g Mehl
1 Beutel Backpulver
150–200 g Schokolade
je 1 Messerspitze Zimt, Nelken und Piment

Butter und Zucker werden mit den Eiern schaumig gerührt.
Es folgen der flüssig gemachte Honig, der nicht zu heiß sein soll, die grobgehackten Mandeln, die Rosinen, der Rum, das Bittermandelöl, Saft und Schale einer ungespritzten Zitrone, das gehackte Zitronat und das Hirschhornsalz, das in ganz wenig warmem Wasser oder Kaffee aufgelöst wurde. Dann gibt man das mit dem Backpulver gemischte und gesiebte Mehl darunter und verteilt den Teig etwa gut halbvoll in Bombenformen oder in sehr gut gefettete Konservendosen. Man bäckt die stark steigenden Bomben bei mäßiger Hitze langsam 60–70 Minuten und überzieht sie nach dem Erkalten mit geschmolzener Schokolade und garniert sie mit Pinienkernen oder Mandelsplittern. Sie müssen 14 Tage vor Gebrauch gebacken werden.

Mariandln

400 g Mehl
1–2 Kaffeelöffel
Backpulver
180 g Butter
150 g Zucker
2 Eier
Salz
1 Beutel Vanillin-
zucker
etwas Ingwerpulver
und Kardamom
150–200 g Marzipan
150 g Puderzucker
2 Eßlöffel
Himbeersirup
Pistazien
Schokolade

In das Mehl auf dem Backbrett knetet man das Backpulver, die Butter-flöckchen, die Eier, den Zucker und die Gewürze ein und bereitet mit etwas Wasser oder saurer Milch einen geschmeidigen Teig. Er wird ausgewellt und zu gleichmäßigen Keksen ausgestochen. Diese bäckt man bei Mittelhitze etwa 12 Minuten und füllt sie mit dem auf Puderzucker ausgewellten und gleichgroß ausgestochenen Marzipan. Man kann die kleinen Marzipan-scheiben auch mit ein wenig Marmelade zwischen die Kekse kleben. Dann überzieht man sie mit einem rosafarbenen Guß aus Puderzucker und Him-beersirup und gibt zuletzt auf jedes Mariandl eine geschälte, halbierte Pistazie und setzt Tupfen von geschmolzener Schokolade dazu.

Liebesbriefe

250 g Honig
70 g Butter
1 Ei
125 g Zucker
2 Beutel Vanillin-
zucker
1 Beutel Lebkuchen-
gewürz
etwas Salz
500 g Mehl
1 Beutel Backpulver
200 g Puderzucker
etwas Rum
Mandelöl
1 Eßlöffel Kakao
2 Eßlöffel Kokosfett
etliche Geleefrüchte
oder kandierte
Früchte
Silberkugeln

Der Honig wird leicht erwärmt und mit der Butter, dem Ei, dem Zucker, dem Vanillinzucker, dem Lebkuchengewürz, Mandelöl, Rum und Salz gut verrührt. Man fügt das mit dem Backpulver vermischte Mehl darunter und verknetet den Teig gut. Er wird am nächsten Tag dicklich ausgewellt und zu kleinen Lebkuchen ausgestochen, die man bei Mittelhitze etwa 15 Minuten gar bäckt. Man überzieht sie mit einem Guß aus Puderzucker, Rum, Man-delöl, Kakao und dem erwärmten Kokosfett und garniert sie mit einem weißen Zuckergußfaden und kleingeschnittenen, bunten kandierten oder Geleefrüchten und Silberkugeln. *Erna Horn*

*Nicht die Nacht
soll uns schrecken,
nicht die Not ermüden.
Wir werden immer warten
und wachen und rufen,
bis der Stern aufgeht.*

Alfred Delp

Weihnachten – Fest des Kommens Christi in unsere Welt

Keine Geburtstagsfeier wird so weltweit und so freudig begangen wie Weihnachten. Die unermeßliche Wirkung, die von Christus ausging, brachte es mit sich, daß man begann, die Jahre nach seiner Geburt zu zählen.

Freilich, das eigentliche Datum der Geburt Jesu ist uns wie das der meisten Menschen des Altertums unbekannt; nicht einmal über das Jahr haben wir eine sichere Angabe. Man kann aus den Berichten der Evangelien und aus den Daten der Profangeschichte schließen, daß die Geburt Jesu etwa in das Jahr 7 vor unserer Zeitrechnung fällt. Diese zunächst paradox klingende Feststellung erklärt sich einfach: Als der römische Mönch Dioysius Exiguus 525 vorschlug, die Jahre von nun an nach der Geburt Jesu Christi zu errechnen, setzte er in seiner Umrechnung das Geburtsjahr Jesu irrtümlich 6–7 Jahre zu spät an. Seine Zeitrechnung wurde im 8. Jahrhundert in der Westkirche übernommen. Die Ostkirche nahm sie erst im 16. und 17. Jahrhundert allgemein an. Der Fehler in der Berechnung nimmt dem Vorgang selbst nichts von seiner Bedeutung: Das Kommen Jesu in die Welt bedeutet Zeitenwende, Neubeginn, Neuschöpfung. So drückt unsere Zählung der Jahre nach Christi Geburt die Wahrheit aus, die uns jedes Weihnachtsfest immer neu ins Bewußtsein rufen will: Jesus Christus kam in die Welt als die Wende der Zeit. Nun ist freilich unter den Hochfesten der Christenheit Weihnachten nicht das erste. Ostern war das Christusfest schlechthin in der alten Kirche. Die Kirche im Osten begann freilich schon im 2. Jahrhundert Epiphanie zu feiern, das Fest der Erscheinung des Herrn.

Unser Weihnachtsfest entstand im Westen. Da man den Tag der Geburt Jesu nicht kannte, war man frei in der Wahl des Termins. Nun wurde aber am 25. Dezember im römischen Reich seit Kaiser Aurelian (270–275) der unbesiegte Sonnengott gefeiert, wenige Tage nach der Wintersonnenwende. Die Kirche taufte den heidnischen Festtag mit seiner tiefen Natursymbolik und proklamierte an Weihnachten Christus als den wahren unbesiegten Sonnengott, als das Licht der Welt, das aufgeht im Osten. Neun Monate vor diesem Datum, am 25. März, der Tag- und Nachtgleiche im Frühling, ist der Tag von Maria Verkündigung, der Tag der Menschwerdung Christi. Der 25. Dezember als Geburtsfest des Herrn wurde in Rom zwischen 325 und 354 erstmals begangen. Seitdem ist er in der Christenheit zum volkstümlichsten und vertrautesten aller Feste geworden.

Viel hat dazu beigetragen, daß Franz von Assisi in der unmittelbaren, schlichten Art seiner Frömmigkeit erstmals seinerzeit in Greccio eine Weihnachtskrippe aufstellen ließ und dort mit einfachen Leuten des Ortes dem Kind huldigte. Seitdem ist die Krippe nicht mehr wegzudenken aus unserem weihnachtlichen Brauchtum; sie ist wichtiger als der Christbaum, der erst spät bezeugt ist.

An Weihnachten feiern wir Christus als den Erlöser der Welt, der als Licht in die Finsternis kommt und von dem Angelus Silesius gesungen hat:

> Deines Glanzes Herrlichkeit
> überstrahlt die Sonne weit.
> Du allein, Jesu mein,
> bist, was tausend Sonnen sein.

Es geht an Weihnachten nicht eigentlich um die Ereignisse dieser Geburt, sondern um ihre Bedeutung für die Welt. Die Wirkung Christi muß uns persönlich erreicht haben, wenn wir Weihnachten feiern wollen. Andernfalls gilt ein anderes Wort von Angelus Silesius:

> Wär' Christus tausendmal in Betlehem geboren
> und nicht in dir, du bleibst doch ewiglich verloren.

Andreas Baur

Die stillste Zeit im Jahr

Advent, das ist die stillste Zeit im Jahr, wie es im Liede heißt, die Zeit der frohen Zuversicht und der gläubigen Hoffnung. Es mag ja nur eine Binsenweisheit sein, aber es ist eine von den ganz verläßlichen Binsenweisheiten, daß hinter jeder Wolke der Trübsal doch immer auch ein Stern der Verheißung glänzt. Daran trösten wir uns in diesen Wochen, wenn Nacht und Kälte unaufhaltsam zu wachsen scheinen. Wir wissen ja doch, und wir wissen es ganz sicher, daß die finsteren Mächte unterliegen werden, an dem Tag, mit dem die Sonne sich wendet, und in der Nacht, in der uns das Heil der Welt geboren wurde.

Für die Leute in den Städten hat der Advent kein großes Geheimnis mehr. Ihnen ist es nur unbequem und lästig, wenn die ersten Fröste kommen, wenn der Nebel in die Straßen fällt und das karge Licht des Tages noch mehr verkürzt. Aber der Mensch auf dem Lande, in entlegenen Tälern und einschichtigen Dörfern, der steht den gewaltigen Kräften der Natur noch unmittelbar gegenüber. Stürme toben durch die Wälder herab und ersticken ihm das Feuer auf dem Herd, er sieht die Sonne auf ihrem kurzen Weg von Berg zu Berg krank werden und hinsterben, grausam finster sind die Nächte, und der Schneedonner schreckt das Wild aus seinen Zuflüchten. Noch in meiner Kindheit gab es kein Licht in der Stube, außer vom Kienspan oder von einer armseligen Talgkerze. Der Wind rüttelte am Fensterladen und schnaufte durch die Ritzen, das hörte sich an wie der Atem eines Ungeheuers, das draußen herumging und überall schnupperte, einmal an der Wand und dann an den Dachschindeln, es verhielt am Brunnen und kam wieder mit tappenden Hufen. Wie gut, wenn ein Licht dabei brannte, Gott Lob für einen winzigen Funken Licht in der schrecklichen Finsternis!

In der Vorweihnacht kam der Vater immer schon ums Dunkelwerden von der Arbeit heim. Er saß dann gern mit uns Kindern am Tisch, während wir auf das Essen warteten. Müde und geduldig ließ er sich ausfragen, es schadete nichts, wenn Frage und Antwort kaum einmal zusammenpaßten, weil der Vater schwerhörig war, mitunter auch ganz taub, falls die Mutter etwas von Brennholzklieben dazwischensagte.

Am zweiten Sonntag im Advent stieg der Vater auf den Dachboden und brachte die große Schachtel mit dem Krippenzeug herunter. Ein paar Abende hindurch wurde dann fleißig geleimt und gemalt, etliche Schäfchen waren lahm geworden, und der Esel mußte einen neuen Schwanz bekommen, weil er ihn in jedem Sommer abwarf wie ein Hirsch sein Geweih. Aber endlich stand der Berg wieder wie neu auf der Fensterbank, mit glänzendem Flitter angeschneit, die mächtige Burg mit der Fahne auf den Zinnen und darunter der Stall. Das war eine recht gemütliche Behausung, eine Stube eigentlich, sogar der Herrgottswinkel fehlte nicht und ein winziges ewiges Licht unter dem Kreuz. Unsere Liebe Frau kniete im seidenen Mantel vor der Krippe, auf der Strohschütte lag das rosige Himmelskind, und hinten standen Ochs und Esel und beglotzten das Wunder. Der Ochs bekam sogar ein Büschel Heu ins Maul gesteckt, aber er fraß es ja nie. Und so ist es mit allen Ochsen, sie schauen nur und schauen und begreifen rein gar nichts.

Weil der Vater selber Zimmermann war, hielt er viel darauf, daß auch sein Patron, der Heilige Joseph, nicht nur so herumlehnte, er dachte sich in jedem Jahr ein anderes Geschäft für ihn aus. Joseph mußte Holz hacken oder die Suppe kochen oder mit der Laterne die Hirten einweisen, die von überall her gelaufen kamen und Käse mitbrachten oder Brot oder was sonst arme Leute zu schenken haben. Es hauste freilich ein recht ungleiches Volk in unserer Krippe, ein Jäger, der zwei Wilddiebe am Strick hinter sich herzog, aber auch etliche Zinnsoldaten und der Fürst Bismarck und überhaupt alle Bresthaften aus der Spielzeugkiste. Oben hinter den Zinnen durfte immer mein grüner Frosch aus Seife sitzen. Es war ihm wohl zuzutrauen, daß er ein paar Wochen lang nicht quaken, sondern bellen würde wie ein braves Hündchen. Ganz zuletzt kam der Augenblick, auf den ich schon tagelang gelauert hatte. Der Vater klemmte plötzlich meine Schwester zwischen die Knie, und ich durfte ihr das längste Haar aus dem Zopf ziehen. Dann wurde ein golden gefiederter Engel darangeknüpft und über der Krippe

aufgehängt, damit er sich unmerklich drehte und wachsam umherblickte.

Das Gloria sangen wir selber dazu. Es klang vielleicht ein bißchen grob in unserer breiten Mundart, aber Gott schaut seinen Kindern ins Herz und nicht auf den Kopf oder aufs Maul. Und es ist auch gar nicht so, daß er etwa nur Latein verstünde.

Advent, sagt man, sei die stillste Zeit im Jahre. Aber in meinem Bubenalter war es keinesfalls die stillste Zeit. Zu Anfang Dezember, in den unheimlichen Tagen, während Sankt Nikolaus mit dem Klaubauf unterwegs war, wurde ich in den Wald geschickt, um den Christbaum zu holen. Mit Axt und Säge zog ich aus, von Mutter bis zum Hals in Wolle gewickelt und mit einem geweihten Pfennig versehen, damit mich ein heiliger Nothelfer finden konnte, wenn ich mich etwa verirrte. Ein Wunder von einem Baum stand mir vor Augen, mannshoch und sehr dicht beastet, denn er sollte nachher ja auch etwas tragen können. Stundenlang kroch ich im Unterholz herum, aber ein Baum im Wald sieht sich anders an als in einer Stube. Wenn ich meine Beute endlich daheim in die Waschküche schleppte, hatte sich das schlanke, pfeilgerade Stämmchen doch wieder in ein krummes und kümmerliches Gewächs verwandelt, auch der Vater betrachtete es mit Sorge. Er mußte seine ganze Zimmermannskraft aufwenden, um das Ärgste zurechtzubiegen, ehe uns die Mutter dazwischenkam.

Ach, die Mutter! In diesen Wochen lief sie mit hochroten Wangen herum, wie mit Sprengpulver geladen, und die Luft in der Küche war sozusagen geschwängert mit Ohrfeigen. Dabei roch die Mutter so unbeschreiblich gut, überhaupt ist ja der Advent die Zeit der köstlichen Gerüche. Es duftet nach Wachslichtern, nach angesengtem Reisig, nach Weihrauch und Bratäpfeln. Ich sage ja nichts gegen Lavendel und Rosenwasser, aber Vanille riecht doch eigentlich viel besser, oder Zimt und Mandeln.

Mich ereilten dann die qualvollen Stunden des Teigrührens. Vier Vaterunser das Fett, drei die Eier, ein ganzer Rosenkranz für Zucker und Mehl. Die Mutter hatte die Gewohnheit, alles Zeitliche in ihrer Kochkunst nach Vaterunsern zu bemessen, aber die mußten laut und sorgfältig gebetet werden, damit ich keine Gelegenheit fände, den Finger in den köstlichen Teig zu tauchen. Wenn ich nur erst den Bubenstrümpfen entwachsen wäre, schwor ich mir damals, dann wollte ich eine ganze Schüssel voll Kuchenteig aufessen, und die Köchin sollte beim geheizten Ofen stehen und mir dabei zuschauen müssen! Aber leider, das ist einer von den Knabenträumen geblieben, die sich nie erfüllt haben.

Am Abend nach dem Essen wurde der Schmuck für den Christbaum erzeugt. Auch das war ein unheilschwangeres Geschäft. Damals konnte man noch ein Buch echten Blattgoldes für ein paar Kreuzer beim Krämer kaufen. Aber nun galt es, Nüsse in Leimwasser zu tauchen und ein hauchdünnes Goldhäutchen herumzublasen. Das Schwierige bei der Sache war, daß man vorher nirgendwo Luft von sich geben durfte. Wir saßen alle in der Runde und liefen blaurot an vor Atemnot, und dann geschah es eben doch, daß jemand plötzlich niesen mußte. Im gleichen Augenblick segelte eine Wolke von glänzenden Schmetterlingen durch die Stube. Einerlei, wer den Zauber verschuldet hatte, das Kopfstück bekam jedenfalls ich, obwohl es nur bewirkte, daß sich der goldene Unsegen von neuem in die Lüfte hob. Ich wurde dann in die Schlafkammer verbannt und mußte Silberpapier um Lebkuchen wickeln.

Es kam endlich doch der Heilige Abend, und mit ihm die letzte der Prüfungen, das Bad in der Küche. Das fing ganz harmlos an, ich saß im Zuber wie ein gebrühtes Schweinchen und plätscherte verschämt mit dem Wasser, in der Hoffnung, daß ich nun doch schon groß genug sei, um der Schande des Gewaschenwerdens zu entgehen. Aber plötzlich fiel die Mutter mit der Reisbürste über mich her, es half nichts, kein Gezeter und Gespreize. Erst in der äußersten Not erbarmte sich der Vater und nahm ein bis zur Unkenntlichkeit entstelltes, ein durchscheinendes Geschöpf in seine Arme. Da war sie nun wirklich, die stillste Zeit im Jahr, wirklich Stille und Friede und köstliche Geborgenheit an seiner breiten Brust. Später, wenn die Kerzen am Baum längst erloschen waren, um die Mitternacht, durfte ich die Mutter zur Mette begleiten. Ich weiß noch gut, wie stolz ich war, als sie mich zum erstenmal nicht mehr an der Hand führte, sondern neben sich hergehen ließ als ihren Sohn und Beschützer. Auch in der Kirche kniete ich nun auf der Männerseite. Die Frauen sangen auf dem Chor, und der Pfarrer am Altar hielt eine Weile inne, um das Weihnachtslied anzuhören, diese holde Weise von der stillen Nacht, die schon so lang, über Grenzen und Zeiten hinaus, das Gemüt der Menschen bewegt.

Und wir Heutigen? Leben wir nicht auch in einer Weltzeit des Advent? Scheint uns nicht alles von der aufkommenden Finsternis bedroht zu werden, das karge Glück unseres Daseins? Wir warten bang auf den Engel mit der Botschaft des Friedens und überhören so leicht, daß diese Botschaft nur denen gilt, die guten Willens sind. Es ist keine Hilfe und keine Zuflucht bei der Weisheit der Weisen und bei der Macht der Mächtigen. Denn der Herr kam nicht zur Welt, damit die Menschen weiser, sondern damit sie gütiger würden. Und darum sind es allein die Kräfte des Herzens, die uns vielleicht noch werden retten können.   *Karl Heinrich Waggerl*

Die Leihgabe

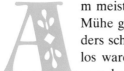Am meisten hat Vater sich jedesmal zu Weihnachten Mühe gegeben. Da fiel es uns allerdings auch besonders schwer, drüber wegzukommen, daß wir arbeitslos waren. Andere Feiertage, die beging man oder man beging sie nicht; aber auf Weihnachten lebte man zu, und war es erst da, dann hielt man es fest; und die Schaufenster, die brachten es ja oft noch nicht mal im Januar fertig, sich von ihren Schokoladenweihnachtsmännern zu trennen.

Mir hatten es vor allem immer die Zwerge und Kasperles angetan. War Vater dabei, sah ich weg; aber das fiel meist mehr auf, als wenn man hingesehen hätte; und so fing ich dann allmählich doch wieder an, in die Läden zu gucken. Vater war auch nicht gerade unempfindlich gegen die Schaufensterauslagen, er konnte sich nur besser beherrschen. Weihnachten, sagte er, wäre das Fest der Freude; das Entscheidende wäre jetzt nämlich: nicht traurig zu sein, auch dann nicht, wenn man kein Geld hätte.

„Die meisten Leute", sagte Vater, „sind bloß am ersten und zweiten Feiertag fröhlich und vielleicht nachher zu Silvester noch mal. Das genügt aber nicht; man muß mindestens schon einen Monat vorher mit Fröhlichsein anfangen. Zu Silvester", sagte Vater, „da kannst du dann getrost wieder traurig sein; denn es ist nie schön, wenn ein Jahr einfach so weggeht. Nur jetzt, so vor Weihnachten, da ist es unangebracht, traurig zu sein." Vater selber gab sich auch immer große Mühe, nicht traurig zu sein um diese Zeit; doch er hatte es aus irgendeinem Grund da schwerer als ich; wahrscheinlich deshalb, weil er keinen Vater mehr hatte, der ihm dasselbe sagen konnte, was er mir immer sagte.

Es wäre bestimmt auch alles leichter gewesen, hätte Vater noch seine Stelle gehabt. Er hätte jetzt sogar wieder als Hilfspräparator gearbeitet; aber sie brauchten keine Hilfspräparatoren im Augenblick. Der Direktor hatte gesagt, aufhalten im Museum könnte Vater sich gern, aber mit Arbeit müßte er warten, bis bessere Zeiten kämen.

„Und wann, meinen Sie, ist das?" hatte Vater gefragt.

„Ich möchte Ihnen nicht weh tun", hatte der Direktor gesagt.

Frieda hatte mehr Glück gehabt; sie war in einer Großdestille am Alexanderplatz als Küchenhilfe eingestellt worden und war dort auch gleich in Logis. Uns war es ganz angenehm, nicht dauernd mit ihr zusammenzusein; sie war jetzt, wo wir uns nur mittags und abends mal sahen, viel netter.

Aber im Grunde lebten auch wir nicht schlecht. Denn Frieda versorgte uns reichlich mit Essen, und war es zu Hause zu kalt, dann gingen wir ins Museum rüber; und wenn wir uns alles angesehen hatten, lehnten wir uns unter dem Dinosauriergeripppe an die Heizung, sahen aus dem Fenster oder fingen mit dem Museumswärter ein Gespräch über Kaninchenzucht an.

An sich war das Jahr also durchaus dazu angetan, in Ruhe und Beschaulichkeit zu Ende gebracht zu werden. Wenn Vater sich nur nicht solche Sorge um einen Weihnachtsbaum gemacht hätte.

Es kam ganz plötzlich.

Wir hatten eben Frieda aus der Destille abgeholt und sie nach Hause gebracht und uns hingelegt, da klappte Vater den Band *Brehms Tierleben* zu, in dem er abends immer noch las, und fragte zu mir rüber: „Schläfst du schon?"

„Nein", sagte ich, denn es war zu kalt zum Schlafen.

„Mir fällt eben ein", sagte Vater, „wir brauchen ja einen Weihnachtsbaum." Er machte eine Pause und wartete meine Antwort ab.

„Findest du?" sagte ich.

„Ja", sagte Vater, „und zwar so einen richtigen, schönen; nicht so einen murkligen, der schon umkippt, wenn man bloß mal eine Walnuß dranhängt."

Bei dem Wort Walnuß richtete ich mich auf. Ob man nicht vielleicht auch ein paar Lebkuchen kriegen könnte zum Dranhängen?

Vater räusperte sich. „Gott –" sagte er, „warum nicht; mal mit Frieda reden."

„Vielleicht", sagte ich, „kennt Frieda auch gleich jemand, der uns einen Baum schenkt."

Vater bezweifelte das. Außerdem: So einen Baum, wie er ihn sich vorstellte, den verschenkte niemand, der wäre ein Reichtum, ein Schatz wär der.

Ob er vielleicht eine Mark wert wäre, fragte ich.

„Eine Mark –?!" Vater blies verächtlich die Luft durch die Nase: „Mindestens zwei."

„Und wo gibt's ihn?"

„Siehst du", sagte der Vater, „das überleg' ich auch gerade."

„Aber wir können ihn doch gar nicht kaufen", sagte ich; „zwei Mark: wo willst du die denn jetzt hernehmen?"

Vater hob die Petroleumlampe auf und sah sich im Zimmer um. Ich wußte, er überlegte, ob sich vielleicht noch was ins Leihhaus bringen ließ; es war aber schon alles drin, sogar das Grammophon, bei dem ich so geheult hatte, als der Kerl hinter dem Gitter mit ihm weggeschlurft war.

Vater stellte die Lampe wieder zurück und räusperte sich.

„Schlaf mal erst; ich werde mir den Fall durch den Kopf gehen lassen."

In der nächsten Zeit drückten wir uns bloß immer an den Weihnachtsbaumverkaufsständen herum. Baum auf Baum bekam Beine und lief weg; aber wir hatten noch immer keinen.

„Ob man nicht doch –?" fragte ich am fünften Tag, als wir gerade wieder im Museum unter dem Dinosauriergerippe an der Heizung lehnten.

„Ob man was?" fragte Vater scharf.

„Ich meine, ob man nicht doch versuchen sollte, einen gewöhnlichen Baum zu kriegen?"

„Bist du verrückt?!" Vater war empört. „Vielleicht so einen Kohlstrunk, bei dem man nachher nicht weiß, soll es ein Handfeger oder eine Zahnbürste sein? Kommt gar nicht in Frage."

Doch was half es; Weihnachten kam näher und näher. Anfangs waren die Christbaumwälder in den Straßen noch aufgefüllt worden; aber allmählich lichteten sie sich, und eines Nachmittags waren wir Zeuge, wie der fetteste Christbaumverkäufer vom Alex, der Kraftriemen-Jimmy, sein letztes Bäumchen, ein wahres Streichholz von einem Baum, für drei Mark fünfzig verkaufte, aufs Geld spuckte, sich aufs Rad schwang und wegfuhr.

Nun fingen wir doch an, traurig zu werden. Nicht schlimm; aber immerhin, es genügte, daß Frieda die Brauen noch mehr zusammenzog, als sie es sonst zu tun pflegte, und daß sie uns fragte, was wir denn hätten.

Wir hatten uns zwar daran gewöhnt, unseren Kummer für uns zu behalten, doch diesmal machten wir eine Ausnahme, und Vater erzählte es ihr.

Frieda hörte aufmerksam zu. „Das ist alles?" Wir nickten. „Ihr seid aber komisch", sagte Frieda; „wieso geht ihr denn nicht einfach in den Grunewald einen klauen?"

Ich habe Vater schon häufig empört gesehen, aber so empört wie an diesem Abend noch nie.

Er war kreidebleich geworden. „Ist das dein Ernst?" fragte er heiser.

Frieda war sehr erstaunt. „Logisch", sagte sie; „das machen doch alle."

„Alle –!" echote Vater dumpf, „alle –!" Er erhob sich steif und nahm mich bei der Hand. „Du gestattest wohl", sagte er darauf zu Frieda, „daß ich erst den Jungen nach Hause bringe, ehe ich dir hierauf die gebührende Antwort erteile."

Er hat sie ihr niemals erteilt. Frieda war vernünftig; sie tat so, als ginge sie auf Vaters Zimperlichkeit ein, und am nächsten Tag entschuldigte sie sich. Doch was nützte das alles; einen Baum, gar einen Staatsbaum, wie Vater ihn sich vorstellte, hatten wir deshalb noch lange nicht.

Aber dann – es war der dreiundzwanzigste Dezember, und wir hatten eben wieder unseren Stammplatz unter dem Dinosauriergerippe bezogen – hatte Vater die große Erleuchtung.

„Haben Sie einen Spaten?" fragte er den Museumswärter, der neben uns auf seinem Klappstuhl eingenickt war.

„Was?!" rief der und fuhr auf, „was habe ich?!"

„Einen Spaten, Mann", sagte Vater ungeduldig; „ob Sie einen Spaten haben."

Ja, den hätte er schon.

Ich sah unsicher an Vater empor. Er sah jedoch leidlich normal aus; nur sein Blick schien mir eine Spur unsteter zu sein als sonst.

„Gut", sagte er jetzt; „wir kommen heute mit Ihnen nach Hause und Sie borgen ihn uns."

Was er vorhatte, erfuhr ich erst in der Nacht.

„Los", sagte Vater und schüttelte mich, „steh auf!"

Ich kroch schlaftrunken über das Bettgitter. „Was ist denn bloß los!"

„Paß auf", sagte Vater und blieb vor mir stehen: „Einen Baum stehlen, das ist gemein; aber sich einen borgen, das geht."

„Borgen –?" fragte ich blinzelnd.

„Ja", sagte Vater. „Wir gehen jetzt in den Friedrichshain und graben eine Blautanne aus. Zu Hause stellen wir sie in die Wanne mit Wasser, feiern morgen dann Weihnachten mit ihr, und nachher pflanzen wir sie wieder am selben Platz ein. Na –?" Er sah mich durchdringend an.

„Eine wunderbare Idee", sagte ich.

Summend und pfeifend gingen wir los; Vater den Spaten auf dem Rücken, ich einen Sack unter dem Arm. Hin und wieder hörte Vater auf zu pfeifen, und wir sangen zweistimmig „Morgen, Kinder, wird's was geben" und „Vom Himmel hoch, da komm' ich her". Wie immer bei solchen Liedern, hatte Vater Tränen in den Augen, und auch mir war schon ganz feierlich zumute.

Dann tauchte vor uns der Friedrichshain auf, und wir schwiegen.

Die Blautanne, auf die Vater es abgesehen hatte, stand inmitten eines strohgedeckten Rosenrondells. Sie war gut anderthalb Meter hoch und ein Muster an ebenmäßigem Wuchs.

Da der Boden nur dicht unter der Oberfläche gefroren war, dauerte es auch gar nicht lange, und Vater hatte die Wurzeln freigelegt. Behutsam kippten wir den Baum darauf um, schoben ihn mit den Wurzeln in den Sack, Vater hängte seine Joppe über das Ende, das raussah, wir schippten das Loch zu, Stroh wurde darüber gestreut, Vater lud sich den Baum auf die Schulter, und wir gingen nach Hause.

Hier füllten wir die große Zinkwanne mit Wasser und stellten den Baum rein.

Als ich am nächsten Morgen aufwachte, waren Vater und Frieda schon dabei, ihn zu schmücken. Er war jetzt mit Hilfe einer Schnur an der Decke befestigt, und Frieda hatte aus Stanniolpapier allerlei Sterne geschnitten, die sie an seinen Zweigen aufhängte; sie sahen sehr hübsch aus. Auch einige Lebkuchenmänner sah ich hängen.

Ich wollte den beiden den Spaß nicht verderben; daher tat ich so, als schliefe ich noch. Dabei überlegte ich mir, wie ich mich für die Nettigkeit revanchieren könnte.

Schließlich fiel es mir ein: Vater hatte sich einen Weihnachtsbaum besorgt, warum sollte ich es nicht fertigbringen, mir über die Feiertage unser verpfändetes Grammophon auszuleihen? Ich tat also, als wachte ich eben erst auf, bejubelte vorschriftsmäßig den Baum und ging los.

Der Pfandleiher war ein furchtbarer Mensch; schon als wir zum erstenmal bei ihm gewesen waren und Vater ihm seinen Mantel gegeben hatte, hätte ich dem Kerl sonst was zufügen mögen; aber jetzt mußte man freundlich zu ihm sein.

Ich gab mir auch große Mühe. Ich erzählte ihm was von zwei Großmüttern und „gerade zu Weihnachten" und „letzter Freude auf alte Tage" und so, und plötzlich holte der Pfandleiher aus und haute mir eine herunter und sagte ganz ruhig:

„Wie oft du sonst schwindelst, ist mir egal; aber zu Weihnachten wird die Wahrheit gesagt, verstanden?"

Darauf schlurfte er in den Nebenraum und brachte das Grammophon an. „Aber wehe, ihr macht was an ihm kaputt! Und nur für drei Tage! Und auch bloß, weil du's bist!" Ich machte einen Diener, daß ich mir fast die Stirn an der Kniescheibe stieß; dann nahm ich den Kasten unter den einen, den Trichter unter den anderen Arm und rannte nach Hause.

Ich versteckte beides erst mal in der Waschküche. Frieda allerdings mußte ich einweihen, denn die hatte die Platten; aber Frieda hielt dicht.

Mittags hatte uns Friedas Chef, der Destillenwirt, eingeladen. Es gab eine tadellose Nudelsuppe, anschließend Kartoffelbrei mit Gänseklein. Wir aßen, bis wir uns kaum noch erkannten; darauf gingen wir, um Kohlen zu sparen, noch ein bißchen ins Museum zum Dinosauriergerippe; und am Nachmittag kam Frieda und holte uns ab.

Zu Hause wurde geheizt. Dann packte Frieda eine Riesenschüssel voll übriggebliebenem Gänseklein, drei Flaschen Rotwein und einen Quadratmeter Bienenstich aus, Vater legte für mich seinen Band *Brehms Tierleben* auf den Tisch, und im nächsten unbewachten Augenblick lief ich in die Waschküche runter, holte das Grammophon rauf und sagte Vater, er sollte sich umdrehen.

Er gehorchte auch; Frieda legte die Platten raus und steckte die Lichter an, und ich machte den Trichter fest und zog das Grammophon auf.

„Kann ich mich umdrehen?" fragte Vater, der es nicht mehr aushielt, als Frieda das Licht ausgeknipst hatte.

„Moment", sagte ich; „dieser verdammte Trichter – denkst du, ich krieg' das Ding fest?"

Frieda hüstelte.

„Was denn für ein Trichter?" fragte Vater.

Aber dann ging es schon los. Es war „Ihr Kinderlein kommet"; es knarrte zwar etwas, und die Platte hatte wohl auch einen Sprung, aber das machte nichts. Frieda und ich sangen mit, und da drehte Vater sich um. Er schluckte erst und zupfte sich an der Nase, aber dann räusperte er sich und sang auch mit.

Als die Platte zu Ende war, schüttelten wir uns die Hände, und ich erzählte Vater, wie ich das mit dem Grammophon gemacht hätte. Er war begeistert. „Na –?" sagte er nur immer wieder zu Frieda und nickte dabei zu mir rüber: „Na –?"

Es wurde ein schöner Weihnachtsabend. Erst sangen und spielten wir die Platten durch; dann spielten wir sie noch mal ohne Gesang; dann sang Frieda noch mal alle Platten allein; dann sang sie mit Vater noch mal, und dann aßen wir und tranken den Wein aus, und darauf machten wir noch ein bißchen Musik; und dann brachten wir Frieda nach Hause und legten uns auch hin.

Am nächsten Morgen blieb der Baum noch aufgeputzt stehen. Ich durfte liegenbleiben, und Vater machte den ganzen Tag Grammophonmusik und pfiff zweite Stimme dazu.

Dann, in der folgenden Nacht, nahmen wir den Baum aus der Wanne, steckten ihn, noch mit den Stanniolpapiersternen geschmückt, in den Sack und brachten ihn zurück in den Friedrichshain.

Hier pflanzten wir ihn wieder in sein Rosenrondell. Darauf traten wir die Erde fest und gingen nach Hause. Am Morgen brachte ich dann auch das Grammophon weg.

Den Baum haben wir noch häufig besucht; er ist wieder angewachsen. Die Stanniolpapiersterne hingen noch eine ganze Weile in seinen Zweigen, einige sogar bis in den Frühling.

Vor ein paar Monaten habe ich mir den Baum wieder mal angesehen. Er ist gute zwei Stock hoch und hat den Umfang eines mittleren Fabrikschornsteins. Es mutet merkwürdig an, sich vorzustellen, daß wir ihn mal zu Gast in unserer Wohnküche hatten.

Wolfdietrich Schnurre

*Morgenstern
der finstern Nacht*

Worte: Johann Scheffler (1624–1677)
Weise: Georg Joseph 1657

1. Mor - gen-stern der fin - stern Nacht, der die
Welt voll Freu - den macht, Je - su mein,
komm her - ein, leucht in mei - nes Her - zens
Schrein, leucht in mei - nes Her - zens Schrein.

2. Schau, dein Himmel ist in mir,
   er begehrt dich, seine Zier.
   Säume nicht, o mein Licht,
   komm, komm, eh der Tag anbricht,
   komm, komm, eh der Tag anbricht.

3. Deines Glanzes Herrlichkeit
   übertrifft die Sonne weit;
   du allein, Jesu mein,
   bist, was tausend Sonnen sein,
   bist, was tausend Sonnen sein.

4. Du erleuchtest alles gar,
   was jetzt ist und kommt und war;
   voller Pracht wird die Nacht,
   weil dein Glanz sie angelacht,
   weil dein Glanz sie angelacht.

5. Deinem freudenreichen Strahl
   wird gedienet überall;
   schönster Stern, weit und fern
   ehrt man dich als Gott den Herrn,
   ehrt man dich als Gott den Herrn.

6. Ei nun, güldnes Seelenlicht,
   komm herein und säume nicht.
   Komm herein, Jesu mein,
   leucht in meines Herzens Schrein,
   leucht in meines Herzens Schrein.

91

Auf daß der Christbaum schöner wird

Selbstgebastelte Zier für den Lichterbaum

Das hübsche *Laternchen* auf unserer Abbildung ist kinderleicht zu machen: Wir brauchen 12 bis 3,5 cm lange Halmstücke, fädeln an einem langen dünnen roten Faden vier davon auf, schließen sie zum Viereck durch Weiterfädeln in das erste Halmstück. Von jeder Ecke des Vierecks aus werden, wiederum durch Weiterfädeln, vier Halmstücke nach oben zu einer Spitze zusammengeführt; dasselbe mit den restlichen vier Halmen nach unten. Ein rotes Glaskügelchen an die untere Spitze genäht, und ein weiteres von der oberen Spitze herabbaumelnd, sind das Tüpfelchen auf dem i.

Anleitung zum Blattvergolden

Die in der Abbildung S. 96 gezeigten Nüsse haben einen Überzug aus echtem Blattgold. Blattgold ist zwar nicht billig, verleiht aber edlen und dauerhaften Glanz, der auch bei Wiederverwendung des Christbaumschmucks nicht leidet. Die Walnüsse werden halbiert und nach dem Auskernen gleich wieder zusammengefügt, wobei ein Goldfaden als Aufhänger eingezogen wird. Zunächst wegen des Trocknens nur die eine Hälfte der Nüsse dünn mit Anlegöl (Mixtion) bestreichen. Wenn der tastende Finger die Klebrigkeit nur noch ganz wenig fühlt, wird die Nuß mit Blattgold, das auf Seidenpapier liegt (sog. „Sturmgold"), durch Andrücken mit dem Handballen überzogen. Das Seidenpapier löst sich dann von selbst. Nachdem beide Hälften nacheinander so behandelt sind, werden die *Goldnüsse* noch zum Nachtrocknen aufgehängt. – Mixtion und Blattgold in Heftchen gibt es im Farbenfachgeschäft.
Auf gleiche Weise ist auch das „Ölvergolden" von Holz- und Metallteilen (Strahlen, Krönchen, Figuren u. a.) möglich.

Engel aus Metallfolie (Abb. S. 93)

Er wird mit Folienstiften angemalt. Der beigegebene Schnitt (Abb. S. 93) zeigt anschaulich, wie er aus einer Kreisscheibe zustandekommt. Je nach gewünschter Größe wird mit dem Zirkel auf der Folie ein Kreis geschlagen und die Scheibe ausgeschnitten. Man braucht hier natürlich die genaue Mitte ($\otimes$), denn von da aus muß die Form des Engels mit dem Bleistift mit leichtem Druck aufgezeichnet werden, um diese entsprechend der Größe das Gesicht mit Haar und Engelschein, von da aus nach links und rechts genau die Achse und über dem Scheitel senkrecht die Trennungslinie der zwei Flügel; eingeschnitten wird bis zum Kopf. Die beiden Flügelviertel werden mit Randzacken ausgestattet. Durch Prägen der Längskiele von der einen, der Fiederung von der anderen Seite, bekommen die Flügel Steifheit. Beim Prägen des Gesichtes beginnen wir mit der

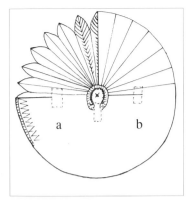

Nase von rückwärts, ebenso mit den Linien von Ober- und Unter-
lippe, während die Mundöffnung vorsichtig von vorne dazwischen
eingedrückt wird. Bei Augen, Brauen, Backen, Haaren und Strahlen um den Kopf arbeiten wir sinngemäß, je nachdem Vorwölbung
oder Vertiefung wesentlich sind. Das vordere Halbrund wird der
kegelartige Mantel des Engels. Dessen Saum wird natürlich besonders reich geprägt und bemalt, während der gesamte Mantel ein
gestreutes Muster bekommt. Bei den Schlitzen a und b ist auf die
Lage genau zu achten: Links bei a von außen bis zur Hälfte nach
innen zu, rechts bei b von innen aus bis zur Hälfte nach außen. Beim
Zusammenstecken fassen wir mit beiden Händen den vorderen
Mantel, biegen ihn kegelartig und schieben den Schlitz a in Schlitz b
ein. Die Flügel werden abschließend nach Belieben zurechtgebo-
gen. Es ist zweckmäßig, an den auf der Zeichnung gestrichelten
schwachen Stellen von rückseits einen Folienfleck zur Verstärkung
aufzukleben, denn Folie reißt leicht.

Christbaumvögelchen (Abb. S. 94)

Dazu brauchen wir dünnen, aber festen Karton, etwa 6 × 9 cm für
den Vogelleib, und gutes, möglichst holzfreies Schreibmaschinenpa-
pier, 1 Stück ca. 7 × 5 cm für den Schwanz, ein anderes 7 × 5 cm
für die Flügel (Abb. S. 94).
Auf den Karton wird der Rumpf des Vogels aufgezeichnet, angefangen vom rundlichen aber nicht kugelig abgesetzten Kopf samt
Schnabel zum eingebogenen Rücken, und unten, von der Kehle zur
ausgerundeten Bauchseite bis zum hinteren Ende ohne Schweif,
alles in schönem Schwung. Zuweilen kann so ein Vögelchen auch
eine kleine Krone tragen. Diese Form wird ausgeschnitten und kann
zunächst als Schablone für mehrere Vögel gleicher Art dienen.
Als nächstes werden die beiden Papierstücke für Flügel und Schweif

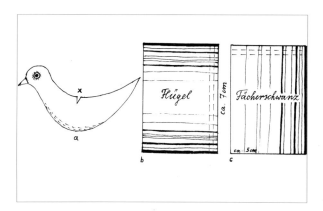

mit breiteren und schmäleren dunklen und hellen Streifen bemalt; dazu möge man Wasserdeckfarben und einen kleinen Haarpinsel benützen. Damit die Farben nicht ineinanderfließen, läßt man vorerst kleine Zwischenräume. Soll die Fiederung ganz bunt werden, dann kommen nach dem Trocknen der ersten Bemalung in die Zwischenräume schön kontrastierende weitere Streifen, Gold und Silber nicht zu vergessen. Doch man kann auch das Weiß mitsprechen lassen. Das Blatt für die Flügel wird mit Streifen entlang der Schmalseite bemalt, das andere für den Schwanz mit solchen an der Längsseite. Beide Blätter werden auch rückseits in ähnlicher Weise in derselben Richtung bemalt. Zum Ende hin können die Streifen farblich kräftiger werden. Dann wird jedes Blatt in kleiner Ziehharmonika-Fältelung *quer zur Bemalung* gefaltet. Dadurch entsteht das reizvolle Zickzackmuster.

Auch der Vogelleib wird beiderseitig angemalt, und zwar zunächst in einheitlich hellerem Ton, damit der Vogel vom dunklen Gezweig absticht. Schnabel, Augen (diese groß genug!) werden farbig abgesetzt, vielleicht auch ein Halsband. Nun kommt das Zusammenbauen: Beim Schwanzstück wird unten und oben in jede Falte des einen Endes etwas Klebstoff gestrichen, dieses an das Ende des Vogelleibes gesetzt, die eine Hälfte der Falten links, die andere rechts zusammengepreßt. Ehe der Kleber ganz trocken ist, wird noch die zum Rumpf passende Richtung des Schweifes eingestellt. Die Flügelfalten werden in der Mitte gerafft und dort mit etwas Klebstoff bestrichen. Doch vorher kommt in den Rücken des Rumpfes noch ein keilförmiger Einschnitt (×), in den die Fächerflügel eingezwängt werden. Durch drei Löcher wird ein dünner Faden gezogen: vorne durch den Nacken und hinten durch die linke äußere Schwanzfalte, dann durch die rechte, jeweils nahe bei der Klebstelle, Faden zum Kreis knüpfen und Schlingen zum Aufhängen hochziehen.

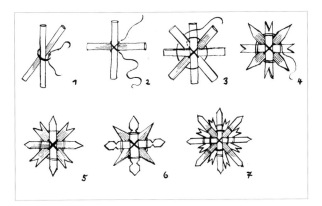

Hat man Serienproduktion vor, dann können farbige Streifen über ein Schreibmaschinenblatt gezogen werden, aus denen dann die abgepaßten Stücke herauszuschneiden sind.

Strohsterne (Abb. oben) gibt es vielerlei, und neuerdings haben sie sich weit verbreitet, denn ihr schöner natürlicher Glanz erfreut jedes Auge. Zwei einfache Arten solcher Sterne sollen nachfolgend beschrieben werden.

Zuerst *einen großen Stern* aus 16, etwa 18 cm langen Halmstücken. Man weicht sie eine Stunde ein, damit sie ihre Sprödigkeit verlieren. Dann werden auf einer Unterlage, am besten auf einer Dämmplatte oder ähnlich weichem Material, zwei Halme kreuzweise übereinandergelegt und mit Stecknadeln vorsichtig befestigt, weitere zwei Halme diagonal zu ihnen darübergelegt und in gleicher Weise angespießt, in die neuen nun engeren Zwischenräume nochmals vier Halme gelegt, befestigt und hierauf mit einem dünnen starken Faden umflochten und zusammengebunden. Diesen Zustand zeigt der große Stern in der Mitte unten (Abb. oben rechts).

Zum 32strahligen fertigen Stern darüber brauchen wir zwei solcher Teile. Sie werden auf Lücke übereinander mit einem zweiten Faden ringsum ineinander verflochten. Die 32 Strahlenenden bekommen schöne Spitzen. Mehrere solcher Sterne geben dem Christbaum einen wundersamen Glanz.

Eine zweite, wenig bekannte Art ist der *gewickelte Stern* (siehe Abb. oben links). Zwei mitteldicke Halmstücke, etwa 8 cm lang, werden durch einen farbigen Wollfaden rückseits doppelt verknotet, so daß ein kurzes und ein langes Fadenende bleibt. Mit dem langen Faden wickeln wir das erste Fadenkreuz und binden wieder lang an kurz. Weiter kommen von hinten auf die Lücken zwei neue gleich lange Halme, festgehalten mit dem Faden, der nach mehrmaligem Durchweben wieder hinten an das kurze Ende geknüpft wird. Durch unterschiedliches Einschneiden der Spitzen lassen sich mannigfaltige Sterne gestalten. Nun könnte man rückseits einen andersfarbigen Wollfaden anknüpfen, etwas dünnere und kürzere Halmstücke einfügen und einen 16strahligen Stern wickeln. Natürlich sind auch diesmal die Halmenden einzuschneiden. Strohketten sind leicht herzustellen, zum Beispiel mit zweierlei Gliedern: Sternen und Röhrchen aus etwa 3 cm langen Halmstücken. Für die Sterne werden drei flachgebügelte Strohstreifen sternartig zusammengeklebt, vorher mit der Schere zugespitzt oder v-förmig eingeschnitten. Die Sterne und 3 cm lange Röhrchen werden im Wechsel auf roten Perlgarnfaden locker aufgereiht.

Girlanden

Schön hängende, ungestört verlaufende Bogen von Ketten und Girlanden geben dem Baum eine ruhige Form, wie etwa eine Kette aus kleinen, jedoch unterschiedlich großen Glasperlen. Sie werden im Wechsel von groß-klein mit silber- und goldfarbenen Perlen auf dünnen Faden gereiht. Dazwischen kann man mit größeren roten und grünen Perlen farbige Akzente setzen. Jeder kann selbst Spielarten erfinden, doch wirken allzu preziöse Kombinationen unruhig. Solche Perlen, ,,Schaumperlen" genannt, gibt es auf jedem Christkindlmarkt oder in Bastelgeschäften in Strängen zu kaufen.

Eleonore Weindl

Weihnachtsgebäck

Weinbeer, Mandeln, Sultaninen,
süße Feigen und Rosinen,
welsche Nüsse – fein geschnitten,
Zitronat auch – muß ich bitten! –
Birnenschnitze doch zumeist
und dazu den Kirschengeist;
wohl geknetet mit der Hand
alles tüchtig durcheinand
und darüber Teig gewoben –
wirklich, das muß ich mir loben!
Solch ein Brot kann's nur im Leben
jedesmal zur Weihnacht geben!
Eier, Zucker und viel Butter
schaumig rührt die liebe Mutter;
kommt am Schluß das Mehl daran,
fangen wir zu helfen an.
In den Teig so glatt und fein
stechen unsre Formen ein:
Herzen, Vögel, Kleeblatt, Kreise –
braune Plätzchen, gelbe, weiße
sieht man bald – welch ein Vergnügen –
auf dem Blech im Ofen liegen.
Knusprig kommen sie heraus,
duften durch das ganze Haus.
Solchen Duft kann's nur im Leben
jedesmal zur Weihnacht geben!

Isabella Braun

Weihnachtliches Backen

Mandelbögen

3 Eiweiße
200 g Zucker
etwas Zimt
Salz
Muskat
1 Beutel Vanillin-
zucker
200 g Mandeln
große Oblaten
100 g Puderzucker
etwas Mandelöl
1 Eßlöffel Kokosfett
Zitronensaft

Die Eiweiße werden sehr steif geschlagen; man gibt unter Weiterschlagen den Zucker und die Gewürze, dann die feingeriebenen Mandeln daran und streicht die Masse auf in Streifen geschnittene, große Oblaten. Die Mandelbögen werden nach kurzem Übertrocknen auf leicht gefettetem Backblech bei Mittelhitze hell ausgebacken und noch heiß über das Wellholz gelegt, damit sie schön gleichmäßig rund werden. Erst nach dem Erkalten nimmt man sie ab und bestreicht sie oberflächlich mit einem Guß aus Puderzucker, Mandelöl, etwas heißem Kokosfett und Zitronensaft.

Kokosnuß-Stangen

2 Eidotter
85 g Zucker
125 g Kokosflocken
125 g Mehl
$^1/_2$ Gläschen Wein-
brand
$^1/_2$ Zitrone
$^1/_2$ Beutel Backpulver
100 g Butter
etwas dicke Marme-
lade (Hagebutten)

Eidotter und Zucker werden gut schaumig gerührt, dann folgen die Kokosflocken, das Mehl, der Weinbrand, Saft und Schale der Zitrone, das Backpulver und die leicht erwärmte Butter. Die Masse wird gut verknetet und nach kurzem Ruhen ausgewellt. Man schneidet längliche Stangen davon, die nach Belieben mit Milch bestrichen und lichtgelb ausgebacken werden. In die Mitte setzt man gekreuzte Streifen von dicker, roter Marmelade, am besten von Hagebuttenmarmelade.

98

Mohrenherzen

3 Eiweiße
150 g Zucker
100 g Haselnüsse
150 g Schokolade
1 Teelöffel Pulver-
kaffee
2 Beutel Vanillin-
zucker
je eine Prise Piment
und Kardamom
Salz
150 g Mehl
$^1/_2$ Beutel Backpulver
150 g Puderzucker
1 Eßlöffel Kakao
etwas Pulverkaffee
einige Tropfen
Mandelöl
heißes Wasser

Die Eiweiße werden steif geschlagen; man streut dabei langsam den Zucker und Vanillinzucker ein und gibt die feingeriebenen, gerösteten und geschälten Haselnüsse, die geriebene Schokolade und die Gewürze dazu. Dann folgt das mit dem Backpulver gemischte Mehl, das je nach Größe der Eiweiße noch durch weitere 1–2 Eßlöffel Mehl ergänzt werden muß. Der Teig muß zart, aber gut knetbar sein. Man wellt ihn dicklich aus, sticht Herzen aus und bäckt sie bei Mittelhitze 12–14 Minuten lang. Sie dürfen nicht zu lange in der Röhre bleiben, weil Schokoladengebäck rasch austrocknet. Man überzieht sie mit einem Guß aus Puderzucker, Kakao, Pulverkaffee, etwas Mandelöl und heißem Wasser und garniert sie mit 2 Reihen weißem Zuckerguß, der aus etwas Puderzucker, heißem Kokosfett und heißem Wasser angerührt wurde. Am besten verwendet man dazu eine kleine Spritztüte aus Pergamentpapier.

Weihnachts-Torte

140 g Butter
4 Eier
140 g Zucker
1 Beutel Vanillin-
zucker
etwas Muskat
und Salz
70 g Schokolade
70 g Mandeln
100 g Mehl
2 Teelöffel Back-
pulver
3 Eßlöffel Milch
Marmelade
200 g Puderzucker
etwas Kokosfett
$\frac{1}{2}$ Zitrone
Kakao
Silberperlchen

Butter, Dotter und Zucker werden mit dem Vanillinzucker und den Gewürzen schaumig gerührt. Man gibt die geriebene Schokolade und die geriebenen Mandeln, Mehl und Backpulver, etwas Milch und zuletzt den steifen Eischnee unter die zarte Masse. Sie wird in einer mittelgroßen, gefetteten Form 50–55 Minuten bei 175° gebacken und nach dem Erkalten zweimal durchgeschnitten. Man füllt sie nach Belieben mit Marmelade oder mit einem frischgekochten Zitronenpudding, setzt sie zusammen und überzieht sie mit einem Guß aus Puderzucker, etwas Zitronensaft und heißem Kokosfett. Einen Rest Zuckerguß färbt man mit Kakao dunkel und überzieht damit den Tortenrand. Ebenso einen aus Lebkuchen- oder Mürbteig geschnittenen und gebackenen Weihnachtsbaum und einen Kometen. Zuletzt garniert man noch mit etwas weißem Puderzucker und Silberperlchen.

Mürbe Vanillekipferl

200 g Mehl
50 g Stärkemehl
1 Teelöffel Back-
pulver
180–200 g Butter
100 g Zucker
1 Beutel Vanillin-
zucker
65 g Mandeln

Unter das Mehl und Stärkemehl vermengt man das Backpulver, die kalten Butterflöckchen, Zucker, Vanillinzucker und die feingeriebenen Mandeln. Der Teig wird 1–2 Stunden kühl gestellt, dann zu einer Rolle geformt, von der man kleine Stückchen abschneidet. Man rollt sie rasch mit kühler Hand zu kleinen Würstchen, biegt sie zu Kipferln und bäckt sie auf gefettetem Blech bei Mittelhitze 15 Minuten hell gar. Noch heiß werden die Kipferl vorsichtig in einem Gemisch aus Puderzucker und Vanillinzucker gewälzt.

Muskat-Ringe

125 g Butter
125 g Zucker
1 Beutel Vanillin-
zucker
2 Eier
250 g Mehl
$^1/_2$ Beutel Back-
pulver
1 Messerspitze Zimt
etwas Muskatnuß
und Bittermandelöl
140 g Mandeln
1 Eßlöffel Kakao

Die Butterflöckchen, Zucker, Vanillinzucker, Eier und Mehl verknetet man mit dem Backpulver und fügt die Gewürze und die feingeriebenen Mandeln sowie das Kakaopulver hinzu. Der mürbe Teig wird gut verknetet, eine Weile kühlgestellt und hierauf mit möglichst wenig Mehl ausgewellt. Man sticht Ringe aus und bäckt sie bei mittlerer Hitze etwa 12–14 Minuten gar. Dann bestreicht man sie mit einem Guß aus Puderzucker, etwas erwärmtem Kokosfett und Zimt oder Ingwerpulver und garniert sie mit einem durch Kakao dunkelgefärbten Zuckerguß, der mit Buntzucker überstreut wird.

Schokolade-Busserl

5 Eiweiße
300 g Zucker
2 Beutel Vanillin-
zucker
250 g Haselnüsse
50 g Schokolade
1 Messerspitze Zimt
je $^1/_2$ Fläschchen
Backaroma
Bittermandel und
Rum
Oblaten

Die Eiweiße werden sehr steif geschlagen; unter Weiterschlagen gibt man den Zucker und Vanillinzucker, die gerösteten und feingeriebenen Haselnüsse, die geriebene Schokolade, den Zimt und das Backaroma dazu. Die gut verrührte Masse wird auf kleine Oblaten verteilt; diese läßt man einige Stunden übertrocknen und bäckt sie später oder anderntags gar. Zuletzt bricht man die überstehenden Oblaten ab; die Busserl werden erst nach einigen Tagen weich.   *Erna Horn*

101

Du siehst die Hirten eilen,
niemand sucht Christus
lässigen Schrittes.

Ambrosius

Das Evangelium von der Menschwerdung des göttlichen Wortes

Das Fest Weihnachten gab es nicht in der alten Kirche. Diese Tatsache hat ihre Parallele in den vier Evangelien. Das älteste unter ihnen, Markus, erzählt kein Wort von der Geburt und Kindheit Jesu Christi. Nur bei Matthäus und Lukas findet sich eine sogenannte Kindheitsgeschichte Jesu, ehe auch sie – wie Markus – vom Auftreten Johannes des Täufers berichten, mit dem das öffentliche Wirken Jesu nach seiner Taufe im Jordan beginnt.

Markus beweist mit seinem Evangelium, daß man die frohe Botschaft von Jesus Christus auch verkünden konnte und verkündet hat, ohne von seiner Geburt zu sprechen. Die übrigen Evangelisten zeigen aber, daß früher oder später von dem Wunder dieser Geburt, von der damit geschehenen Wende gesprochen werden muß, wenn der Glaube ein wenig weiterfrägt.

Der Sachverhalt war ja so, daß die erste und wichtigste Botschaft, mit der die Apostel die Urgemeinde in Jerusalem begründet hatten, die Verkündigung von Kreuz und Auferstehung des Herrn war. „Ihr habt ihn getötet" – so konnten sie in Jerusalem den Leuten entgegenhalten; „Gott aber hat ihn auferweckt" – dafür bekannten sie sich furchtlos als Zeugen. Daß in Jesus von Nazaret der erwartete Messias erschienen war, der gekreuzigt wurde wegen unserer Sünden und auferstand zu unserem Heil, das machte den Kern der urapostolischen Predigt aus.

Aber seine ersten Boten und Augenzeugen seines Wirkens hatte Jesus schon berufen in den Tagen seines Erdenlebens. Jetzt wurde in den jungen Christengemeinden sein Wort und sein Beispiel wichtig; mit ihm konnte man die Glaubens- und Lebensfragen beantworten, die sich aufdrängten. Die Glaubensboten beriefen sich auf Wort und Werk des irdischen Jesus, weil in ihm bereits der Geist Gottes am Werk gewesen war und das gottmenschliche Geheimnis in ihm aufleuchtete, so wie es die Jünger im Osterlicht endgültig erkannten. Nicht erst Kreuz und Auferstehung, sondern schon das Auftreten Jesu von seiner Taufe im Jordan an war Heilsereignis für uns alle.

Aber: Bereits sein Kommen, die Geburt des Sohnes Gottes, war – der Welt noch verborgen – das entscheidende Ereignis zu unserem Heil, der Anfang der großen Wende. Aber vor all dem Reden und Tun Jesu, vor seinem Leiden und Auferstehen war doch dieser entscheidende Schritt gewesen: Gott hatte seinen Sohn in diese Welt kommen lassen, geboren aus einer Frau, dem Gesetz der Juden untertan.

So paradox es klingt: Die alte Kirche der Apostel und der Evangelisten schaute von Kreuz und Auferstehung des Herrn zurück auf sein irdisches Leben; sie betrachtete es im Osterlicht; sie schaute von diesem österlichen Standpunkt aus zurück auf seine Geburt, in der seine verborgene Herrlichkeit mitten in seiner Erniedrigung schon begann.

So konnte ein alter Hymnus, den der Apostel Paulus im Philipper-
brief anführt, singen:

> Er war in Gottes Gestalt,
> hielt aber nicht daran fest, Gott gleich zu sein,
> er entäußerte sich,
> wurde wie ein Sklave
> und den Menschen gleich.
> Sein Leben war das eines Menschen;
> er erniedrigte sich
> und ward gehorsam bis zum Tod,
> bis zum Tod am Kreuz.
> Darum hat ihn Gott über alle erhöht
> und ihm den Namen verliehen, der jeden Namen übertrifft,
> damit vor dem Namen Jesu
> alle Mächte im Himmel, auf Erden und unter der Erde
> ihre Knie beugen
> und jede Zunge bekennt:
> Herr ist Jesus Christus
> zur Ehre Gottes des Vaters.

Dieses Lied ist mit Sicherheit älter als alle unsere Evangelien. Aber
hätten wir nur diese Botschaft, würden wir dann auch Weihnachten
feiern? Wir dürfen Mattäus und Lukas dankbar sein, daß jeder von
ihnen sein Evangelium mit den beiden sogenannten Kindheitsge-
schichten oder Kindheitsevangelien beginnt. Sie haben damit unserem Weihnachtsfest die vertrauten Bilder und anschaulichen Züge
gegeben. Der da herabsteigt, ist „zu Bethlehem geboren" für uns
das Kind in der Krippe, dessen Kommen in die Welt seiner jung-
fräulichen Mutter wunderbar verkündet wurde, für dessen Sorge
Josef, der gerechte Mann, berufen wurde. Hymnen bis hin zum
Gloria der himmlischen Scharen feiern das Ereignis; staunend stehen die verachteten Hirten, die letzten der damaligen Gesellschaft,
im Angesicht dieser Freude, die doch allem Volk widerfahren soll.
Und schließlich ziehen, dem Stern nach, die heidnischen Weisen aus
dem Morgenland zum Kind und seiner Mutter und huldigen ihm;
die ersten aus den Heidenvölkern, während Israel seine Berufung
nicht annehmen wird.
Das sind die uns vertrauten Züge der Kindheitserzählungen von
Mattäus und Lukas. Wir werfen sie gern – wie eben geschehen – ein
wenig durcheinander und unterscheiden sie nicht; und doch sind sie
eigentlich voneinander sehr verschieden, so sehr, daß die Bibelge-
lehrten mit Sicherheit sagen können, daß die Evangelisten Mattäus
und Lukas jeder die Erzählung des anderen nicht gekannt haben.
Bei Mattäus wird alles aus dem Blickwinkel Josefs erzählt, der dem
Kind den Namen gibt und es damit vor aller Welt rechtskräftig

einreiht in das Geschlecht des Königs David. Düstere Züge fehlen nicht. Von Anfang an ist Jesus ein Verfolgter; er muß fliehen, er wird – wie Mose – von einem Mächtigen bedroht und doch wunderbar gerettet. Bei Lukas ist die Kindheitsgeschichte ganz von Maria her erzählt und in Parallele gesetzt zu der Kindheit Johannes des Täufers.

Betrachtet man die beiden Evangelien des Mattäus und Lukas jeweils als einen Kirchenbau, wo im Längsschiff in Bildern die Worte und Taten Jesu dargestellt werden, während unter dem Turm am Hochaltar das Kreuz hängt und der auferstandene Herr als Herrscher auf den Betrachter niederblickt, so könnte man die beiden einleitenden Kapitel der Kindheitsgeschichte Jesu jeweils als eine Vorhalle betrachten. Dort hängen die Bilder und Inschriften, die dem Besucher von vornherein sagen, mit wem er es hier zu tun haben wird. Bei Mattäus sind die entscheidenden Titel dafür „der Sohn Abrahams", durch den Segen auf alle Geschlechter der Erde kommt, „der Sohn Davids", welcher der „Immanuel", der Gott mit uns ist; der „König" und „Herr", dem die Weisen huldigen.

Bei Lukas sind die Bilder anders. Maria tritt bei ihm stärker hervor als die Gesegnete des Herrn; der Herr ist mit ihr und Elisabet begrüßt sie ehrfurchtsvoll als „die Mutter meines Herrn". Aber auch seine Vorhalle stimmt den, der den Bau seines Evangeliums betritt, darauf ein, daß er hier der entscheidenden Gestalt der Heilsgeschichte begegnet, dem Licht zur Erleuchtung der Heiden, dem Ruhm seines Volkes Israel, wie es der greise Simeon, das Kind auf dem Arm, im Tempel Gottes zu Jerusalem verkündet. In diesem hellen Licht der Weihnachtsbotschaft soll der Mensch seine Würde und seine Berufung erkennen. *Andreas Baur*

Zwiesprach

Maria:
Joseph, lieber Joseph mein,
wo kehren wir heut abend ein?

Joseph:
Jungfrau, liebste Jungfrau mein,
ein Stall soll in der Nähe sein,
das wird wohl unsre Herberg' sein.

Maria:
Joseph, liebster Joseph mein,
was wird des Kindes Wiege sein?

Joseph:
Jungfrau, liebste Jungfrau mein,
im Stall ein altes Krippelein,
das wird des Kindes Wiege sein.

Maria:
Joseph, liebster Joseph mein,
was wird des Kindes Windlein sein?

Joseph:
Jungfrau, liebste Jungfrau mein,
ein altes Hemde nicht zu fein,
das wird des Kindes Windlein sein.

Maria:
Joseph, liebster Joseph mein,
wo kehren wir denn morgen ein?

Joseph:
Jungfrau, liebste Jungfrau mein,
dann kehren wir im Himmel ein.

Maria:
Joseph, liebster Joseph mein,
Der Engel wird unser Begleiter sein.

Volksgut

Das Herbergsuchen

Personen: **Maria**   **Ochs**
Josef   **Esel**
1. Wirt   **Einige Hirten**
2. Wirt   **Acht Kinder zum Bilden der Tore**
3. Wirt

Viermal zwei Kinder bilden je ein Tor. Unter drei Toren sitzt auf einem
Schemel je ein „Wirt"; unter dem vierten Tor schauen Ochs und Esel
hervor. Zu diesem Spiel benötigt man keine besonderen Kostüme. Josef
trägt einen alten Hut und einen derben Stock, Maria ein Tuch über Kopf
und Schultern. Die drei Wirte haben Käppchen oder weiße Papiermüt-
zen auf. Ochs und Esel haben Hörner und Ohren aus Pappe.

Maria und Josef kommen langsam herein und bleiben in der Mitte der
„Bühne" stehen.

Josef:
(legt den Arm um
Maria)
Ei, liebe Frau, nun fasse Mut,
denn sieh, nun ist ja alles gut!
Wir sind am Ziele unsrer Reise
und ruhen aus bei Trank und Speise.

Maria:
(hüllt sich fröstelnd
in ihr Tuch)
Wie froh bin ich! Es ist schon spät.
Die Nacht ist kalt – der Schneewind weht.

(Maria und Josef gehen auf das erste Tor zu. Josef klopft dreimal mit
seinem Stock auf den Boden)

1. Wirt: Wer klopft so spät noch an mein Tor?

Maria und Josef:
Zwei Wandersleute stehn davor.
Wir bitten herzlich, hört uns an,
und gebt uns Herberg', guter Mann!

1. Wirt:
Mein Gasthof ist ein feines Haus,
da gehn die Fürsten ein und aus!
Doch solches Bettelpack wie ihr,
nein, das hat nichts zu suchen hier!

Josef: Ach, habt Erbarmen, laßt uns ein!

1. Wirt:
(nimmt die zum Tor
erhobenen Hände
der Kinder und legt
sie als „Kette" zu-
sammen)
Die Kette vor; ich sage nein!

Josef: Komm, Frau, wir wollen weitergehn,
(Maria und Josef dort drüben hab' ich Licht gesehn!
gehen zum
nächsten Tor)

Maria und Josef: Ach, liebe Leute, laßt uns ein,
(Josef klopft wieder ihr sollt dafür gesegnet sein!
dreimal mit dem
Stock auf den
Boden)

2. Wirt: Wer klopft so spät noch an mein Tor?

Maria und Josef: Zwei Wandersleute stehn davor!
Wir bitten herzlich, hört uns an,
und gebt uns Herberg', guter Mann!

2. Wirt: Mein Gasthof ist ein feines Haus,
gehn reiche Kaufleut' ein und aus!
Doch solches Bettelpack wie ihr,
nein, das hat nichts zu suchen hier!

Josef: Ach, habt Erbarmen, laßt uns ein!

2. Wirt: Die Kette vor; ich sage nein!
(Wirt legt die
,,Kette" vor und
droht Josef und Ma-
ria mit der Faust)

Maria: Ach, guter Josef, sage mir, wer öffnet heut uns noch die Tür?

Josef: Komm, liebe Frau, verzage nicht,
(Josef und Maria ge- sieh nur, da drüben brennt noch Licht!
hen zum dritten Tor.
Josef klopft wieder
dreimal mit dem
Stock auf den
Boden)

3. Wirt: Wer klopft so spät noch an mein Tor?

Maria und Josef: Zwei Wandersleute stehn davor!
Wir bitten herzlich, hört uns an,
und gebt uns Herberg', guter Mann!

3. Wirt: Mein Gasthof ist ein feines Haus,
gehn fromme Pilger ein und aus.
Doch solches Bettelpack wie ihr,
nein, das hat nichts zu suchen hier!

Josef: So laßt die müde Frau nur ein!

3. Wirt: Die Kette vor; ich sage nein!
(Wirt legt die
„Kette" vor)

Maria: Ach, lieber Mann, wohin denn nun?

Josef: Sieh dort den Stall – da laß uns ruhn!
(Maria und Josef ge-
hen zum vierten Tor,
aus dem Ochs und
Esel hervorschauen)

Maria: Ach, lieber Esel, laß uns ein,
es ist so kalt und wird bald schnein!
(Esel tritt zur Seite)

Josef: Ach, liebes Öchslein, geh beiseit',
daß ich der Frau ein Bett bereit'!
(Ochse tritt zur   Komm, liebe Frau, nun ruh dich aus,
Seite)   gib mir die Hand – wir sind zu Haus!

(Maria und Josef ge-
hen gebückt in den
„Stall". Gleichzeitig
kommen zwei Engel
und stellen sich vor
das Tor)

1. Engel: Fall leise, Schnee, schweig still, o Wind,
daß ihr im Schlaf nicht stört das Kind!

2. Engel: Ihr Hirten kommt, doch tretet sacht,
daß nicht vom Schlaf das Kind erwacht!
Die Engel treten
zur Seite. Man sieht
durch das Tor Maria
mit dem Kind, neben
ihr Josef)

Beide Engel: Kommt alle, Frau und Kind und Mann
und betet froh das Kindlein an!
(Einige Kinder, als Hirten gekleidet, kommen herein und knien rechts
und links vom Tore nieder. Zum Abschluß wird ein Weihnachtslied
gesungen.)

Marina Thudichum

Die Hirten

Krippenspiel für die Kleinsten

Personen: **Maria**
Josef
Zehn Hirten mit Sprechrollen
beliebig viele Hirten mit stummen Rollen

Links befinden sich Maria und Josef mit dem Kinde. Die Hirten kommen langsam von rechts und stellen sich im Halbkreis auf. Wenn sie ihre Gaben niedergelegt haben, setzen sie sich um die Krippe. Man kann eine beliebige Anzahl von Kindern mitspielen lassen, da ja nicht jedes eine Sprechrolle haben muß.

Alle: Wir sind die Hirten vom Feld,
wir haben kein Gut und kein Geld!

1. Hirte: Ein Engel, der hat uns geweckt!

2. Hirte: Das hat uns gar mächtig erschreckt!

1. Hirtenmädchen: Doch der Engel war freundlich und licht!

2. Hirtenmädchen: Er sagte: „Fürchtet euch nicht!"

3. Hirte: Ach, ist das eine mordsgroße Freud,
daß das Christkind geboren ward heut!

4. Hirte: Schaut die Leut' sind so arm – grad wie wir!

Alle: Lieb's Kindlein, was schenken wir dir?

5. Hirte: Ein Fell, darauf liegst du recht weich!

6. Hirte: Und Milch – die trinkst du dann gleich!

7. Hirte: Ein lustiges Bällchen aus Stroh!

3. Hirtenmädchen: Und ein Hemdchen – es friert dich ja so!

1. Hirtenmädchen: Und Mehl und Schmalz und ein Ei!

3. Hirtenmädchen: Eine bunte Schüssel dabei!

8. Hirte: Mein zahmes Vöglein, das singt!

9. Hirte: Und eine Glocke, die klingt!

10. Hirte: Ei, seht nur das Kind, wie es lacht!

Alle: Ist das eine heilige Nacht!

Weihnachtslied

Marina Thudichum

Die Franziskus-Legende

Personen: **der heilige Franziskus** **zwei Raben**
Sonne **Hirtin**
Mond **Kind**
zwei Sterne **Maria mit dem Kinde.**
zwei Engel

(Kleidung der Sonne: weißes Gewand mit Goldflitter, goldener Strahlenkranz. – Kleidung des Mondes: weißes Gewand mit Silberflitter. Aus einer mit Silberpapier beklebten Pappschale wird eine Öffnung für das Gesicht geschnitten. – Kleidung der Raben: schwarze Lodenmäntel mit Kapuzen, an die Rabenfedern gesteckt sind.)

1. Bild (Im Hintergrund einige Tannenbäume, die so gestellt sein müssen, daß sich in ihrer Mitte eine kleine Höhle bildet. Etwas seitlich der heilige Franziskus, im Gebet versunken, mit dem Rücken zum Zuschauerraum. Mond und Sterne treten von links, die Sonne von rechts auf.)

Mond: Ei, liebe Frau Sonne, Gott grüße euch sehr,
Wo kommt Ihr so spät am Abend noch her?

Sonne: Ja, ja, Bruder Mond, da staunt Ihr mit Recht,
Doch frag' ich, wer heute wohl schlafen möcht?

1. Stern: Ei, freilich, wer schläft in der Heiligen Nacht?
Drum sind auch wir Sterne schon aufgewacht!

2. Stern: Wir durften den lieben Mond begleiten,
Wir wollen doch helfen, das Kripplein bereiten!

Sonne: Seid leise, ihr Sterne, und schaut dorthin!
Seht ihr den Bruder Franziskus knien?
Ihr dürft ihn nicht im Gebete stören!

Mond: Ja, still! Ich will kein Wörtlein mehr hören!

(Die Sterne drängen sich zusammen und legen den Finger auf den Mund. Franziskus erhebt sich langsam und spricht dann mit ausgebreiteten Armen.)

Franziskus: Willkommen, liebe Schwester Sonne,
Die die Welt erfüllt mit Wärme und Wonne!
Willkommen, lieber Bruder Mond,
Der still zu Gottes Füßen wohnt.
Willkommen, ihr Brüder Sterne,
Wie hab' ich euch alle so gerne!

Sonne: Wir kommen, dir frohe Botschaft zu sagen!

Mond: Es hat Bruder Wind sie uns zugetragen!

1. Stern: Ja, Bruder Franziskus, freue dich sehr:
Heut nacht kommt das liebe Christkind hierher!

2. Stern: Will Herberg' nehmen in diesem Wald,
Bereit ihm ein Bettlein, es ist ja so kalt!

Franziskus: Wie käm' ich Armer zu solchem Gast?

Sonne und Mond: Weil du ein Herz wie die Kinder hast!

1. Stern: Wir wollen dir helfen, Franziskus gut,

2. Stern: Daß das himmlische Kindlein gar selig ruht!

(Die Sonne beugt sich tief über die Höhle zwischen den Tannenbäumen. Während sie spricht, zieht sie langsam ein weißes Tuch hinweg, das den Schnee darstellen soll und unter welchem Moos und Blumen sichtbar werden.)

Sonne: Wachse, liebes Moos,
Aus der Erde Schoß!
Blümlein, zart und schön,
Wollet auferstehn!
Kommt! Mit goldnem Blick
Ruf ich euch zurück,
Daß das Christkind heut
Euer Glanz erfreut!

(Der Mond entnimmt einem umgehängten Horn Silberflitter und streut ihn über die Blumen, während er spricht.)

Mond: Weiche, finstre Nacht,
Denn das Licht erwacht!
Silber streu ich lind,
Um das Jesuskind,
Daß sein Bettelein,
Mag gezieret sein!

1. Stern: Wir senden durch Hecken und Bäume
Dem Kindlein viel schimmernde Träume,

2. Stern: Daß es die harte Erde vergißt
Und meint, daß es noch im Himmelreich ist!

Franziskus: Das Kind liebt die Armut, ich liebe sie auch,
So will ich es wärmen mit meinem Hauch,
Mit meiner Kapuze es decken,
Dann wird es der Wind nicht erschrecken!

(Während Franziskus noch spricht, kommen die beiden Raben herein.

Jeder von ihnen läßt ein Büschel Stroh unter dem Lodenumhang hervorschauen.)

1. Rabe: Gott grüße dich, Bruder Franziskus, krah – krah!
Die Brüder Raben sind auch schon da!

2. Rabe: Wir schenken nicht Licht noch Kapuze,
Doch sind wir auch zu was nutze!

1. Rabe: Krah! Krah! Auf dem Moos liegt sich's kalt in der Nacht,
Drum haben wir trockenes Stroh mitgebracht!

2. Rabe: Sonst wird ja das Kindlein am Ende noch krank!

(Franziskus nimmt den Raben das Stroh mit freundlichem Lächeln ab.)

Franziskus: Ihr Brüder Raben, habt herzlichen Dank!

(Die Hirtin mit dem Kind tritt auf. Beide blicken suchend um sich.)

Kind: Ei, Mutter, sieh den hellen Schein!
Kehrt dort wohl schon das Christkind ein?

Hirtin: Nein, nein, doch wohnt da ein heiliger Mann,
Bei dem klopft es ganz sicher an!

(zu Franziskus gewendet):
Erlaubt, daß wir hier beiseite stehn,
Wir möchten so gerne das Christkind sehn!

Franziskus: Bleibt nur, es ist ja Heilige Nacht!

(Das Kind hält einen Apfel hoch.)

Kind: Ich hab' dem Christkind was mitgebracht!

Franziskus: Laßt uns singen dem himmlischen Kinde zu Ehren,
Möge es unser Rufen erhören!

(Alle singen auf die Melodie „Ihr Kinderlein kommet . . .")
Oh, komme hernieder auf unsere Welt!
Erleuchte die Hütten und segne das Feld!
Oh, schau, wie so arm wir doch ohne dich sind!
Komm, mache uns selig, du himmlisches Kind!

VORHANG

2. Bild (Alle, außer Franziskus, lehnen und sitzen müde herum und lassen die Köpfe hängen.)

1. Stern: Es ist schon spät!

2. Stern: Und dunkel und kalt!

Sonne: Mein Schimmer verblasset!

Kind: Kommt's Christkind nicht bald?

114

Mond:	Es hat uns vergessen!
1. Rabe:	Krah, krah! Sei doch still!
Franziskus:	Wir wollen noch warten,
	Weil Gott es so will!

(Maria kommt mit langsamen Schritten auf die Bühne. Sie trägt das himmlische Kind unter einem alten Tuch verborgen, das auch sie selbst ganz umhüllt.)

Maria:	Wie tief ist der Wald, und wie still ist die Welt!
	Ach, endlich ein Licht, das den Weg mir erhellt!
	Es hungert mein Kindlein, erfroren ist's fast,
	Oh, gönnet, ihr Lieben, uns Obdach und Rast!
1. und 2. Stern:	Dies Bett ist für's Christkind!
1. und 2. Rabe:	Krah, Krah! Bleibt ihm fern!
Franziskus:	Mach Platz, Bruder Rabe, das Christkind teilt gern!

(Sterne und Raben gehen zögernd zur Seite. Maria läßt sich langsam nieder. Sonne, Mond, Sterne, Raben und Hirten ziehen sich unwillig zurück.)

Franziskus:	Komm her, Schwester Sonne, mit wärmendem Licht!
	Mond, Vögel und Sterne, verberget euch nicht!
	Erfreut diese Armen, die Gott uns gesandt!

(Das Hirtenkind kommt langsam näher und reicht Maria den Apfel.)

Kind:	So leg' ich mein Äpfelein dir in die Hand!

(Die anderen kommen nun auch, drängen sich um Maria, wärmen und streicheln sie. Inzwischen treten von beiden Seiten Engel herzu und ziehen Maria das Tuch von den Schultern, daß sie in feierlichem Gewande erscheint.)

1. Engel:	Wer in des Christkinds Namen
	Den Menschen bringet Freud,
	Bei dem wird's Wohnung nehmen
	In Pracht und Herrlichkeit!
2. Engel:	Was du dem armen Bruder
	Aus Liebe hast getan,
	Streicht's dir mit goldnem Griffel
	Im Buch des Lebens an!
1. und 2. Stern:	Oh, seht nur, seht!
1. und 2. Rabe:	Krah, Krah, Krah, Krah!

Kind:	Nun ist das liebe Christkind da!
(Das Hirtenkind kniet nieder):	
Sonne und Mond:	Wie blaß ist aller Himmel Licht,
(Sonne und Mond verneigen sich tief):	Oh, Kind, vor deinem Angesicht!
1. und 2. Stern:	Die Sterne deiner Augen, Kind, Sind heller, als wir selber sind!
1. und 2. Rabe:	Ach könnten wir armen Raben Doch sagen, wie lieb wir dich haben!
Hirtin (Die Hirtin kniet nieder):	Du hast uns in heiliger Nacht Das ewige Leben gebracht!
Franziskus:	Ja, Großes hat Gott uns getan, Wir beten Erlöser dich an!

(Während des Schlußbildes wird hinter der Bühne das Lied „Es ist ein Ros' entsprungen . . ." angestimmt.)

VORHANG   *Marina Thudichum*

1. Es ist ein Ros ent-sprun-gen aus ei-ner
wie uns die Al-ten sun-gen, von Jes-se
Wur-zel zart,
kam die Art,
und hat ein Blümlein bracht mit-

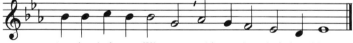

ten im kal-ten Win-ter wohl zu der hal-ben Nacht.

2. Das Röslein, das ich meine,
   davon Jesaja sagt,
   ist Maria, die Reine,
   die uns das Blümlein bracht.
   Aus Gottes ewgem Rat
   hat sie ein Kind geboren
   und blieb doch reine Magd.

3. Das Blümelein so kleine,
   das duftet uns so süß;
   mit seinem hellen Scheine
   vertreibt's die Finsternis,
   wahr' Mensch und wahrer Gott,
   hilft uns aus allem Leide,
   rettet von Sünd und Tod.

T: Mainz um 1587/88; Str. 3 bei Friedrich Layritz 1844
M: Speyerer Gesangbuch, Köln 1599

O du fröhliche,
o du selige

1. O du fröh-li-che,— o du se-li-ge,—
gna-den-brin-gen-de Weih-nachts-zeit!
Welt— ging ver-lo-ren, Christ— ist ge-bo-ren:
Freu-e,— freu-e dich, o Chri-sten-heit.

2. O du fröhliche, o du selige
gnadenbringende Weihnachtszeit.
Christ ist erschienen, uns zu versühnen.
Freu dich, freue dich, o Christenheit.

3. O du fröhliche, o du selige
gnadenbringende Weihnachtszeit.
Himmlische Heere jauchzen dir Ehre.
Freue, freu dich, o Christenheit.

Sizilianisches Schifferlied „O sanctissima"
im Jahre 1788 von Herder nach Deutschland gebracht.

117

Laßt uns dem Leben trauen,
weil die Weihnacht
das Licht gebracht hat.
Laßt uns dem Leben trauen,
weil wir es nicht allein
zu leben haben,
sondern Gott es mit uns lebt.

Alfred Delp

Weihnachten – Schale und Kern

Am Heiligen Abend erklingen im Radio die alten und neuen Weihnachtslieder aus aller Welt; das Fernsehen überträgt die Christvesper und den Mitternachtsgottesdienst in Eurovision; es werden Worte an die Einsamen gesprochen; Botschaften und Reden der Politiker vom Frieden gehen um die Erde; die Familien und Freunde sitzen beisammen, beschenken sich, feiern, essen, trinken, erzählen und erinnern sich. Die ganze Christenheit feiert Weihnachten. Die Gottesdienste in der heiligen Nacht sind die am besten besuchten des ganzen Jahres. Weihnachten entfaltet eine Anziehungskraft, die von keinem anderen Fest erreicht wird.

Freilich macht das Fest auch vielen zu schaffen; besonders denen, die auf der Schattenseite des Lebens angesiedelt sind. Sie fühlen sich ausgeschlossen von der allgemeinen Freude. Andere ärgern sich über den ungeheuren Geschäftsrummel, der das Fest schon wochenlang vorher einleitet. Wer in den großen Kaufhäusern ständig mit weihnachtlicher Musik berieselt worden ist, kann am Heiligen Abend „Stille Nacht" wahrscheinlich nicht mehr hören. Wochenlang stehen in den Gärten die beleuchteten Christbäume herum und nehmen den Zauber des Festes vorweg. Zauber? Je nach Einstellung reden manche vom faulen Zauber. Sie finden die Reden vom Frieden in einer Welt voll Zwietracht, Haß und Gewalttat unglaubwürdig, wenn nicht scheinheilig. Sie wehren sich gegen das Gemüthafte, Stimmungsvolle, vielleicht auch gegen das Gläubige des Feierns. Sie verreisen vielleicht gerade an Weihnachten gern.

Mit einem Wort: Weihnachten nötigt zu einer Stellungnahme. Das Unbehagen vieler über die Äußerlichkeiten des Festes lädt zur Besinnung auf das Wesentliche, den Kern des Festes ein. Zu diesem Kern vorzustoßen und ihn bejahen zu können – das hieße doch wohl, Weihnachten richtig zu feiern, unter welchen Umständen auch immer. Von dieser Mitte her erhielte alles weihnachtliche Tun seinen richtigen Sinn und sein Maß.

Wenn Weihnachten ein christliches Fest sein soll, dann ist es mehr als das Fest des Kindes oder der Kinder, mehr als das Fest der Familie und der gemeinsamen Geborgenheit im Zuhause, mehr als das Fest des Schenkens und Freudebereitens, erst recht mehr als ein Fest guten Essens und Trinkens und der vielen Glückwünsche, die zugleich zum kommenden neuen Jahr ausgesprochen werden. Dies alles kann und darf sich ohne Schwierigkeit um den Kern des Festes herum ansiedeln, wie Kreise um einen Mittelpunkt; wenn Weihnachten dabei nur bleibt, was es im Wesen ist: das Fest der Geburt Christi. Die frohe Botschaft von seinem Kommen – damals, heute und dereinst – erreicht uns nicht nur an diesem Tag, sondern überhaupt in der ganzen „fröhlichen, seligen, gnadenbringenden Weihnachtszeit" mit besonderer Dringlichkeit. Um diese frohe Botschaft, die den Kern des Festes ausmacht, legt sich – noch ganz in der Mitte des Festgeheimnisses – die liturgische Feier der heiligen Nacht. „Heute ist uns der Heiland geboren. Heute ist der wahre Friede vom Himmel herabgestiegen." So wird uns da verkündet, und das damalige Ereignis kann heutige Wirklichkeit für uns werden.

Weil es aber die Wirklichkeit ist, die das ganze Christenleben bestimmt, darum sollen wir uns im Advent darauf wieder besonders einstimmen; darum ist es sinnvoll, einander in dieser Zeit Freude zu machen, miteinander gut zu sein, mitmenschliche Bande zu erneuern, zerrissene neu zu knüpfen, Arme und Einsame teilhaben zu lassen an der eigenen Festfreude.

Es ist verständlich, daß die äußeren Ringe um den Kern des Weihnachtsfestes herum sich verselbständigen können, und das umso mehr, je stärker der innere, leuchtende Punkt des Geheimnisses verblaßt und entschwindet. Auch die Nichtchristen können sich dem Sog des Festes nicht entziehen – aber wer will ihnen verargen, daß sie sich mit Brauchtum und manchmal sogar mit mißbräuchlichen Elementen des Feierns begnügen?

An guten und weniger guten Elementen weihnachtlichen Brauchtums ist kein Mangel. In früheren Zeiten, wo der Advent noch wirklich eine stille Zeit war – etwa in tief verschneiten, abgeschiedenen Gebirgstälern – sind jene stimmungsvollen Lieder des Wartens, der vergeblichen Herbergssuche, der innigen Versenkung in die Krippenszene von Bethlehem entstanden, die uns heute noch ans Herz greifen können. Wie wäre sonst zu erklären, welche Faszination vom Salzburger Weihnachtssingen ausgeht und von manchen Nachklängen aus der alten Zeit?

Nein, an weihnachtlichen Elementen ist kein Mangel. Wenn einer schon nicht die Krippe zu Hause aufstellt, so will er doch wenigstens seinen Christbaum haben, seine brennenden Kerzen, sein weihnachtliches Lied. Und auch mit den Liedern ist für jeden Geschmack gesorgt: von der nüchtern-strengen Gläubigkeit über die gefühlvolle bis sentimentale Innigkeit bis hin zum nur noch Stimmung ausdrückenden Geklingel bei Tannenduft und tiefem Schnee. Jeder muß auf seine Weise versuchen, Weihnachten zu feiern; und jeder kann anderen helfen, Weihnachten zu feiern. Aber der Kern dieses christlichen Hochfestes ist und bleibt die Botschaft, daß Gott uns seinen Sohn schenkt und mit ihm sein Herz. *Andreas Baur*

Die Engel, die haben gesungen,
daß wohl ein Wunder geschehn.
Da kamen die Hirten gesprungen
und haben es angesehn.

Die Hirten, die will es erbarmen,
wie elend das Kindlein sei.
Es ist eine Gschicht für die Armen.
Kein Reicher war nicht dabei.

Ludwig Thoma

Der Stern

enn der Heilige Abend in sanfter Dämmerung sich ankündigte, ging mein Vater mit mir zum Johanneshügel. Wir stapften den ungebahnten Weg hinauf (merkwürdig: die Weihnachtsfeste meiner Kindheit sind in meiner Erinnerung alle schneeglitzernd und kalt); oben stellten wir uns neben die Statue des heiligen Johannes und schauten auf den See hinunter.

Das Wasser war schwarz und glänzte matt im letzten Licht. Ringsum war es sehr still. Mein Vater deutete auf einen Heustadel, der nahe dem Ufer stand und meinte: „Nur gut, daß das Christkind nicht in unserer kalten Gegend auf die Welt gekommen ist. Stell dir vor, wie es in so einem Stadel frieren müßte!"
„Und Hirten würden auch keine kommen", sagte ich. „Bei uns gibt es doch gar keine Hirten."
„Hirten nicht, aber Fischer", sagte mein Vater. „Jesus hat die Fischer sehr gern gehabt. Sie kämen in ihren Booten über den See und brächten Brot und gebratene Fische."
„Ach", sagte ich begeistert, „und der Stern würde ihnen leuchten, ganz weit bis nach Ammerland und Seeshaupt." Ich schwieg. Mir war plötzlich etwas eingefallen. „Wo ist denn der Stern eigentlich jetzt?" fragte ich. „Der Weihnachtsstern? Nun, er hat den Menschen die Geburt des Christkinds angezeigt und dann ist er weitergewandert."
„Weitergewandert? Wohin denn?"
„Das weiß ich nicht. Das Weltall ist unendlich groß."
„Aber das hat doch gar keinen Sinn, daß er im Weltall herumwandert. Da kann ihn niemand sehen, und niemand kann sich über ihn freuen. Ich finde, daß der Stern in jeder Heiligen Nacht leuchten müßte, damit niemand den Geburtstag vom Christkind vergißt."

Mein Vater wollte etwas sagen, aber ich ließ ihn nicht zu Worte kommen. „Man kann Gott um alles bitten", meinte ich siegessicher. „Ich werde ihn bitten, daß er den Stern leuchten läßt. Und wenn es nur kurz ist. Vielleicht eine halbe Stunde."
„Und wenn der Stern wirklich leuchtet", sagte mein Vater bedächtig, „Wer sagt dir, daß die Menschen ihn auch wirklich entdecken? Du zum Beispiel liegst vielleicht längst in deinem Bett und schläfst und hast keine Ahnung, daß der Weihnachtsstern am Himmel funkelt."
„Wenn er funkelt, werd' ich ihn auch sehen", erwiderte ich. „Das sag' ich natürlich in meinem Gebet mit dazu."
„Ach so", meinte mein Vater nur. Dann schlug er seinen Mantelkragen hoch und mahnte: „Wir müssen heim. Ich wette, wir haben uns schon verspätet. Was denkst du, wenn wir zu spät zur Bescherung kommen!"

„Oh“, sagte ich, „schnell, schnell!“ und begann wie wild hügelab-
wärts zu stapfen. Den Stern hatte ich vergessen.

Als ich im Bett lag, fiel er mir wieder ein. Ich sprach sofort ein etwas
verworrenes, aber inbrünstiges Gebet und nahm mir vor, nicht
einzuschlafen. Ich zwickte mich in den Arm, ich zog an meinen
Haaren, ich rieb mir die Stirn. Aber trotz all dieser Bemühungen
übermannte mich die Müdigkeit. Ich weiß nicht, wie spät es war, als
ich ganz plötzlich aufwachte. Ich setzte mich mit einem Ruck auf
und dachte erschrocken: Jetzt war der Stern vielleicht da, und ich
habe alles verschlafen. Aber sogleich fiel mir mein Gebet ein, und
ich dachte vertrauend: Gott wird mit dem Erscheinen des Sterns
sicher gewartet haben.

Ich kletterte aus dem Bett, schob den Vorhang zurück und schaute
aus dem Fenster. Der Garten lag in tiefer Dunkelheit, aber darüber
leuchtete ein wunderbarer Sternhimmel. Während ich ihn betrachtete, zog plötzlich eine Sternschnuppe ihre schimmernde Bahn aus
der Dunkelheit. Ich starrte ihr nach, aber schon war sie verschwunden. Ich klammerte mich an das Fensterbrett. Ich wußte nichts von
Sternschnuppen. Für mich war dies der Weihnachtsstern gewesen.
Während ich noch immer dastand und zum Himmel hinaufstarrte,
merkte ich plötzlich, daß ich fror. Ich lief zum Bett und kuschelte
mich unter die warme Decke. Ich war ganz betäubt vor Glück. Ich
hatte den Weihnachtsstern gesehen!

Ich nahm mir vor, niemandem etwas zu erzählen. Sie würden ja
doch nur sagen, ich hätte geträumt. Dann besann ich mich auf meine
Pflicht. Ich faltete die Hände, um ein Dankgebet zu sprechen. Aber
dazu kam es nicht mehr. Ich schlief sofort ein.

Marina Thudichum

Unser Christbaum

„Nicht so eilig, meine Damen und Herren! Nehmen Sie sich Zeit,
Sie werden es nicht bereuen! Hier sehen Sie unsere große Überra-
schung – unseren Weihnachtsbaum aus waldgrüner Kunstfaser! Rei-
zend geschmückt, mit installierter Beleuchtung, zusammenklapp-
bar, in der Schachtel zu transportieren, mehrere Jahre verwendbar –
keine lästigen Nadeln mehr in der Suppe – Stimmung, Ordnung und
Sauberkeit in einem Stück – bitte sehr . . .!“

Man steht. Man staunt. Man kauft. Dies ist sozusagen der Höhepunkt in der Geschichte des Christbaums.

Wie hätte Liselotte von der Pfalz gestaunt, hätte sie statt der mit
Kerzen erleuchteten Buchsbäumchen am Heidelberger Hof das

Kunstfasergewächs unserer Tage erblickt! Sie schrieb aus Paris voller Sehnsucht nach ihnen. Damals waren ja Tanne und Fichte noch nicht zum Christbaum erwählt. Man benützte Stechpalmen, Eiben und Wacholder, um die weihnachtliche Stube zu schmücken. 1816 wurde der Christbaum am österreichischen Hof eingeführt, und 1830 prangte er zum ersten Mal in der Münchner Residenz. Im Lauf des 19. Jahrhunderts hielt er dann Einzug in den Bürgerhäusern. Der Christkindlein-, Kinder- oder Zuckerbaum – wie man den Weihnachtsbaum damals nannte – wurde mit Lebkuchen, Oblaten, Zuckerwerk und buntem Papier behangen und hernach den Kindern oder Armen zum Abräumen überlassen. Seine Form war verschieden, in manchen Gegenden hing das Bäumchen von der Decke herab. Die Aristokraten der damaligen Zeit stellten für jeden, den sie beschenken wollten, ein eigenes Bäumchen auf, so daß ihre Gemächer einem leuchtenden Wald glichen. Seit etwa fünfzig Jahren ist es Sitte, „Christbäume für alle" in Bahnhöfen und auf öffentlichen Plätzen aufzustellen. Sie haben einen Vorläufer in dem Weihnachtsbaum, der 1891 vor dem Weißen Haus in Washington stand. Diese riesigen Tannen wirken sehr majestätisch und beruhigend in der Unruhe des lärmenden Getriebes um sie her. Sie stehen da wie Abgesandte ferner Wälder, die es Gottlob immer noch gibt.

Der erste Christbaum in der Waldheimat

Es waren die ersten Weihnachtsferien meiner Studentenzeit. Wochenlang hatte ich schon die Tage, endlich die Stunden gezählt bis zum Morgen der Heimfahrt von Graz ins Alpel. Und als der Tag kam, da stürmte und stöberte es, daß mein Eisenbahnzug stecken blieb. Da stieg ich aus und ging zu Fuß, frisch und lustig sechs Stunden lang durch das Tal, wo der Frost mir Nase und Ohren abschnitt, daß ich sie gar nicht mehr spürte. Durch den Bergwald hinauf, wo mir so warm wurde, daß die Ohren auf einmal wieder da waren und heißer als je im Sommer.

So kam ich, als es schon dämmerte, glücklich hinauf, wo das alte Haus, schimmernd durch Gestöber und Nebel, wie ein verschwommener Fleck stand, einsam mitten in der Schneewüste. Als ich eintrat, wie war die Stube so klein und niedrig und dunkel und warm – unheimlich. In den Stadthäusern verliert man ja allen Maßstab für ein Waldbauernhaus. Aber man findet sich gleich hinein, wenn die Mutter den Ankömmling ohne alle Umstände so grüßt: „Na, weil d' nur da bist!"

Auf dem offenen Steinherd prasselte das Feuer, in der guten Stube wurde eine Kerze angezündet. „Mutter, nit!" wehrte ich ab, „tut lieber das Spanlicht anzünden, das ist schöner."

Sie tat's aber nicht. Das Kienspanlicht ist für die Werktage. Weil nach langer Abwesenheit der Sohn heimkam, war für die Mutter Feiertag geworden. Darum die festliche Kerze. Und für mich erst recht Feiertag!

Als die Augen sich an das Halblicht gewöhnt hatten, sah ich auch den Nickerl, das achtjährige Brüderlein. Es war das jüngste und letzte. „Ausschauen tust gut!" lobte die Mutter meine vom Gestöber geröteten Wangen.

Der kleine Nickerl aber sah blaß aus. „Du hast ja die Stadtfarb, statt meiner!" sagte ich und habe gelacht. Die Sache war so. Der Kleine tat husten, den halben Winter schon. Und da war eine alte Hausmagd, die sagte es – ich wußte das schon von früher – täglich wenigstens dreimal, daß für ein „hustendes Leut" nichts schlechter sei, als „der kalte Luft". Sie verbot es, daß der Kleine hinaus vor die Türe ging. So kam der Knabe nie ins Freie und kriegte auch in der Schule keine gute Luft zu schnappen. Ich glaube, deshalb war er so blaß, und nicht des Hustens halber.

In der dem Christfest vorhergehenden Nacht schlief ich wenig – etwas Seltenes in jenen Jahren. Die Mutter hatte mir auf dem Herde ein Bett gemacht mit der Weisung, die Beine nicht zu weit auszustrecken, sonst kämen sie in die Feuergrube, wo die Kohlen glosten. Die glosenden Kohlen waren gemütlich, das knisterte in der stillfinsteren Nacht so hübsch und warf manchmal einen leichten Glutschein an die Wand, wo in einem Gestelle die buntbemalten Schüsseln lehnten. Da war ein Anliegen, über das ich schlüssig werden mußte in dieser Nacht, ehe die Mutter an den Herd trat, um die Morgensuppe zu kochen. Ich hatte viel sprechen gehört davon, wie man in den Städten Weihnacht feiert. Da sollen sie ein Fichtenbäumchen, ein wirkliches kleines Bäumlein aus dem Wald auf den Tisch stellen, an seinen Zweigen Kerzlein befestigen, sie anzünden, darunter sogar Geschenke für die Kinder hinlegen und sagen, das Christkind hätte es gebracht.

Nun hatte ich vor, meinem kleinen Bruder, dem Nickerl, einen Christbaum zu errichten. Aber alles im Geheimen, das gehört dazu.

Nachdem es soweit taglicht geworden war, ging ich in den frostigen Nebel hinaus. Und just dieser Nebel schützte mich vor den Blicken der ums Haus herum arbeitenden Leute, als ich vom Walde her mit meinem Fichtenwipfelchen gegen die Wagenhütte lief, dort das Bäumchen in ein Scheit bohrte und unter dem Karren- und Räderwerk versteckte.

Dann war es Abend. Die Gesindleute waren noch in den Ställen beschäftigt oder in den Kammern, wo sie sich nach der Sitte des Heiligen Abends die Köpfe wuschen und ihr Festgewand herrichteten. Die Mutter in der Küche buk die Christtagskrapfen, und der Vater mit dem kleinen Nickerl besegnete den Hof. Hatte nämlich der Vater in einem Gefäß glühende Kohlen, hatte auf dieselben Weihrauch gestreut und ging damit durch alle Räume des Hofes, durch die Stallungen, Scheunen und Vorratskammern, in alle Stuben und Kammern des Hauses endlich, um sie zu beräuchern und dabei schweigend zu beten. Es sollten böse Geister vertrieben und gute ins Haus gesegnet werden.

Dieweilen also die Leute draußen zu tun hatten, bereitete ich in der großen Stube den Christbaum. Das Bäumchen, das im Scheite stak, stellte ich auf den Tisch. Dann schnitt ich vom Wachsstock zehn oder zwölf Kerzchen und klebte sie an die Ästlein. Unterhalb, am Fuße des Bäumchens, legte ich den Wecken hin.

Da hörte ich über der Stube auf dem Dachboden auch schon Tritte – langsame und trippelnde. Sie waren schon da und segneten den Bodenraum. Bald würden sie in der Stube sein, mit der wir den Rauchgang zu beschließen pflegten. Ich zündete die Kerzen an und versteckte mich hinter dem Ofen. Noch war es still. Ich betrachtete vom Versteck aus das lichte Wunder, wie in dieser Stube nie ein ähnliches gesehen worden. Die Lichtlein auf dem Baum brannten so still und feierlich – als schwiegen sie mir himmlische Geheimnisse zu.

Endlich hörte ich an der Schwelle des Vaters Schuhklöckeln. Die Tür ging auf, sie traten herein mit ihren Weihgefäßen und standen still.

„Was ist denn das!?" sagte der Vater mit leiser, langgezogener

Stimme. Der Kleine starrte sprachlos drein. In seinen großen, runden Augen spiegelten sich wie Sternlein die Christbaumlichter. – Der Vater schritt langsam zur Küchentür und flüsterte hinaus: „Mutter! – Mutter! Komm ein wenig herein." Und als sie da war: „Mutter, hast du das gemacht?" „Maria und Josef!" hauchte die Mutter. „Was lauter habens denn da auf den Tisch getan?" Bald kamen auch die Knechte und Mägde herbei, hell erschrocken über die seltsame Erscheinung. Da vermutete einer, ein Junge, der aus dem Tal war: Es könnte ein Christbaum sein . . .

Sollte es denn wirklich wahr sein, daß Engel solche Bäumlein vom Himmel bringen? – Sie schauten und staunten. Und aus des Vaters Gefäß qualmte der Weihrauch und erfüllte schon die ganze Stube, so daß es war wie ein zarter Schleier, der sich über das brennende Bäumchen legte.

Die Mutter suchte mit den Augen in der Stube herum: „Wo ist denn der Peter?"

Da erachtete ich es an der Zeit, aus dem Ofenwinkel hervorzutreten. Den kleinen Nickerl, der immer noch sprachlos und unbeweglich war, nahm ich an den kühlen Händchen und führte ihn vor den Tisch. Fast sträubte er sich. Aber ich sagte – selber tief feierlich gestimmt – zu ihm: „Tu dich nicht fürchten, Brüderl! Schau, das lieb Christkindl hat dir einen Christbaum gebracht. Der ist dein."

Und da hub der Kleine an zu wiehern vor Freude und Rührung, und die Hände hielt er gefaltet wie in der Kirche. – –

Öfter als vierzigmal seither habe ich den Christbaum erlebt, mit mächtigem Glanz, mit reichen Gaben und freudigem Jubel unter Großen und Kleinen. Aber größere Christbaumfreude, ja eine so helle Freude hab ich noch nicht gesehen, als jene meines kleinen Brüderleins Nickerl – dem es so plötzlich und wundersam vor Augen trat – ein Zeichen dessen, der da vom Himmel kam.

Peter Rosegger

Stille, stille,
kein Geräusch
gemacht

Stil - le,   stil - le,   kein Ge-räusch ge - macht!

Stil - le,   stil - le,   kein Ge-räusch ge - macht!

Christ - kind   will   zu   euch   her - ein,

a - ber   ihr dürft   nicht so schrei'n!   Stil - le,

Stil - le,   kein Ge - räusch ge - macht!

2. Liebes Christkind, komm zu uns herein!
   Bring' uns deine Gaben fein,
   wollen auch recht artig sein!
   Liebes Christkind, komm zu uns herein!

3. Liebes Christkind, habe schönen Dank,
   daß du unser hast gedacht,
   so viel Freude uns gemacht!
   Liebes Christkind, habe schönen Dank!   *Volksweise*

Erinnerung an die Schiebetüre

Es ist so süß, sich zu erinnern. Es macht so warm von innen. Dabei sind es manchmal die kleinsten Begebenheiten, klein am Augenblicke ihres Erlebens gemessen, die groß und voll werden im Nachgeschmack. Solcherart ist die Erinnerung an unsere Schiebetüre. Es war an sich nichts Besonderes an ihr, was des Erinnerns wert wäre. Allenfalls das, daß sie zwei Flügel hatte, die sich teilten und in der Wand verschwanden wie ein Theatervorhang, eine recht ansehnliche Einrichtung also für unsere häuslichen Verhältnisse. Sie war das Größte an unserer kleinen Wohnung, kann man sagen. Wir hatten sie uns beim Bau ausdrücklich ausbedungen, um doch wenigstens ein Bücher- und Schreibkabinett vom Universalwohnzimmer abzugrenzen. Wenn wir die Schiebetür schlossen, hatten wir ein Zimmerchen mehr, und wenn wir sie öffneten, genossen wir das Glück, daß wir wieder alle beisammen waren. Wir alle: das waren wir drei. Wir waren noch eine ganz kleine Familie mit einem ganz kleinen Kind in einer ganz kleinen Wohnung.

Da kam nun Weihnachten heran. Wir freuten uns sehr darauf, daß wir diesmal dem Christkind unser Christianekind mitbringen durften zum Spielen. Aber wenn das Christkind nun fragen sollte: „Wo ist eigentlich euer Weihnachtszimmer?" das könnte uns schön in Verlegenheit bringen. Danach fragt das Christkind zwar nicht, es braucht keinen größeren Platz als ein Herz. Aber wir waren gewöhnt, so zu fragen von daheim, wo es natürlich besondere Weihnachtszimmer gegeben, in denen sich wochenlang vor dem Fest das Christkind hatte ausbreiten können mit seinen Eisenbahnen, Kaufläden, Puppenstuben, Glaskugeln und einer Unmasse von Päckchen, Paketen, Papier, Holzwolle und Kerzen.

So ein richtiges Weihnachtszimmer hatten wir nicht zu bieten. Dafür hatten wir aber die Schiebetür. Wir konnten doch ausnahmsweise einmal am Schreibtisch essen und Christianens Wägelchen ganz gut zwischen den Regalen mit Brehms Tierleben und Grimms Wörterbuch unterbringen, solange auf der anderen Schiebeseite das Christkind das Fest vorbereitete.

Wer von uns dem Christkind zur Hand gehen sollte, war Gegenstand längerer Beratung. Am besten verstehen sich darauf die Mütter. Sie sind auch geschickter, den Baum zu putzen, vorausgesetzt, daß er einmal fest im Ständer steht, und dafür hatte ich vorgesorgt. Infolgedessen kamen wir überein, daß ich mich lieber den Hausgeschäften widmen sollte, um die Mutter ungestört dem Christkind zu überlassen.

So wurde denn die Schiebetür zugezogen, und während auf der einen Seite das Christkind hantierte, wartete auf der andern der Vater sein Kind. Das war recht gemütlich, denn das Kind schlief zumeist oder spielte erwachend mit seinen Händen. Zu den festgesetzten Zeiten kam die Mutter zum Stillen herein, und so rückte die Stunde der Bescherung ganz friedlich näher.

Es war vereinbart, daß bei einbrechender Dämmerung die Weihnachtsmusik anheben, hiernach das Klingelzeichen ertönen und die Schiebetür sich auftun sollte. Was die Weihnachtsmusik betraf, so war es bei uns beiden daheim üblich, Weihnachtslieder zu singen; doch versprach ich mir nicht viel davon, wenn ich nun allein hätte singen wollen. Ich nahm daher die Viola aus dem Kasten und spielte lieber die altvertrauten Melodien. Der dunkle Bratschenton, von einigen Akkorden untermalt, klang zwischen Büchern und Schiebetür recht feierlich, so daß Christiane in ihrem Wägelchen aufhörte zu quengeln, denn das lange Warten fing an, ihr zu mißfallen. Solange ich indessen spielte, hielt sie sich zu meiner großen Befriedigung staunend still, sobald ich absetzte, wurde sie wieder unruhig. Ich spielte daher Lied um Lied. Um es genau zu sagen: Ich spielte die gespielten Lieder eben noch und noch einmal. Denn so groß war mein Weihnachtsrepertoire doch nicht, daß ich beständig neue Lieder hätte spielen können, nachdem ich ,,Stille Nacht'', ,,O du fröhliche'', ,,Vom Himmel hoch, da komm ich her'', ,,Vom Himmel hoch ihr Englein kommt'' und ähnliches absolviert hatte. Ich schmuggelte auch andere Lieder ein, die einigermaßen paßten, beispielsweise ,,Morgen Kinder, wird's was geben'', obwohl das genau genommen nicht zutraf. Heute, ja, jetzt gleich sollte es Bescherung geben. Warum das Christkind immer noch nicht läutete? Ich spielte wohl schon eine halbe Stunde. Es war ganz dunkel geworden zwischen den Büchern; die Weihnachtskerzen funkelten von drüben durch die Schiebetüre. Sie schloß nicht mehr ganz exakt, wie das eben in Neubauten bei vielen Türen und Fenstern vorkommt. Warum das Christkind immer noch nicht das Klingelzeichen gab zur Bescherung?

Ich wiederholte mein Repertoire von neuem. Es wollte mir scheinen, als ob es mir unter den Fingern zusammenschrumpfe. Mir fiel nichts mehr dazu ein, im Gegenteil, mir entfielen sogar die Lieder, die ich eben noch gewußt hatte.

,,Bist du denn noch nicht so weit, Christkindchen?'' fragte ich da in meiner Not durch die Schiebetüre.

,,Aber längst!'' antwortete das Christkind. ,,Ich warte doch nur, daß du aufhörst zu spielen!''

Da setzte ich aber schleunigst ab, legte die Bratsche zur Seite, nahm die kleine Christiane auf den Arm, und unter seligem Gebimmel öffnete sich die Schiebetür vor der strahlenden Fülle.

Aber erst jetzt nach vielen, vielen Jahren habe ich recht empfunden, was mich die gute Schiebetür erleben ließ: welche Himmelsgabe es ist, wenn man durchs ganze Leben aufeinander behutsam zu warten weiß, von hüben wie drüben.

Ernst Heimeran

131

Der Christbaum der armen Kinder

Es war am frühen Morgen. In einem feuchten, kalten Kellerloch erwachte er. Sein Röcklein war dünn, er zitterte vor Kälte; in der Ecke auf dem Kasten sitzend, vergnügte er sich, aus Langeweile zuzusehen, wie der Atem aus dem Munde flog. Und er trat immer wieder an die Pritsche, auf der seine kranke Mutter lag; dünn wie ein Pfannkuchen war die Streu, statt des Kissens hatte sie unter ihrem Kopf irgendein Bündel. Welches Schicksal führte sie hierher? Wahrscheinlich war sie mit ihrem Knaben aus einer anderen Stadt gekommen und plötzlich erkrankt ...

Feiertag war vor der Tür, deshalb hatten sich die anderen Kellerbewohner entfernt.

Zu trinken hatte er sich im Hausflur beschafft, aber nirgends konnte er ein Krustchen Brot finden. Er betastete das Gesicht der Mutter und wunderte sich, daß sie sich gar nicht regte und so kalt wie die Wand war. Wie kalt ist es hier, dachte er, indem seine Hand auf der Schulter der Toten ruhte. Plötzlich läuft er hinaus. Kälte, Schnee und vermummte Menschen. Dann Glas! Und hinter dem Glas eine Stube! Und in der Stube ein Baum bis zur Decke – das ist ein Christbaum mit vielen goldenen Papierchen und Äpfeln! Um den Christbaum liegen Püppchen und kleine Pferdchen. In der Stube laufen Kinder, geputzt, reinlich – und sie lachen und spielen und essen und trinken. Der arme Knabe sieht das alles, wundert sich und lacht.

Jetzt aber fangen ihm die Zehen an den Füßen zu schmerzen an, und die Hände sind ganz rot geworden, die Finger biegen sich nicht mehr und schmerzen beim Bewegen. Da fängt der Knabe bitterlich zu weinen an und läuft weiter. Durch ein anderes Glas sieht er wieder eine Stube, mit Christbäumen ausgeschmückt; auf den Tischen lie-

gen Kuchen allerlei Art, Mandelkuchen, rote, gelbe Kuchen; es sitzen da vier reichgeputzte Damen, jedem, der kommt, geben sie Kuchen, und die Tür geht fortwährend auf; es kommen von der Straße viele Herrschaften herein. Der Kleine schleicht sich an die Tür, öffnet, tritt in die Stube. Hu! wie man ihn anschreit, ihm zuwinkt, daß er fortgehen soll. Eine der Damen tritt schnell an ihn heran, steckt ihm ein Kopekchen zu und macht die Tür zur Straße auf. Wie der Kleine erschrickt! Das Kopekchen rollt auf die Straße; er kann ja, um es zu halten, seine Finger nicht biegen. Schnell läuft er fort, wohin, weiß er selbst nicht.

Und er läuft, läuft und pustet in die Hände.

Plötzlich scheint es ihm, als ob jemand von hinten an sein Röckchen greife, und da steht auf einmal ein großer, böser Bengel neben ihm, schlägt ihm auf den Kopf, reißt ihm die Mütze ab und stellt ihm ein Bein. Er fällt auf die Erde. Die Leute schreien auf. Und da erschrickt er, springt in die Höhe und läuft, läuft – wohin, weiß er selbst nicht – auf einen fremden Hof und verbirgt sich hinter dem aufgestapelten Holz.

Hier ist's dunkel, denkt er, hier findet man ihn nicht. Er kauert sich zusammen, vor Angst kann er kaum atmen. Auf einmal wird es ihm so leicht, Hände und Füße schmerzen nicht mehr, Wärme durchdringt seinen Körper, so warm fühlt er sich wie auf dem Ofen. Und jetzt wieder schauert er zusammen – er ist eingeschlafen. Wie gut es hier ist zu schlafen. Und im Traum wird es ihm, als singe über ihm seine Mutter ein Wiegenlied. Mütterchen, ich schlafe. Ach, es ist hier so gut zu schlafen.

„Komm zu mir zum Christbaum, Knabe", sagt über ihm eine sanfte Stimme. Der Kleine denkt, seine Mutter rufe ihm zu, aber nein, sie ist es nicht. Jemand beugt sich zu ihm und umschlingt ihn in der Dunkelheit. Und was für ein Licht glänzt ihm entgegen! Oh, was für ein Christbaum! Aber nein, es ist kein Christbaum. Noch nie hat er solch einen Baum gesehen. Alles glänzt, alles blitzt, und ringsherum lauter Püppchen. Aber nein, das sind Knaben und Mädchen in lichten Gewändern, sie fliegen ihm zu, küssen ihn, nehmen ihn mit sich, und er selbst fliegt . . . Seine Mutter sieht ihn an und lächelt freudig. Mutter! Mutter! Ach, wie gut ist es hier, Mutter! Und wieder küssen ihn die Kinder. „Wer seid ihr, Knaben? Und wer seid ihr, Mädchen?" fragt er lächelnd.

„Dies ist Christi Weihnachtsbaum", antworten sie ihm. „An diesem Tag hat Christus immer einen Weihnachtsbaum für die Kinder, welche auf Erden keinen Baum haben." Und der Kleine hört, daß die Knaben und Mädchen solche Kinder gewesen sind wie er selbst. Und alle sind jetzt hier, alle beim Christ, der ihnen seine Hände entgegenhält, der sie und ihre armen Mütter segnet.

F. M. Dostojewski

Unter dem Tannenbaum

Er brach einen Brocken ab und prüfte ihn genau; aber er fand alles, was ihn als Knabe daran entzückt hatte; die Masse war glashart, die eingerollten Stückchen Zucker wohlzergangen und kandiert. „Was für gute Geister aus diesem Kuchen steigen", sagte er, sich in seinen Arbeitsstuhl zurücklehnend, „ich sehe plötzlich, wie es daheim in dem alten steinernen Hause Weihnacht wird."

Die Messingtürklinken sind womöglich noch blanker als sonst; die große gläserne Flurlampe leuchtet heute noch heller auf die Stuckschnörkel an den sauber geweißten Wänden; ein Kinderstrom um den andern, singend und bettelnd, drängt durch die Haustür; vom Keller herauf aus der geräumigen Küche zieht der Duft des Gebäcks in ihre Nasen, das dort in dem großen kupfernen Kessel über dem Feuer prasselt. – Ich sehe alles; ich sehe Vater und Mutter – Gott sei gedankt, sie leben beide! Aber die Zeit, in die ich hinabblicke, liegt in so tiefer Ferne der Vergangenheit! – Ich bin ein Knabe noch! – Die Zimmer zu beiden Seiten des Flurs sind erleuchtet; rechts ist die Weihnachtsstube. Während ich vor der Tür stehe, horchend, wie es drinnen in dem Knittergold und in den Tannenzweigen rauscht, kommt von der Hoftreppe herauf der Kutscher, eine Stange mit einem Wachslichtendchen in der Hand. – ‚Schon anzünden, Thomas?' Er schüttelt schmunzelnd den Kopf und verschwindet in die Weihnachtsstube. – Aber wo bleibt denn Onkel Erich? – Da kommt es draußen die Treppe hinauf; die Haustür wird aufgerissen. Nein, es ist nur sein Lehrling, der die lange Pfeife des ‚Herrn Ratsverwandters' bringt; ihm nach quillt ein neuer Strom von Kindern; zehn kleine Kehlen auf einmal stimmen an: ‚Vom Himmel hoch, da komm ich her!' Und schon ist meine Großmutter mitten zwischen ihnen, die alte, geschäftige Frau, den Speisekammerschlüssel am kleinen Finger, einen Teller voll Gebäcks in der Hand. Wie blitzschnell das verschwindet! Auch ich erwische mein Teil davon, und eben kommt meine Schwester mit dem Kindermädchen, festlich gekleidet, die langen Zöpfe frisch geflochten. Ich aber halte mich nicht auf; ich springe drei Stufen auf einmal die Treppe nach dem Hof hinab . . .

Drüben in dem Seitengebäude ist das Arbeitszimmer meines Vaters. Auf die Vordiele dort fällt heute kein Lichtschein aus dem Türfenster der Schreiberstube; der alte Tausendkünstler ist von meiner Mutter drinnen bei den Weihnachtsgeheimnissen angestellt. Aber ich tappe mich im Dunkeln vorwärts; denn gegenüber in seinem Zimmer höre ich die Schritte meines Vaters. Er arbeitet schon nicht mehr. Ich öffne leise die Tür; wie deutlich sehe ich ihn vor mir, ihn selbst und das große, verräucherte Gemach, in dem der harte Schlag der alten Wanduhr tickt! Mit einer feierlichen Unruhe geht er zwischen den mit Papieren bedeckten Tischen umher, in der einen

Hand den Messingleuchter mit der brennenden Kerze, die andere
vorgestreckt, als solle jetzt alles Störende ferngehalten werden. Er
öffnet die Schublade seines kleinen Stehpults und nimmt die große
goldene Tabatiere aus der Fischhautkapsel, einst ein Geschenk der
Urgroßmutter an ihren Bräutigam, dann nach des Urgroßvaters
Tode eine Ehren- und Vertrauensgabe an ihn. Aber er ist noch nicht
fertig, aus dem Geldkörbchen werden blanke Silbermünzen für die
Dienstboten hervorgesucht, eine Goldmünze für den Schreiber. ,Ist
Onkel Erich schon da?' fragt er, ohne sich nach mir umzusehen. –
,Noch nicht, Vater! Darf ich ihn holen?' – ,Das könntest du ja tun.'

Und fort renne ich durch das Wohnhaus auf die Straße, um die Ecke
am Hafen entlang, und während ich drunten aus der Dämmerung
das Pfeifen des Windes in den Tauen der Schiffe höre, habe ich das
alte Giebelhaus mit dem Vorbau erreicht. Die Tür wird aufgerissen,
daß die Klingel weithin durch Flur und Pesel schallt. – Vor dem
Ladentisch steht der alte Kommis, der das Detailgeschäft leitet. Er
sieht mich etwas grämlich an. ,Der Herr ist in seinem Kontor', sagt
er trocken; er liebt die wilde, naseweise Range nicht.

Aber, was geht's mich an. – Fort schlüpf' ich hinten zur Hoftür
hinaus, über zwei kleine finstere Höfe, dann in ein uraltes seltsames
Nebengebäude, in welchem sich das Allerheiligste des Onkels befin-
det. Ohne Unfall komme ich durch den engen dunklen Gang und
klopfe an eine Tür. – ,Herein!' Da sitzt der kleine Herr in dem
feinen braunen Tuchrock an seinem mächtigen Arbeitspult; der
Schein der Kontorlampe fällt auf seine freundlichen kleinen Augen
und auf die mächtige Familiennase, die über den frischgestärkten
Vatermörder hinausragt. – ,Onkel, ob du nicht kommen wolltest?'
sage ich, nachdem ich Atem geschöpft habe. ,Wollen wir uns noch
einen Augenblick setzen!' erwidert er, indem seine Feder summie-
rend über das Folium des aufgeschlagenen Hauptbuchs hinabgleitet.
– Mir wird ganz behaglich zu Sinne, ich werde nicht ein bißchen
ungeduldig; aber ich setze mich auch nicht, ich bleibe stehen und
besehe mir die England- und Westindienfahrer des Onkels, deren
Bilder an der Wand hängen. Es dauert auch nicht lange, so wird das
Hauptbuch herzhaft zugeklappt, der Schlüsselbund rasselt, und:
,Sieh so', sagt der Onkel, ,fertig wären wir!' Während er sein spani-
sches Rohr aus der Ecke langt, will ich schon wieder aus der Tür;
aber er hält mich zurück. ,Ah, wart doch mal ein wenig! Wir hätten
hier wohl noch so etwas mitzunehmen.' Und aus einer dunklen Ecke
des Zimmers holt er zwei wohlversiegelte, geheimnisvolle Päckchen.
– Ich wußte es wohl, in solchen Päckchen steckte ein Stück leibhafti-
gen Weihnachtens; denn der Onkel hatte einen Bruder in Hamburg,
und er trat nicht mit leeren Händen an den Tannenbaum. So nie
gesehenes, märchenhaftes Zuckerzeug, wie er mitten in der Besche-

rung noch mir und meiner Schwester auf unsere Weihnachtsteller zu legen pflegte, ist mir später niemals wieder vorgekommen.

Bald darauf steige ich an der Hand des Onkels die breite Steintreppe zu unserm Hause hinauf. Ein paar Augenblicke verschwindet er mit seinen Päckchen in die Weihnachtsstube; es ist noch nicht angezündet, aber durch die halbgeöffnete und rasch wieder geschlossene Tür glitzert es mir entgegen aus der noch drinnen herrschenden ahnungsvollen Dämmerung. Ich schließe die Augen, denn ich will nichts sehen, und trete in das gegenüberliegende, festlich erleuchtete Zimmer, das ganz von dem Duft der braunen Kuchen und des heute besonders fein gemischten Tees erfüllt ist. Die Hände auf dem Rücken, mit langsamen Schritten geht mein Vater auf und nieder. ‚Nun, seid ihr da?' fragt er stehenbleibend. – Und schon ist auch Onkel Erich bei uns; mir scheint, die Stube wird noch einmal so hell, da er eintritt. Er grüßt die Großmutter, den Vater; er nimmt meiner Schwester die Tasse ab, die sie ihm auf dem gelblackierten Brettchen präsentiert. ‚Was meinst du', sagt er, indem er seinen Augen einen bedenklichen Ausdruck zu geben sucht, ‚es wird wohl heute nicht viel für uns abfallen!' Aber er lacht dabei so tröstlich, daß diese Worte wie eine goldene Verheißung klingen. Dann, während in dem blanken Messingkomfort der Teekessel saust, beginnt er eine seiner kleinen Erzählungen von den Begebenheiten der letzten Tage, seit man sich nicht gesehen. War es nun der Ankauf eines neuen Spazierstocks oder das unglückliche Zerbrechen einer Mundtasse, es floß alles so sanft dahin, daß man ganz davon erquickt wurde. Und wenn er gar eine Pause machte, um das bisher Erzählte im behaglichsten Gelächter nachzugenießen, wer hätte da nicht mitgelacht! Mein Vater nimmt vergeblich seine kritische Prise; er muß endlich doch mit einstimmen. Dies harmlose Geplauder – es ist mir das erst später klar geworden – war die Art, wie der tätige Geschäftsmann von der Tagesarbeit ausruhte. Es klingt mir noch lieb in der Erinnerung, und mir ist, als verstünde das jetzt niemand mehr. – Aber während der Onkel so erzählt, steckt plötzlich meine Mutter, die seit Mittag unsichtbar gewesen ist, den Kopf ins Zimmer. Der Onkel macht ein Kompliment und bricht seine Geschichte ab; die Tür und die gegenüberliegende Tür werden weit geöffnet. Wir treten zögernd ein; und vor uns, zurückgestrahlt von dem großen Wandspiegel, steht der brennende Baum mit seinen Flittergoldfähnchen, seinen weißen Netzen und goldenen Eiern, die wie Kinderträume in den dunklen Zweigen hängen. *Theodor Storm*

Der Schatz des Kindes

Und man sagt dir, die Gesichter in dieser Nacht seien anders als sonst. Denn sie erwarten ein Wunder. Und du siehst, wie die Alten alle ihren Atem anhalten und gebannt auf die Augen der Kinder schauen und sich auf großes Herzklopfen gefaßt machen. Denn in den Augen dieser Kinder wird etwas Unfaßbares geschehen, das nicht mit Gold aufzuwiegen ist. Das ganze Jahr hindurch hast du es aufgebaut: durch die Erwartung und durch Versprechen und vor allem durch deine wissenden Mienen und deine geheimen Anspielungen und die Unermeßlichkeit deiner Liebe. Und dann wirst du irgendein unscheinbares Spielzeug aus gefirnißtem Holz vom Baume nehmen und es dem Kinde reichen, wie es der Überlieferung deiner Bräuche entspricht. Und das ist der Augenblick. Und keiner wagt mehr zu atmen. Und das Kind klappt mit den Lidern, denn man hat es frisch aus dem Schlafe geholt. Und nun sitzt es auf deinen Knien mit dem frischen Geruch des Kindes, das man eben aus dem Schlafe geholt hat, und wenn es dir um den Hals fällt, bereitet es dir einen Brunnen fürs Herz, nach dessen Wasser dich dürstet. (Und das ist der große Kummer der Kinder, daß man ihnen einen Quell ausraubt, der in ihnen ist und den sie selbst nicht kennen und zu dem alle trinken kommen, die im Herzen gealtert sind, um wieder jung zu werden.) Aber es ist jetzt nicht die Zeit für Küsse. Und das Kind blickt auf den Baum und du blickst auf das Kind. Denn wie eine seltene Blume, die einmal im Jahre unter dem Schnee hervorsprießt, gilt es, sein verwundertes Staunen zu pflücken.

Und sieh, da macht dich eine gewisse Farbe der Augen ganz glücklich. Sie werden dunkel, und plötzlich, sobald das Geschenk es berührt hat, umschlingt das Kind seinen Schatz, um innen sein Licht zu empfangen, so wie die Seeanemonen das tun. Und es würde fliehen, wenn du es fliehen ließest. Und du kannst nicht mehr hoffen, es einzuholen. Sprich nicht zu ihm, es hört dich nicht mehr. Sage mir nur nicht, diese kaum veränderte Farbe sei ohne Gewicht. Denn selbst wenn sie für dein Jahr und den Schweiß deiner Arbeit und das Bein, das du im Kriege verloren hast, und deine durchgegrübelten Nächte und die Kränkungen und Leiden, die du erduldest, der einzige Lohn wäre – sie würde dich doch jetzt entschädigen und dich mit Staunen erfüllen.   *Antoine de Saint-Exupéry*

Weihnachten

Markt und Straßen stehn verlassen,
Still erleuchtet jedes Haus,
Sinnend geh' ich durch die Gassen,
Alles sieht so festlich aus.

An den Fenstern haben Frauen
Buntes Spielzeug fromm geschmückt,
Tausend Kindlein stehn und schauen,
Sind so wunderstill beglückt.

Und ich wandre aus den Mauern
Bis hinaus ins freie Feld,
Hehres Glänzen, heil'ges Schauern!
Wie so weit und still die Welt!

Sterne hoch die Kreise schlingen,
Aus des Schnees Einsamkeit
Steigt's wie wunderbares Singen –
O du gnadenreiche Zeit!

Joseph von Eichendorff

Die Heilige Nacht

ie langen Adventnächte waren bei uns immer sehr kurz. Bald nach zwei Uhr begann es im Hause unruhig zu werden. Oben auf dem Dachboden hörte man die Knechte, wie sie sich ankleideten und umhergingen, und in der Küche brachen die Mägde Späne ab und schürten am Herde. Dann gingen sie alle auf die Tenne zum Dreschen.

Auch die Mutter war aufgestanden und hatte in der Stube Licht gemacht; bald darauf erhob sich der Vater, und sie zogen Kleider an, die nicht ganz für den Werktag und auch nicht ganz für den Feiertag waren. Dann sprach die Mutter zur Ahne, die im Bett lag, einige Worte, und wenn ich, erweckt durch die Unruhe, auch irgendeine Bemerkung tat, so gab sie mir bloß zur Antwort: „Sei du nur schön still und schlaf!" – Dann zündeten meine Eltern eine Laterne an, löschten das Licht in der Stube aus und gingen aus dem Hause. Ich hörte noch die äußere Tür gehen, und ich sah an den Fenstern den Lichtschimmer vorüberflimmern, und ich hörte das Ächzen der Tritte im Schnee, und ich hörte auch das Rasseln des Kettenhundes. – Dann wurde es wieder ruhig, nur das dumpfe, gleichmäßige Pochen der Drescher war zu vernehmen, und ich schlief wieder ein.

Der Vater und die Mutter gingen in die fast drei Stunden entfernte Pfarrkirche zur Rorate. Ich träumte ihnen nach.

Je mehr wir dem Feste nahten, um so unruhiger wurde es im Haus. Die Knechte trieben das Vieh aus dem Stall und gaben frische Streu hinein und stellten die Barren und Krippen zurecht; der Halterbub striegelte die Ochsen, daß sie ein glattes Aussehen bekamen; der Futterbub mischte mehr Heu in das Stroh als gewöhnlich und bereitete davon einen ganzen Stoß in der Futterkammer. Die Kuhmagd tat das gleiche. Das Dreschen hatte schon einige Tage früher aufgehört, weil man durch den Lärm die nahen Feiertage zu entheiligen geglaubt hätte.

Im ganzen Haus wurde gewaschen und gescheuert, selbst in die Stube kamen die Mägde mit ihren Wasserkübeln und Strohwischen und Besen hinein. Ich freute mich immer sehr auf dieses Waschen, weil ich es gern hatte, wie alles drunter und drüber gekehrt wurde, und weil die Glasbilder im Tischwinkel, die braune Schwarzwälderuhr mit ihrer Metallschelle und andere Dinge, die ich sonst immer nur von der Höhe zu sehen bekam, herabgenommen und mir näher gebracht wurden, so daß ich alles viel genauer und von verschiedenen Seiten betrachten konnte. Endlich nahm das Waschen und Scheuern und Glätten ein Ende, im Haus wurde es ruhiger, fast still, und der Heilige Abend war da. Das Mittagmahl am Heiligen Abend wurde nicht in der Stube eingenommen, sondern in der Küche, wo man sich um das Nudelbrett herumsetzte und das einfache Fastengericht still, aber mit gehobener Stimmung verzehrte.

Der Tisch in der Stube war mit einem schneeweißen Tuch bedeckt, und vor dem Tisch stand mein Schemel, auf welchen sich zum Abend, als die Dämmerung einbrach, die Ahne hinkniete und still betete.

Mägde gingen leise durch das Haus und bereiteten ihre Festtagskleider vor, und die Mutter tat in einen großen Topf Fleischstücke, goß Wasser dazu und stellte sie zum Herdfeuer. Ich schlich in der Stube auf den Zehenspitzen herum und hörte nichts als das lustige Prasseln des Feuers in der Küche. Ich blickte auf meine Sonntagshöschen und auf das Jöpperl und auf das schwarze Filzhütlein, das schon an einem Nagel an der Wand hing, und dann blickte ich durch  das Fenster in die hereinbrechende Dunkelheit hinaus. Wenn kein ungestümes Wetter eintrat, so durfte ich in der Nacht mit dem Großknecht in die Kirche gehen. Und das Wetter war ruhig, und es würde auch, wie der Vater sagte, nicht allzu kalt werden, weil auf den Bergen Nebel lag.

Unmittelbar vor dem „Rauchengehen“, in welchem Haus und Hof nach alter Sitte mit Weihwasser und Weihrauch besegnet werden, hatten der Vater und die Mutter einen kleinen Streit. Die Mooswaberl war dagewesen, hatte glückselige Feiertage gewünscht, und die Mutter hatte ihr für den Festtag ein Stück Fleisch geschenkt. Darüber war der Vater etwas ungehalten; er war sonst ein Freund der Armen und gab ihnen nicht selten mehr, als unsere Verhältnisse erlauben wollten, aber der Mooswaberl sollte man seiner Meinung nach kein Almosen reichen. Die Mooswaberl war ein Weib, welches gar nicht in die Gegend gehörte, welches unbefugt in den Wäldern umherstrich, Moos und Wurzeln sammelte, in halbverfallenen Köhlerhütten Feuer machte und schlief. Daneben zog sie bettelnd zu den Bauernhöfen, wollte Moos verkaufen, und da sie keine Geschäfte machte, weinte sie und verfluchte das Leben. Kinder, die sie ansah, fürchteten sich entsetzlich vor ihr, und viele wurden gar krank; Kühen tat sie an, daß sie rote Milch gaben.

Wer ihr eine Wohltat erwies, den verfolgte sie einige Minuten und sagte ihm: „Tausend und tausend Vergeltsgott bis in den Himmel hinauf.“

Wer sie aber verspottete oder sonst auf irgendeine Art beleidigte, zu dem sagte sie: „Ich bete dich hinab in die unterste Hölle!“

Die Mooswaberl kam oft zu unserem Haus und saß gern vor demselben auf dem grünen Rasen oder auf dem Querbrett des Zaunstiegels (Überstieg über den Zaun), trotz des heftigen Bellens und Rasselns unseres Kettenhundes, der sich gegen dieses Weib besonders unbändig zeigte. Aber die Mooswaberl saß so lange vor dem Haus, bis die Mutter ihr eine Schale Milch oder ein Stück Brot oder beides hinaustrug. Meine Mutter hatte es gern, wenn das Weib sie durch ein tausendfaches Vergeltsgott bis in den Himmel hinaufwünschte. Als man draußen im Dorf vor Jahren das Schulhaus gebaut hatte, war dieses Weib mit ihrem Mann in die Gegend gekommen und hatte dabei geholfen, bis einst der Mann bei einer Steinsprengung getötet wurde. Seit dieser Zeit arbeitete sie nicht mehr, und sie zog auch nicht fort, sondern trieb sich umher, ohne daß man wußte, was sie tat und was sie wollte. Zum Arbeiten war sie nicht mehr zu bringen; sie schien geisteskrank zu sein.

Der Richter hatte die Mooswaberl schon mehrmals aus der Gemeinde gewiesen, aber sie war immer wieder zurückgekommen. „Sie würde nicht mehr zurückgekommen sein", sagte mein Vater, „wenn sie in dieser Gegend nichts gebettelt bekäme. So wird sie hier verbleiben, und wenn sie alt und krank ist, müssen wir sie auch hegen und pflegen; das ist ein Kreuz, welches wir uns selbst an den Hals gebunden haben."

Die Mutter sagte nichts zu solchen Worten, sondern sie gab der Mooswaberl, wenn sie kam, immer das gewohnte Almosen, und heute etwas mehr, zu Ehren des hohen Festes.

Darum also war der kleine Streit zwischen Vater und Mutter, der aber alsogleich verstummte, als zwei Knechte mit dem Rauch- und Weihwassergefäß in das Haus kamen.

Nach dem Rauchen stellte der Vater ein Kerzenlicht auf den Tisch, Späne durften heute nur in der Küche gebrannt werden. Das Nachtmahl wurde schon wieder in der Stube eingenommen. Der Großknecht erzählte während desselben wundersame Geschichten.

Nach dem Abendmahl sang die Mutter ein Hirtenlied. So wonnevoll ich sonst diesen Liedern lauschte, heute dachte ich immer nur an den Kirchgang, und ich wollte durchaus schon den Sonntagsstaat anziehen. Man sagte, es sei noch später Zeit dazu, aber endlich gab die Ahne meinem Drängen doch nach und zog mich an. Der Stallknecht kleidete sich sehr sorgsam in seinen Festtagsanzug, weil er nach dem Mitternachtsgottesdienst nicht nach Hause gehen, sondern im Dorf den Morgen abwarten wollte. Gegen neun Uhr waren auch die anderen Knechte und Mägde bereit und zündeten am Kerzenlicht eine Spanlunte an. Ich hielt mich an den Großknecht, und meine Eltern und meine Großmutter, welche daheim blieben, um das Haus zu hüten, besprengten mich mit Weihwasser und sagten, daß ich nicht fallen und nicht erfrieren möge.

Dann gingen wir.

Es war sehr finster, und die Lunte, welche der Stallknecht vorantrug, warf ihr rotes Licht in einer großen Scheibe auf den Schnee und auf den Zaun und auf die Steinhaufen und Bäume, an denen wir vorüberkamen. Mir kam dieses rote Leuchten, das zudem noch durch die großen Schatten unserer Körper unterbrochen war,

grauenhaft vor, und ich hielt mich sehr ängstlich an den Großknecht, so daß dieser einmal sagte: „Aber hörst, meine Joppe mußt
du mir lassen, was tät ich denn, wenn du mir sie abrissest?"

Der Pfad war eine Zeitlang sehr schmal, so daß wir hintereinander
gehen mußten, wobei ich nur froh war, daß ich nicht der letzte war,
denn ich bildete mir ein, daß dieser unendlichen Gefahren wegen
der Gespenster ausgesetzt sein müsse.

Eine schneidende Luft ging, und die glimmenden Splitter der Lunte
flogen weithin, und selbst als sie auf die harte Schneekruste fielen,
glommen sie noch eine Weile fort.

Endlich kamen wir zu einer breiten Straße, wo wir nebeneinander
gehen konnten und wo wir dann und wann ein Schlittengeschelle
hörten. Dem Stallknecht war die Lunte bereits bis zu der Hand
herabgebrannt, und er zündete nun eine neue an, die er vorrätig
hatte. Auf der Straße sah man nun auch mehrere andere Lichter,
große rote Fackeln, die heranloderten, als schwämmen sie in der
schwarzen Luft, und hinter denen nach und nach mehrere Gesichter
auftauchten, von Kirchengehern, die sich nun auch zu uns gesellten.

Als wir eine lange Weile auf der Straße fortgegangen waren, hörte
ich auf den Baumwipfeln plötzlich ein leises Klingen. Als ich hor-
chen wollte, hörte ich es nicht, aber bald darauf hörte ich es wieder
und deutlicher als das erstemal. Es war der Ton des kleinen Glöck-
leins vom Turm der Kirche. Die Lichter, die wir nun auf den Bergen
und im Tal sahen, wurden immer häufiger, und nun merkten wir es
auch, daß sie alle der Kirche zueilten. Auch die kleinen, ruhigen
Sterne der Laternen schwebten heran, und auf der Straße wurde es
immer lebhafter. Das kleine Glöcklein wurde durch ein größeres
abgelöst. An der Kirche steckten die Leute die Lunten umgekehrt in
den Schnee, daß sie erloschen, nur eine wurde zwischen zwei Steine
der Friedhofsmauer geklemmt und brennen gelassen.

Jetzt klang auf dem Turm in langsamem, gleichmäßigem Wiegen
schon die große Glocke. Aus den schmalen, hohen Kirchenfenstern
fiel heller Schein. Ich wollte in die Kirche, aber der Großknecht
sagte, es habe noch Zeit, und blieb stehen und sprach und lachte mit
anderen Burschen und stopfte sich eine Pfeife an. Endlich klangen
alle Glocken zusammen, in der Kirche begann die Orgel zu tönen,
und nun gingen wir hinein.

Das sah ganz anders aus als an den Sonntagen. Die Lichter, die auf
dem Altar brannten, waren hellweiße, funkelnde Sterne, und der
vergoldete Tabernakel strahlte gar herrlich zurück. Die Ampel des
Ewigen Lichtes war rot. Der obere Raum der Kirche war so dunkel,
daß man die schönen Verzierungen des Schiffes nicht sehen konnte.
Die dunklen Gestalten der Menschen saßen in den Stühlen oder
standen daneben; die Weiber waren sehr in Tücher eingeschlagen
und husteten. Viele hatten Kerzen vor sich brennen und sangen aus

ihren Büchern mit, als auf dem Chor das Tedeum ertönte. Der Großknecht führte mich durch die zwei Reihen der Stühle gegen einen Nebenaltar, wo schon mehrere Leute standen. Dort hob er mich auf einen Schemel zu einem Glaskasten empor, der, von zwei Kerzen beleuchtet, zwischen zwei aufgesteckten Tannenwipfeln stand und den ich früher, wenn ich mit den Eltern in die Kirche kam, nie gesehen hatte. Als mich der Großknecht auf den Schemel gehoben hatte, sagte er mir leise ins Ohr: „So, jetzt kannst das Krippel anschauen." Dann ließ er mich stehen, und ich schaute durch das Glas. Da kam ein Weiblein zu mir und sagte leise: „Ja, Kind, wenn du das anschauen willst, so muß dir's auch jemand auslegen." Und sie erklärte mir die kleinen Gestalten.

Außer der Mutter Maria, welche über den Kopf ein blaues Tuch geschlagen hatte, das bis zu den Füßen hinabging, waren alle Gestalten, welche Menschen vorstellen sollten, so gekleidet wie unsere Knechte oder wie ältere Bauern. Der heilige Joseph selbst trug grüne Strümpfe und eine kurze Gamslederhose.

Als das Tedeum zu Ende war, kam der Großknecht wieder, hob mich von dem Schemel, und wir setzten uns in einen Stuhl. Dann ging der Kirchenmann herum und zündete alle Kerzen an, die in der Kirche waren, und jeder Mensch, auch der Großknecht, zog nun ein Kerzlein aus dem Sack und zündete es an und klebte es vor sich auf das Pult. Jetzt war es so hell in der Kirche, daß man auch die vielen schönen Verzierungen an der Decke genau sehen konnte.

Auf dem Chor stimmte man Geigen und Trompeten und Pauken, und als an der Sakristeitür das Glöcklein klang und der Pfarrer in funkelndem Meßkleid, begleitet von Ministranten und rotbemäntelten Windlichtträgern, über den purpurroten Fußteppich zum Altare ging, da rauschte die Orgel in ihrem ganzen Vollklang, da wirbelten die Pauken und schmetterten die Trompeten.

Weihrauch stieg auf und hüllte den ganzen lichterstrahlenden Hochaltar in einen Schleier. – So begann das Hochamt, und so strahlte und tönte und klang es um Mitternacht. Beim Offertorium waren alle Instrumente still, nur zwei helle Stimmen sangen ein liebliches Hirtenlied, und während des Benediktus jodelten eine Klarinette und zwei Flügelhörner langsam und leise den Wiegengesang. Während des Evangeliums und der Wandlung hörte man auf dem Chor den Kuckuck und die Nachtigall wie mitten im sonnigen Frühling. Als endlich das Amt seinem Ende nahte, erloschen nach und nach die Kerzlein in den Stühlen, und der Kirchenmann ging wieder herum und dämpfte mit seinem Blechkäppchen an den Wänden und Bildern und Altären die Lichter aus. Die am Hochaltar brannten noch, als auf dem Chor der letzte freudenreiche Festmarsch erscholl und sich die Leute aus der weihrauchduftenden Kirche drängten.

143

Als wir in das Freie kamen, war es trotz des dichten Nebels, der sich von den Bergen niedergesenkt hatte, nicht mehr ganz so finster wie vor Mitternacht. Es mußte der Mond aufgegangen sein; man zündete keine Fackeln mehr an. Es schlug ein Uhr, aber der Schulmeister läutete schon die Betglocke zum Christmorgen.

Ich warf noch einen Blick auf die Kirchenfenster; aller Festglanz war erloschen, ich sah nur mehr den matten, rötlichen Schimmer des Ewigen Lichtes.

Als ich mich dann wieder an den Rock des Großknechtes halten wollte, war der Knecht nicht mehr da, einige fremde Leute waren um mich, die miteinander sprachen und sich sofort auf den Heimweg machten. Mein Begleiter mußte schon voraus sein; ich eilte ihm nach, lief schnell und an mehreren Leuten vorüber, auf daß ich ihn bald einhole. Ich lief, so sehr es meine kleinen Füße konnten, ich kam durch den finsteren Wald, und ich kam über Felder, über welche scharfer Wind blies, so daß ich, wie warm mir sonst war, von Nase und Ohren fast nichts mehr fühlte. Ich kam an Häusern und Baumgruppen vorüber, die Leute, die früher noch auf der Straße gegangen waren, verloren sich rasch nach und nach, und ich war allein, und den Großknecht hatte ich noch immer nicht erreicht. Ich dachte, daß er auch hinter mir sein könne, doch ich beschloß, geradewegs nach Hause zu eilen. Auf der Straße lagen hie und da schwarze Punkte: die Kohlen der Spanfackeln, welche die Leute auf dem Kirchweg abgeschüttelt hatten. Die Gesträuche und Bäumchen, die neben dem Weg standen und unheimlich aus dem Nebel emportauchten, beschloß ich gar nicht anzusehen, ich fürchtete mich davor. Besonders in Angst war ich, sooft ein Pfad quer über die Straße ging, weil das ein Kreuzweg war, an dem in der Christnacht gern der Böse steht und klingende Schätze bei sich hat, um arme Menschenkinder dadurch mit sich zu locken. Der Stallknecht hatte zwar gesagt, er glaube nicht daran, aber geben mußte es denn doch dergleichen Dinge, sonst könnten die Leute nicht soviel davon sprechen. – Ich war aufgeregt, ich wendete meine Augen nach allen Seiten, ob nicht irgendwo ein Gespenst auf mich zukomme. Endlich nahm ich mir vor, gar nicht mehr an solches Zeug zu denken, aber je fester ich das beschloß, desto mehr dachte ich daran.

Nun war ich zum Pfad gekommen, der mich von der Straße abwärts durch den Wald und in das Tal führen sollte. Ich bog ab und eilte unter den langästigen Bäumen dahin. Die Wipfel rauschten stark, und dann und wann fiel ein Schneeklumpen neben mir nieder. Stellenweise war es auch so finster, daß ich kaum die Stämme sah, wenn ich nicht daran stieß, und daß ich den Pfad verlor. Anfangs war der Boden hübsch glatt; aber allmählich begann er steil und steiler zu werden, und unter dem Schnee war viel Gestrüpp und hohes Heidekraut. Die Baumstämme standen nicht mehr so regel-

mäßig, sondern zerstreut, manche schief hängend, manche mit auf-
gerissenen Wurzeln an anderen lehnend, manche mit wild und wirr
aufragenden Ästen am Boden liegend. Das hatte ich nicht gesehen,
als wir aufwärts gingen. Ich konnte oft kaum weiter, ich mußte mich
durch das Gesträuch und Geäst durchschwingen. Oft brach der
Schnee ein, das steife Heidekraut reichte mir bis zur Brust.
Schneeschollen fielen mir in das Rocksäcklein, Schnee legte sich an
die Höschen und Strümpfe, und das Wasser rann mir in die Schuhe
hinab. Zuerst war ich durch das Klettern über das Gefälle und das
Kriechen im Gesträuch müde geworden, aber nun war auch die
Müdigkeit verschwunden; ich achtete nicht den Schnee, und ich
achtete nicht das Heidekraut und Gesträuch, das mir oft rauh über
das Gesicht fuhr, sondern ich eilte weiter. Oft fiel ich zu Boden, aber
ich raffte mich schnell auf. Auch alle Gespensterfurcht war weg; ich
dachte an nichts als an das Tal und an unser Haus. Ich wußte nicht,
wie lange ich mich so durch die Wildnis fortwand, aber ich fühlte
mich kräftig und behendig, die Angst trieb mich vorwärts.
Plötzlich stand ich vor einem Abgrund. In dem Abgrund lag grauer
Nebel, aus welchem einzelne Baumwipfel emportauchten. Um mich
hatte sich der Wald gelichtet, über mir war es heiter, und am
Himmel stand der Halbmond. Mir gegenüber und weiter im Hintergrund waren nichts als seltsame, kegelförmige Berge.
Unten in der Tiefe mußte das Tal mit der Mühle sein; mir war, als
hörte ich das Tosen des Baches, aber es war das Rauschen des
Windes in den jenseitigen Wäldern. Ich ging rechts und links und
suchte einen Fußsteig, der mich abwärts führte, und ich fand eine
Stelle, an welcher ich mich durch Geröll, welches vom Schnee
befreit dalag, und durch Wacholdergesträuche hinabzulassen versuchte. Das gelang mir auch eine Strecke, doch noch zur rechten
Zeit hielt ich mich an eine Wurzel, fast wäre ich über eine senkrech-
te Wand gestürzt. Nun konnte ich nicht mehr vorwärts. Ich ließ mich
aus Mattigkeit zu Boden. In der Tiefe lag der Nebel mit den schwarzen Baumwipfeln. Außer dem Rauschen des Windes in den Wäl-
dern hörte ich nichts. Ich wußte nicht, wo ich war. – Wenn jetzt ein
Reh käme, ich würde es fragen nach dem Weg, vielleicht könnte es
ihn mir weisen, in der Christnacht reden ja Tiere menschliche
Sprache!
Ich erhob mich, um wieder aufwärts zu klettern; ich machte das
Geröll locker und kam nicht vorwärts. Mich schmerzten Hände und
Füße. Nun stand ich still und rief, so laut ich konnte, nach dem
Großknecht. Meine Stimme fiel von den Wäldern und Wänden
langgezogen und undeutlich zurück.
Dann hörte ich wieder nichts als das Rauschen des Windes.
Der Frost schnitt mir in die Glieder.
Nochmals rief ich mit aller Macht den Namen des Großknechtes.

Wieder nichts als der langgezogene Widerhall. Nun überkam mich eine fürchterliche Angst. Ich rief schnell hintereinander meine Eltern, meine Ahne, alle Knechte und Mägde unseres Hauses. Es war vergebens.

Nun begann ich kläglich zu weinen.

Bebend stand ich da, und mein Körper warf einen langen Schatten schräg abwärts über das nackte Gestein. Ich ging an der Wand hin und her, um mich etwas zu erwärmen, ich betete laut zum heiligen Christkind, daß es mich erlöse.

Der Mond stand hoch am dunklen Himmel.

Ich konnte nicht mehr weinen und beten, ich konnte mich auch kaum mehr bewegen, ich kauerte mich zitternd an einen Stein und dachte: Nun will ich schlafen, das ist alles nur ein Traum, und wenn ich erwache, bin ich daheim oder im Himmel.

Da hörte ich plötzlich ein Knistern über mir im Wacholdergesträuch, und bald darauf fühlte ich, wie mich etwas berührte und emporhob. Ich wollte schreien, aber ich konnte nicht, die Stimme war wie eingefroren. Aus Furcht und Angst hielt ich die Augen fest geschlossen. Auch Hände und Füße waren mir wie gelähmt, ich konnte sie nicht bewegen. Mir war warm, und mir kam vor, als ob sich das ganze Gebirge mit mir wiegte. –

Als ich zu mir kam und erwachte, war noch Nacht, aber ich stand an der Tür meines Vaterhauses, und der Kettenhund bellte heftig. Eine Gestalt hatte mich auf den festgetretenen Schnee gleiten lassen, pochte dann mit dem Ellbogen gewaltig an die Tür und eilte davon. Ich hatte diese Gestalt erkannt – es war die Mooswaberl gewesen.

Die Tür ging auf, und die Ahne stürzte mit den Worten auf mich zu: „Jesus Christus, da ist er ja!"

Sie trug mich in die warme Stube, aber von dieser schnell wieder zurück in das Vorhaus; dort setzte sie mich auf einen Trog, eilte dann hinaus vor die Tür und machte durchdringliche Pfiffe.

Sie war ganz allein zu Hause. Als der Großknecht von der Kirche zurückgekommen war und mich daheim nicht gefunden hatte, und als auch die anderen Leute kamen und ich bei keinem war, gingen sie alle hinab in den Wald und in das Tal und jenseits hinauf zur Straße und nach allen Richtungen. Selbst die Mutter war mitgegangen und hatte überall, wo sie ging und stand, meinen Namen gerufen.

Nachdem die Ahne glaubte, daß es mir nicht mehr schädlich sein konnte, trug sie mich wieder in die warme Stube, und als sie mir die Schuhe und Strümpfe auszog, waren diese ganz zusammen- und fast an die Füße gefroren. Hierauf eilte sie nochmals ins Freie und machte wieder ein paar Pfiffe und brachte dann in einem Kübel Schnee herein und stellte mich mit bloßen Füßen in diesen Schnee.

Als ich in dem Schnee stand, fühlte ich in den Zehen einen so heftigen Schmerz, daß ich stöhnte, aber die Ahne sagte: „Das ist schon gut, wenn du Schmerz hast, dann sind dir die Füße nicht erfroren."

Bald darauf strahlte die Morgenröte durch das Fenster, und nun kamen nach und nach die Leute nach Hause, zuletzt aber der Vater, und zuallerletzt, als schon die rote Sonnenscheibe über der Wechselalpe aufging und als die Ahne unzählige Male gepfiffen hatte, kam die Mutter. Sie ging an mein Bettlein, in welches ich gebracht worden war und an welchem der Vater saß. Sie war ganz heiser.

Sie sagte, daß ich nun schlafen sollte, und verdeckte das Fenster mit einem Tuch, auf daß mir die Sonne nicht in das Gesicht scheine. Aber der Vater meinte, ich solle noch nicht schlafen, er wolle wissen, wie ich mich von dem Knecht entfernt habe, ohne daß er es merkte, und wo ich herumgelaufen sei? Ich erzählte sofort, wie ich den Pfad verloren hatte, wie ich in die Wildnis kam, und als ich von dem Mond und von den schwarzen Wäldern und von dem Windrauschen und von dem Felsenabgrund erzählte, da sagte der Vater halblaut zu meiner Mutter: „Weib, sagen wir Gott Lob und Dank, daß er da ist, er ist auf der Trollwand gewesen!"

Nach diesen Worten gab mir die Mutter einen Kuß auf die Wangen, wie sie es nur selten tat, und dann hielt sie ihre Schürze vor das Gesicht und ging davon.

„Ja, du Donnersbub, und wie bist denn heimkommen?" fragte mich der Vater. Darauf sagte ich, daß ich das nicht wisse, daß ich nach langem Schlafen und Wiegen auf einmal vor der Haustür gewesen und daß die Mooswaberl neben mir gestanden. Der Vater fragte mich noch einmal über diesen Umstand, aber ich antwortete, daß ich nichts Genaueres darüber sagen könne.

Nun sagte der Vater, daß er in die Kirche zum Hochgottesdienst gehe, weil heute der Christtag sei, und daß ich schlafen solle.

Ich muß darauf viele Stunden geschlafen haben, denn als ich erwachte, war draußen Dämmerung, und in der Stube war es fast finster. Neben meinem Bett saß die Ahne und nickte, von der Küche herein hörte ich das Prasseln des Herdfeuers.

Später, als die Leute beim Abendmahl saßen, war auch die Mooswaberl am Tisch.

Auf dem Kirchhof, über dem Grabhügel ihres Mannes war sie während des Vormittagsgottesdienstes gekauert, da trat nach dem Hochamt mein Vater zu ihr hin und nahm sie mit in unser Haus.

Peter Rosegger

Weihnachtsabend

Die fremde Stadt durchschritt ich sorgenvoll,
Der Kinder denkend, die ich ließ zu Haus.
Weihnachten war's; durch alle Gassen schwoll
Der Kinder Jubel und des Markts Gebraus.

Und wie der Menschenstrom mich fortgespült,
Drang mir ein heiser Stimmlein in das Ohr:
„Kauft, lieber Herr!" Ein magres Händchen hielt
Feilbietend mir ein ärmlich Spielzeug vor.

Ich schrak empor, und beim Laternenschein
Sah ich ein bleiches Kinderangesicht;
Wes Alters und Geschlechts es mochte sein,
Erkannt' ich im Vorübertreiben nicht.

Nur von dem Treppenstein, darauf es saß,
Noch immer hört' ich, mühsam, wie es schien,
„Kauft, lieber Herr!" den Ruf ohn Unterlaß;
Doch hat wohl keiner ihm Gehör verliehn.

Und ich? – War's Ungeschick, war es die Scham,
Am Weg zu handeln mit dem Bettelkind?
Eh meine Hand zu meiner Börse kam,
Verscholl das Stimmlein hinter mir im Wind.

Doch als ich endlich war mit mir allein,
Erfaßte mich die Angst im Herzen so,
Als säß' mein eigen Kind auf jenem Stein
Und schrie nach Brot, indessen ich entfloh.

Theodor Storm

Das Paket des lieben Gottes

Nehmt eure Stühle und eure Teegläser mit hier hinter an den Ofen und vergeßt den Rum nicht. Es ist gut, es warm zu haben, wenn man von der Kälte erzählt. Manche Leute, vor allem eine gewisse Sorte Männer, die etwas gegen Sentimentalität haben, haben eine starke Aversion gegen Weihnachten. Aber zumindest *ein* Weihnachten in meinem Leben ist bei mir wirklich in bester Erinnerung. Das war der Weihnachtsabend 1908 in Chicago. Ich war Anfang November nach Chicago gekommen, und man sagte mir sofort, als ich mich nach der allgemeinen Lage erkundigte, es würde der härteste Winter werden, den diese ohnehin unangenehme Stadt zustande bringen könnte. Als ich fragte, wie es mit den Chancen für einen Kesselschmied stünde, sagte man mir, Kesselschmiede hätten keine Chancen, und als ich eine halbwegs mögliche Schlafstelle suchte, war alles zu teuer für mich. Und das erfuhren in diesem Winter 1908 viele in Chicago, aus allen Berufen.

Und der Wind wehte scheußlich vom Michigansee herüber durch den ganzen Dezember, und gegen Ende des Monats schlossen auch noch eine Reihe großer Fleischpackereien ihren Betrieb und warfen eine ganze Flut von Arbeitslosen auf die kalten Straßen.

Wir trabten die ganzen Tage durch sämtliche Stadtviertel und suchten verzweifelt nach etwas Arbeit und waren froh, wenn wir am Abend in einem winzigen, mit erschöpften Leuten angefüllten Lokale im Schlachthofviertel unterkommen konnten. Dort hatten wir es wenigstens warm und konnten ruhig sitzen. Und wir saßen, solange es irgend ging mit *einem* Glas Whisky, und wir sparten alles den Tag über auf für dieses eine Glas Whisky, in das noch Wärme, Lärm und Kameraden mit einbegriffen waren, all das, was es an Hoffnung für uns noch gab.

Dort saßen wir am Weihnachtsabend dieses Jahres, und das Lokal war noch überfüllter als gewöhnlich und der Whisky noch wäßriger und das Publikum noch verzweifelter. Es ist einleuchtend, daß weder das Publikum noch der Wirt in Feststimmung geraten, wenn das ganze Problem der Gäste darin besteht, mit einem Glas eine ganze Nacht auszureichen, und das ganze Problem des Wirtes, diejenigen hinauszubringen, die leere Gläser vor sich stehen hatten.

Aber gegen zehn Uhr kamen zwei, drei Burschen herein, die, der Teufel mochte wissen woher, ein paar Dollars in der Tasche hatten, und die luden, weil es doch eben Weihnachten war und Sentimentalität in der Luft lag, das ganze Publikum ein, ein paar Extragläser zu leeren. Fünf Minuten darauf war das ganze Lokal nicht wiederzuerkennen. Alle holten sich frischen Whisky (und paßten nun ungeheuer genau darauf auf, daß ganz korrekt eingeschenkt wurde), die Tische wurden zusammengerückt, und ein verfroren aussehendes Mädchen wurde gebeten, einen Cakewalk zu tanzen, wobei sämtliche Festteilnehmer mit den Händen den Takt klatschten. Aber was soll ich sagen, der Teufel mochte seine schwarze Hand im Spiel haben, es kam keine rechte Stimmung auf.

Ja, geradezu von Anfang an nahm die Veranstaltung einen direkt bösartigen Charakter an. Ich denke, es war der Zwang, sich beschenken lassen zu müssen, der alle so aufreizte. Die Spender dieser Weihnachtsstimmung wurden nicht mit freundlichen Augen betrachtet. Schon nach den ersten Gläsern des gestifteten Whiskys wurde der Plan gefaßt, eine regelrechte Weihnachtsbescherung, sozusagen ein Unternehmen größeren Stils, vorzunehmen.

Da ein Überfluß an Geschenkartikeln nicht vorhanden war, wollte man sich weniger an direkt wertvolle und mehr an solche Geschenke halten, die für die zu Beschenkenden passend waren und vielleicht sogar einen tieferen Sinn hatten.

So schenkten wir dem Wirt einen Kübel mit schmutzigem Schneewasser von draußen, wo es davon gerade genug gab, *damit er mit seinem alten Whisky noch ins neue Jahr hinein ausreichte.* Dem Kellner schenkten wir eine alte, erbrochene Konservenbüchse, *damit er wenigstens ein anständiges Servicestück hätte,* und einem zum Lokal gehörigen Mädchen ein schartiges Taschenmesser, *damit sie wenigstens die Schicht Puder vom vergangenen Jahr abkratzen könnte.*

Alle diese Geschenke wurden von den Anwesenden, vielleicht nur die Beschenkten ausgenommen, mit herausforderndem Beifall bedacht. Und dann kam der Hauptspaß.

Es war nämlich unter uns ein Mann, der mußte einen schwachen Punkt haben. Er saß jeden Abend da, und Leute, die sich auf dergleichen verstanden, glaubten mit Sicherheit behaupten zu können, daß er, so gleichgültig er sich auch geben mochte, eine gewisse, unüberwindliche Scheu vor allem, was mit der Polizei zusammenhing, haben mußte. Aber jeder Mensch konnte sehen, daß er in keiner guten Haut steckte.

Für diesen Mann dachten wir uns etwas ganz Besonderes aus. Aus einem alten Adreßbuch rissen wir mit Erlaubnis des Wirtes drei Seiten aus, auf denen lauter Polizeiwachen standen, schlugen sie sorgfältig in eine Zeitung und überreichten das Paket unserm Mann. Es trat eine große Stille ein, als wir es überreichten. Der Mann nahm das Paket zögernd in die Hand und sah uns mit einem etwas kalkigen Lächeln von unten herauf an. Ich merkte, wie er mit den Fingern das Paket anfühlte, um schon vor dem Öffnen festzustellen, was darin sein könnte. Aber dann machte er es rasch auf.

Und nun geschah etwas sehr Merkwürdiges. Der Mann nestelte eben an der Schnur, mit der das „Geschenk" verschnürt war, als sein Blick, scheinbar abwesend, auf das Zeitungsblatt fiel, in das die interessanten Adreßbuchblätter geschlagen waren. Aber da war sein

Blick schon nicht mehr abwesend. Sein ganzer dünner Körper (er war sehr lang) krümmte sich sozusagen um das Zeitungsblatt zusammen, er bückte sein Gesicht tief darauf herunter und las. Niemals, weder vor- noch nachher, habe ich je einen Menschen so lesen sehen. Er verschlang das, was er las, einfach. Und dann schaute er auf. Und wieder habe ich niemals, weder vor- noch nachher, einen so strahlend schauen sehen wie diesen Mann.

„Da lese ich eben in der Zeitung", sagte er mit einer verrosteten, mühsam ruhigen Stimme, die in lächerlichem Gegensatz zu seinem strahlenden Gesicht stand, „daß die ganze Sache einfach schon lang aufgeklärt ist. Jedermann in Ohio weiß, daß ich mit der ganzen Sache nicht das geringste zu tun hatte." Und dann lachte er.

Und wir alle, die erstaunt dabeistanden und etwas ganz anderes erwartet hatten und fast nur begriffen, daß der Mann unter irgendeiner Beschuldigung gestanden und inzwischen, wie er eben aus diesem Zeitungsblatt erfahren hatte, rehabilitiert worden war, fingen plötzlich an, aus vollem Halse und fast aus dem Herzen mitzulachen, und dadurch kam ein großer Schwung in unsere Veranstaltung, die gewisse Bitterkeit war überhaupt vergessen, und es wurde ein ausgezeichnetes Weihnachten, das bis zum Morgen dauerte und alle befriedigte.

Und bei dieser allgemeinen Befriedigung spielte es natürlich gar keine Rolle mehr, daß dieses Zeitungsblatt nicht wir ausgesucht hatten, sondern Gott. *Bertolt Brecht*

Weihnachten mit dem Großvater

Der Tag ist kalt und klar. Die Wintersonne glitzert überm Rauhreif der Alleebäume.

Günther sitzt in dem großen Weihnachtszimmer, sein in Gips verpacktes Bein auf einen Hocker gebettet. Er betrachtet die zerwühlten Geschenktische, die zur Hälfte herabgebrannten Kerzen am Christbaum, das zerknüllte Seidenpapier in der Ecke. In einem Sessel am Fenster sitzt der Großvater und blättert in einem Lexikon. Zuweilen macht er sich Notizen. Es ist still in der Wohnung. Die Eltern und die Brüder sind schon in den Morgenstunden abgereist. Die Eltern mit einer Reisegesellschaft nach St. Moritz, die Brüder mit Schiern und Rucksäcken ins Allgäu. Günther wirft einen Blick auf seine Armbanduhr. In einer Stunde würde Peter kommen und ihn abholen – wenn, ja wenn dieser blöde Knöchelbruch nicht dazwischengekommen wäre. Es ist Günther noch heute ein Rätsel, wie er auf der ebenen, mit dünnem Glatteis bezogenen Straße so dumm hat stürzen können. Jedenfalls: mit der Fahrt ins Engadin, zu der ihn Peters Eltern eingeladen hatten, ist es nichts. Günther beißt die Zähne zusammen, um vor Zorn und Ärger nicht schließlich auch noch zu heulen.

Das Schlimmste war eigentlich die Aufregung in der Familie gewesen. „Wohin mit Günther?" das war die Frage, die alle tagelang beschäftigte. „Ich kann mir niemanden von meinem Bekannten denken, der an den Feiertagen hier herumsitzen möchte, um die Wohnung zu hüten", hatte Mama gesagt. „Wir können ihn auch nicht auf den Achseln mit herumtragen", hatten die Brüder erklärt. Sie waren beträchtlich älter als Günther und wollten sich durch den Jüngeren ihre Pläne nicht durchkreuzen lassen. Schließlich hatte Papa gesagt: „Vielleicht könnte man meinen Vater einladen."

Obwohl sich Mama eigentlich nie um Großvater kümmerte, hatte sie sofort begeistert ausgerufen: „Aber ja! Das ist eine gute Idee! Er wird sich sicher freuen, Weihnachten einmal wieder in der Familie feiern zu können!"

Großvater war gekommen: ein freundlicher, wenn auch etwas schweigsamer alter Herr. Günther hatte ihn schon drei Jahre nicht gesehen, er konnte sich nicht mehr genau daran erinnern, wie Großvater „damals" ausgesehen hatte. Die Besuche im Altersheim wurden in gewissen Zeitabständen allein von Papa „erledigt". Mama sagte, daß es ihr sehr leid täte, daß sie Großvater mit Günther allein lassen müßten, aber sie hätten da gewisse Verpflichtungen, und dann war sie rot geworden und hatte Großvater schnell Wein und Gebäck hingestellt. Großvater hatte freundlich gedankt und auf das Wohl der Familie getrunken.

„Frau Kirsch kommt jeden Tag von 8 bis 3 Uhr", hatte Mama noch hinzugefügt. Auch an den Feiertagen. Sie hat es mir versprochen.

Sie ist sehr zuverlässig und kocht gut. Ihr seid bestens versorgt bei ihr. Abends könnt ihr euch ja aus dem Kühlschrank nehmen, wozu ihr Lust habt."

Großvater hatte genickt und ein bißchen gelächelt. Keiner hatte darauf geachtet, daß es ein trauriges Lächeln gewesen war.

Der Heilige Abend war verlaufen wie immer. Man hatte die Geschenke ausgewickelt, sich bedankt und gebührend Freude gezeigt. Die Brüder hatten gleich die neuen Schiestiefel anprobiert, und Mama hatte sich den neuen Pulli unters Kinn geklemmt und gefragt: „Wie steht mir das Grün?" Obwohl keiner richtig hinhörte, sagten alle, daß sie fesch darin aussehe. Dann hatten die Brüder sich darüber unterhalten, wo sie am besten umsteigen würden, und darüber hätten sie beinahe zu streiten angefangen. „Hoffentlich ist die Unterkunft in Ordnung, letztes Mal sind wir ja schön hereingefallen", hatte Wolfgang, der ältere gesagt, und dann wollten sie den Wetterbericht hören und drehten am Radio herum. Mama hatte nicht darauf geachtet, und Papa hatte in dem neuen Reiseführer geblättert und gesagt: „Macht doch endlich Licht, man kann ja nichts sehen!"

Da hatten die Brüder die Kerzen ausgepustet und die Deckenbeleuchtung angeschaltet.

Ja, es war wie alle Jahre gewesen. Und es hatte Günther eigentlich nie gestört, weil er ja selber an eine Ferienfahrt dachte, die vor ihm lag. Aber heuer war das anders gewesen. Es lag ja keine Ferienfahrt vor Günther, sondern nur eine Reihe von langweiligen Tagen. Und deswegen war ihm plötzlich alles sehr öde und traurig vorgekommen. Als es hell im Zimmer geworden war, hatte er zu Großvater hinübergesehen. Großvater hatte still vor sich hingeschaut, wie ein Fremder war er dagesessen, wie einer, den man vergessen hat. Vielleicht hatte man ihn wirklich vergessen? Günther hatte sich geschämt.

Er schaut in den Winterhimmel, der sich draußen blau und wolkenlos über der Stadt wölbt. Schiwetter, denkt er, Engadin. Und nur um von diesen Gedanken loszukommen, fragt er: „Großvater, wie ist das eigentlich so im Altersheim?"

Gleich darauf bereut er seine Frage. Aber der Großvater hat schon das Lexikon auf die Knie gelegt und sagt freundlich: „Wie das so ist? das kann man natürlich nicht mit ein paar Worten sagen. Wo so viele alte Menschen beisammen sind, da gibt es natürlich allerlei Schwierigkeiten. Manche sind ein wenig wunderlich, andere sind mißtrauisch oder verbittert. Manchen fällt das Eingewöhnen schwer, manche schaffen es nie. Wieder andere versuchen sich durch kleine Bosheiten und Intrigen die Zeit zu vertreiben. Langeweile ist eine sehr gefährliche Krankheit im Altersheim. Darum versuche ich, mich ständig für etwas zu interessieren – das Lexikon ist übrigens ausgezeichnet."

Der Großvater schweigt. Nach einer Weile fährt er fort: „Weißt du, man findet natürlich auch gleichgesinnte Freunde im Altersheim. Aber es ist nicht leicht. Es ist natürlich überhaupt nicht leicht, Freunde zu finden. Im übrigen werden wir gut versorgt. Wir müssen lernen, Geduld miteinander zu haben. Das ist die Hauptsache."

„Könnt ihr fernsehen?" fragt Günther.

„Ja", sagt der Großvater. „Übrigens – spielst du eigentlich ein Instrument?"

„Ich? Ja, Blockflöte. Eigentlich spiel' ich ganz gern. Früher hat Papa mich öfters auf dem Klavier belgeitet. Aber jetzt schon länger nicht mehr. Er hat so wenig Zeit."

„Dein Vater hat früher sehr schön Klavier gespielt", sagt der Groß-vater. „Willst du es einmal mit mir versuchen?"

„Ich hab' lang nicht mehr geübt", sagt Günther verlegen.

„Ich auch nicht", meint der Großvater lächelnd.

„Wo hast du denn deine Blockflöte? Kann ich sie dir holen?"

„Nein, danke", sagt Günther. „Das kleine Stück kann ich schon hupfen."

Als Günther zurückkommt mit der Flöte und den Noten unterm Arm, hat der Großvater bereits angefangen zu spielen. So vertieft ist er in sein Spiel, daß er gar nicht bemerkt, wie Günther zum Sessel schleicht und das Gipsbein leise, leise auf den Hocker legt. Er fühlt sich seltsam berührt von den Melodien, die durch das verlassene Weihnachtszimmer strömen. Und plötzlich denkt er: Ach, Großva-ter, ich spüre, was du da erzählst. Daß du traurig bist, weil sie dich ins Altersheim abgeschoben haben; daß du gern jemanden hättest, der dich braucht. Warum haben sie dich abgeschoben? Wir hätten doch Platz. Schließlich werden sie auch einmal alt. Alle werden wir alt.

Der Großvater spielt weiter. Er scheint alles um sich her vergessen zu haben. Günther wagt es nicht, sich zu bewegen, obwohl sein Gipsbein eine recht ungemütliche Lage hat. Großvater, denkt er, ich werde dich im Altersheim besuchen. Ganz bestimmt. Und ich werde ganz besonders nett zu dir sein, jetzt an Weihnachten, aber auch dann noch, wenn Weihnachten vorbei ist.   *Marina Thudichum*

Die Heilige Nacht

Es war an einem Weihnachtstag, alle waren zur Kirche gefahren, außer Großmutter und mir. Ich glaube, wir beide waren im ganzen Haus allein. Wir hatten nicht mitfahren können, weil die eine zu jung und die andere zu alt war. Und alle beide waren wir betrübt, daß wir nicht zum Mettegesang fahren und die Weihnachtslichter sehen konnten.

Aber wie wir so in unserer Einsamkeit saßen, fing Großmutter zu erzählen an.

„Es war einmal ein Mann", sagte sie, „der in die dunkle Nacht hinausging, um sich Feuer zu leihen. Er ging von Haus zu Haus und klopfte an. ‚Ihr lieben Leute, helft mir!' sagte er. ‚Mein Weib hat eben ein Kindlein geboren, und ich muß Feuer anzünden, um sie und den Kleinen zu erwärmen.'

Aber es war tiefe Nacht, so daß alle Menschen schliefen, und niemand antwortete ihm.

Der Mann ging und ging. Endlich erblickte er in weiter Ferne einen Feuerschein. Da wanderte er dieser Richtung zu und sah, daß das Feuer im Freien brannte. Eine Menge weißer Schafe lagen rings um das Feuer und schliefen, und ein alter Hirt, wachte über die Herde.

Als der Mann, der Feuer leihen wollte, zu den Schafen kam, sah er, daß drei große Hunde zu Füßen des Hirten ruhten und schliefen. Sie erwachten alle drei bei seinem Kommen, und sperrten ihre weiten Rachen auf, als ob sie bellen wollten, aber man vernahm keinen Laut. Der Mann sah, daß sich die Haare auf ihrem Rücken sträubten, er sah, wie ihre scharfen Zähne funkelnd weiß im Feuerschein leuchteten, und wie sie auf ihn losstürzten. Er fühlte, daß einer von ihnen nach seinen Beinen schnappte und einer nach seiner Hand, und daß einer sich an seine Kehle hängte. Aber die Kinnladen und die Zähne, mit denen die Hunde beißen wollten, gehorchten ihnen nicht, und der Mann litt nicht den kleinsten Schaden.

Nun wollte der Mann weitergehen, um das zu finden, was er brauchte. Aber die Schafe lagen so dicht nebeneinander, Rücken an Rücken, daß er nicht vorwärts kommen konnte. Da stieg der Mann auf die Rücken der Tiere und wanderte über sie hin dem Feuer zu. Und keins von den Tieren wachte auf oder regte sich."

So weit hatte Großmutter ungestört erzählen können, aber nun konnte ich es nicht lassen, sie zu unterbrechen. „Warum regten sie sich nicht, Großmutter?" fragte ich. – „Das wirst du nach einem Weilchen schon erfahren", sagte Großmutter und fuhr in ihrer Geschichte fort.

„Als der Mann fast beim Feuer angelangt war, sah der Hirt auf. Er war ein alter, mürrischer Mann, der unwirsch und hart gegen alle Menschen war. Und als er einen Fremden kommen sah, griff er nach einem langen, spitzigen Stabe, den er in der Hand zu halten pflegte,

wenn er seine Herde hütete, und warf ihn nach ihm. Und der Stab fuhr zischend gerade auf den Mann los, aber ehe er ihn traf, wich er zur Seite und sauste, an ihm vorbei, weit über das Feld."

Als Großmutter soweit gekommen war, unterbrach ich sie abermals. „Großmutter, warum wollte der Stock den Mann nicht schlagen?" Aber Großmutter ließ es sich nicht einfallen, mir zu antworten, sondern fuhr mit ihrer Erzählung fort.

„Nun kam der Mann zu dem Hirten und sagte zu ihm: ‚Guter Freund, hilf mir, und leih mir ein wenig Feuer. Mein Weib hat eben ein Kindlein geboren, und ich muß Feuer machen, um sie und den Kleinen zu erwärmen.'

Der Hirt hätte am liebsten nein gesagt, aber als er daran dachte, daß die Hunde dem Manne nicht hatten schaden können, daß die Schafe nicht vor ihm davongelaufen waren und daß sein Stab ihn nicht fällen wollte, da wurde ihm ein wenig bange, und er wagte es nicht, dem Fremden das abzuschlagen, was er begehrte.

‚Nimm, soviel du brauchst', sagte er zu dem Manne.

Aber das Feuer war beinahe ausgebrannt. Es waren keine Scheite und Zweige mehr übrig, sondern nur ein großer Gluthaufen, und der Fremde hatte weder Schaufel noch Eimer, worin er die roten Kohlen hätte tragen können.

Als der Hirt dies sah, sagte er abermals: ‚Nimm, soviel du brauchst!' Und er freute sich, daß der Mann kein Feuer wegtragen konnte. Aber der Mann beugte sich hinunter, holte die Kohlen mit bloßen Händen aus der Asche und legte sie in seinen Mantel. Und weder versengten die Kohlen seine Hände, als er sie berührte, noch versengten sie seinen Mantel, sondern der Mann trug sie fort, als wenn es Nüsse oder Äpfel gewesen wären."

Aber hier wurde die Märchenerzählerin zum drittenmal unterbrochen. „Großmutter, warum wollte die Kohle den Mann nicht brennen?"

„Das wirst du schon hören", sagte Großmutter, und dann erzählte sie weiter.

„Als dieser Hirt, der ein so böser, mürrischer Mann war, dies alles sah, begann er sich bei sich selbst zu wundern: ‚Was kann dies für eine Nacht sein, wo die Hunde die Schafe nicht beißen, die Schafe nicht erschrecken, die Lanze nicht tötet und das Feuer nicht brennt?' Er rief den Fremden zurück und sagte zu ihm: ‚Was ist dies für eine Nacht? Und woher kommt es, daß alle Dinge dir Barmherzigkeit zeigen?' Da sagte der Mann: ‚Ich kann es dir nicht sagen, wenn du selber es nicht siehst.' Und er wollte seiner Wege gehen, um bald ein Feuer anzuzünden und Weib und Kind wärmen zu können.

Aber da dachte der Hirt, er wolle den Mann nicht ganz aus dem Gesicht verlieren, bevor er erfahren hätte, was dies alles bedeute. Er stand auf und ging ihm nach bis er dorthin kam, wo der Fremde daheim war.

Da sah der Hirt, daß der Mann nicht einmal eine Hütte hatte, um darin zu wohnen, sondern er hatte sein Weib und sein Kind in einer Berggrotte liegen, wo es nichts gab als nackte, kahle Steinwände.

Aber der Hirt dachte, daß das arme unschuldige Kindlein vielleicht dort in der Grotte erfrieren würde, und obgleich er ein harter Mann war, wurde er davon doch ergriffen und beschloß, dem Kinde zu helfen. Und er löste sein Ränzel von der Schulter und nahm daraus ein weiches, weißes Schaffell hervor. Das gab er dem fremden Manne und sagte, er möge das Kind darauf betten.

Aber in demselben Augenblick, in dem er zeigte, daß auch er barmherzig sein konnte, wurden ihm die Augen geöffnet, und er sah, was er vorher nicht hatte sehen, und hörte, was er vorher nicht hatte hören können.

Er sah, daß rund um ihn ein dichter Kreis von kleinen, silberbeflügelten Englein stand. Und jedes von ihnen hielt ein Saitenspiel in der Hand, und alle sangen sie mit lauter Stimme, daß in dieser Nacht der Heiland geboren wäre, der die Welt von ihren Sünden erlösen solle.

Da begriff er, warum in dieser Nacht alle Dinge so froh waren, daß sie niemand etwas zuleide tun wollten.

Und nicht nur rings um den Hirten waren Engel, sondern er sah sie überall. Sie saßen in der Grotte, und sie saßen auf dem Berge, und sie flogen unter dem Himmel. Sie kamen in großen Scharen über den Weg gegangen, und wie sie vorbeikamen, blieben sie stehen und warfen einen Blick auf das Kind.

Es herrschte eitel Jubel und Freude und Singen und Spiel, und das alles sah er in der dunklen Nacht, in der er früher nichts zu gewahren vermocht hatte. Und er wurde so froh, daß seine Augen geöffnet waren, daß er auf die Knie fiel und Gott dankte."

Aber als Großmutter so weit gekommen war, seufzte sie und sagte: „Aber was der Hirte sah, das können wir auch sehen, denn die Engel fliegen in jeder Weihnachtsnacht unter dem Himmel, wenn wir sie nur zu gewahren vermögen."

Und dann legte Großmutter ihre Hand auf meinen Kopf und sagte: „Dies sollst du dir merken, denn es ist so wahr, wie daß ich dich sehe und du mich siehst. Nicht auf Lichter und Lampen kommt es an, und es liegt nicht an Mond und Sonne, sondern, was not tut, ist, daß wir Augen haben, die Gottes Herrlichkeit sehen können."

Selma Lagerlöf

159

Weihnachten

nser Hühnerstall lag über der Futterküche. Die Leiter stand mit einem Bein auf dem Zement-Estrich, mit dem andern, das kürzer war, auf der Gartenmauer. Deshalb konnte nur jemand, der nicht zu schwer war, diese unsicher stehende Leiter besteigen.

Seit Nickel den älteren Bruder vertreten mußte, war ich es, der die Eier aus dem Nest holte. Die Mutter stand unten und hielt den äußeren Leiterbaum fest und sagte jedesmal dasselbe: „Nun gib aber acht, dat du net fällst." Und wenn ich mit den Eiern, die ich mir in alle Taschen steckte, vorsichtig heruntergeklettert kam, hielt Mutter das Körbchen hin. Jedesmal sagte sie hinterher: „Willste en Ei hann, Steffchen?" Und jedesmal sagte ich: „Ja, Mutter!" Ich tippte es an die Mauer und trank es wie ein Glas Wein aus. Wenn die Hühner im Dezember wieder richtig zu legen begannen, stellte mir Mutter nie diese Frage. Sie ging mit allen Eiern im Körbchen davon und murmelte vor sich hin: „Wir müssen jetzt bald zu backen anfangen." Daran konnte ich merken, daß Weihnachten näherrückte oder vielmehr Christtag, so sagten wir auf dem Dorf.

In der Futterküche stand der Vater vor dem Backofen und schob die duftenden Buchenscheite hinein. Ich stand daneben und betrachtete das Spiel der Flammen. Auf den Scheiten ritten die Flammenmännchen hin und her, fuchtelten mit den Händen, sprangen, reckten sich für einen Augenblick steil auf und tanzten. Die Flammen wollten nicht mehr länger allein tanzen, eine sprang in die andere hinein, machte sie größer und wurde dadurch selber noch heller und noch höher. Hernach war keine Flamme länger als einen Atemzug mehr sie selber. Sie verwandelten sich immerzu, sprangen fort in den Stein und sangen dabei ein leises, zischendes Lied. Die Scheite aber lagen sehr lange regungslos da, wie Vater sie hingebaut hatte. Schließlich wurden sie zuerst an ihrem oberen Rand schwarz, dort wo die Flammen tanzten. Und dann sprangen sie plötzlich mit einem leisen Knacken in der Mitte entzwei. So entstanden allerlei wilde Gestalten und furchtbare Fratzen, Wesen, die wohl im Holz eingeschlossen sein mußten, doch erst vom Feuer aus ihm herausgelockt wurden. Schließlich wurden die Flammen müde und gingen fort. Aber wo gingen sie hin? Das fragte ich Vater, der ebenfalls unaufhörlich in den offenstehenden Backofen schaute. „Die Flammen?"

„Ja, eben waren sie doch noch da!"

„Ja, wo gehn sie hin? Sie gehn aus, so sagt man!" Vater schüttelte den Kopf. „Da kannste ja auch fragen, wo hernach dat Holz is. Et is ja auch net mehr da!"

Indem kamen Mutter und die Geschwister mit den Kuchenteigen, die auf runden, an den Rändern gewellten Blechen lagen. „Un de Kuchen, dä jetzt noch da is, nach Neujahr is er auch fort. Und da kannste auch net wissen, wo er dann is!"

Die Bleche mit dem duftenden Teig, darauf Streusel und allerlei Obst lag, wurden auf die Hobelbank gestellt. Mutter prüfte die Wärme des Ofens und scharrte dann die Glut mit einem eisernen Kratzer heraus. Dann reichte ich ihr die Bleche herüber, stellte sie auf die hölzerne Schieß, welche Mutter vorsichtig in den glühenden Steinbauch schob, um sorgfältig Blech neben Blech zu setzen – den ganzen Backofen voll. Jeder Teigkreis wurde von mir zuvor am Rand mit Eigelb bepinselt, und bei jedem stellte ich fest, daß er zu dick wär, man müßt beim Essen den Mund bis hinter die Ohren aufreißen. Darauf sagte Mutter, daß ich den Kuchen hernach ja doch auf meine Weise essen tät. Ich schnitt mir nämlich jedes Kuchenstück durch, so daß ein oberes und unteres Teil entstand. Auf das untere strich ich mir, zur Empörung fast der ganzen Familie, Butter und Gelee, aber Mutter ließ es mir durchgehen, indem sie darauf hinwies, daß mein Mund ja wirklich viel kleiner wär – und „er get ja e Pastor", fügte sie manchmal hinzu, „un da muß er sich ja gewöhnen!"

Ich wollte nicht schlafen gehen an diesem Abend, obwohl wir doch zur Christmette am andern Morgen schon um halb fünf Uhr aufstehen mußten. Ich saß neben dem Herd und tat, als läse ich. Mutter hatte mir zum wievielten Mal gesagt, daß ich endlich schlafen gehen müßte, als ich schließlich aufstand und hinausging. Kaum war ich im Hausflur, so roch ich den Duft des Waldes. Die gute Stube war abgeschlossen. Ich lief an ihr vorüber die Treppe hinauf.

Mir kam es vor, ich wäre eben erst eingeschlafen, als ich von der Stimme des Vaters geweckt wurde. Er klopfte sonst morgens zum Wecken mit einem kleinen Hammer auf die Treppenstufen. Aber am Christtag sang er – und jedesmal dasselbe Lied: „Ihr Hirten erwacht, erhellt ist die Nacht!" Wir saßen in den Betten, rieben uns die Augen, und dann sprang Nickel mit weit ausgestreckten Beinen aus dem Bett. Ich tat es ihm nach. Es war sehr kalt in unserer Mansarde. So sprangen wir beim Anziehen umher, schnatterten, lachten, sangen und torkelten, halb noch vom Schlaf und halb schon von Festfreude trunken, die Stufen hinab.

Wir wuschen uns nur flüchtig, denn wir waren sehr neugierig. Ich stieß unterwegs zur guten Stube auf Vater, der gerade aus dem Schlafzimmer trat. „Glückselige Weihnacht", sagte er leise. „Euch auch, Vater", rief ich.

Nach einer Weile wurde von drinnen geöffnet. Katharina stand vor dem Baum und war am Anzünden der Kerzen. Die andern traten hinter uns in die Stube. Da stand der Christbaum – oh, so groß und so grün! Er duftete und glitzerte. Die Stube schien für seinen Glanz und Duft zu eng. „Heiligste Nacht", stimmte Vater an, aber Mutter sagte: „Zu tief", und sie stimmte noch einmal an.

Ich konnte kaum mitsingen. Jede Kugel am Baum, jeder glitzernde

161

Eiszapfen, die Ketten aus kleinen Kugeln, das Engelshaar, der Schnee, die bunten Zuckerplätzchen, das rosige Engelchen oben auf der Spitze des Baumes, das immerzu unsichtbar herabflog und immerzu unhörbar in seine kleine Posaune stieß und unser Lied vom Frieden begleitete, wo sollte ich nur hinschauen, wo hinhören!

Von den Bohlen stieg der herbe Geruch des Leinöls auf und mischte sich mit dem zarten Strömen des Harzhauches. Aus dem eingebauten Porzellanschrank, wo die Kuchen übereinanderstanden, drang das nahrhafte Zucker- und Butterbrodem des Gestreuselten. Die Äpfel am Christbaum brachten in das Duftgequirle die Luft von unseren Feldern, die Pfefferkuchen und Plätzchen aber, aus denen es nach Schokolade, Ingwer, Zitrone, buntem Zuckerguß und überhaupt nach Ferne, nach Sonne und Meer duftete, trugen mich fort. Ich schwebte wie der Christbaumengel und war zugleich angebunden wie er. Die Kerzenflammen spiegelten sich in den dicken, glänzenden Kugeln, und da fiel mir vom vorigen Jahr ein, wie lustig das eigene Gesicht aussah, wenn man in die Kugeln hineinschaute. Die Stirn war weg und das Kinn, ich war nur noch aus Nase und Zähnen gemacht. Und wenn ich lachte und den Mund öffnete, sah ich wie ein furchtbares Tier aus. Ich wunderte mich ein wenig über die Kugeln, daß sie, die doch eigentlich fromm und feierlich zu glitzern hatten, ganz im stillen solchen Unsinn anstellten.

„Et läutet zuhauf", sagte Vater, und wir lauschten. Alle Glocken im Turm waren dabei, sie sangen immer dasselbe, sangen es auf einen Ton und klangen zusammen, tief und hoch, ganz unten, ganz oben. Sie erzählten eine große Freude – eine große – eine Freude – immer dasselbe – und Ehre sei Gott – und Friede – und Freude – eine große Freude! Heiligste Nacht! Die Glocken lallten, sie konnten nicht reden, aber singen, das konnten sie – immer dasselbe – eine große Freude! Der Vater hatte das Fenster geöffnet. Ich stand in der kalten Luft, die nach Schnee roch, und sah über der Gartenmauer jenseits der Straße den Himmel funkeln. Die Sterne wiederholten wie die Glocken immer dasselbe: dasselbe Funkeln und dasselbe erzene Lallen und Schallen: eine große Freude – eine große – eine Freude!

Stefan Andres

Lied der Engel

Gloria! Gloria!
Jauchzet, denn der Herr ist da!
Seht, erfüllet ward die Zeit,
kommt, vergeßt den alten Streit,
kommt und grüßt, den Gott gesandt,
ihn, der keine Herberg' fand.
Beugt vor ihm das Haupt,
die ihr zweifelt, glaubt,
die ihr weinet, lacht,
die ihr schlaft, erwacht!
Tut's dem Kinde gleich:
kommt und liebet euch!

Marina Thudichum

Es lächelt schon

Als Josef mit Maria von Nazaret her unterwegs war, um in Bethlehem anzugeben, daß er von David abstamme, was die Obrigkeit so gut wie unsereins hätte wissen können, weil es ja längst geschrieben stand – um jene Zeit also kam der Engel Gabriel heimlich noch einmal vom Himmel herab, um im Stalle nach dem Rechten zu sehen. Es war ja sogar für einen Erzengel in seiner Erleuchtung schwer zu begreifen, warum es nun der allererbärmlichste Stall sein mußte, in dem der Herr zur Welt kommen sollte, und seine Wiege nichts weiter als eine Futterkrippe war. Aber Gabriel wollte wenigstens noch den Winden gebieten, daß sie nicht gar zu grob durch die Ritzen pfiffen, und die Wolken am Himmel sollten nicht gleich wieder in Rührung zerfließen und das Kind mit ihren Tränen überschütten, und was das Licht in der Laterne betraf, so mußte man ihm noch einmal einschärfen, nur bescheiden zu leuchten und nicht etwa zu blenden und zu glänzen wie der Weihnachtsstern.

Der Erzengel stöberte auch alles kleine Getier aus dem Stall, die Ameisen und Spinnen und die Mäuse, es war nicht auszudenken, was geschehen konnte, wenn sich die Mutter Maria vielleicht vorzeitig über eine Maus entsetzte! Nur Esel und Ochs durften bleiben, der Esel, weil man ihn später ohnehin für die Flucht nach Ägypten zur Hand haben mußte, und der Ochs, weil er so riesengroß und so faul war, daß ihn alle Heerscharen des Himmels nicht hätten von der Stelle bringen können.

Zuletzt verteilte Gabriel noch eine Schar Engelchen im Stall herum auf den Dachsparren, es waren solche von der kleinen Art, die fast nur aus Kopf und Flügeln bestehen. Sie sollten ja auch bloß stillsitzen und achthaben und sogleich Bescheid geben, wenn dem Kinde in seiner nackten Armut etwas Böses drohte. Noch ein Blick in die Runde, dann hob der Mächtige seine Schwingen und rauschte davon.

Gut so. Aber nicht ganz gut, denn es saß noch ein Floh auf dem Boden der Krippe in der Streu und schlief. Dieses winzige Scheusal war dem Engel Gabriel entgangen, versteht sich, wann hatte auch ein Erzengel je mit Flöhen zu tun!

Als nun das Wunder geschehen war, und das Kind lag leibhaftig auf dem Stroh, so voller Liebreiz und so rührend arm, da hielten es die Engel unterm Dach nicht mehr aus vor Entzücken, sie umschwirrten die Krippe wie ein Flug Tauben. Etliche fächelten dem Knaben balsamische Düfte zu, und die anderen zupften und zogen das Stroh zurecht, damit ihn ja kein Hälmchen drücken oder zwicken möchte. Bei diesem Geraschel erwachte aber der Floh in der Streu. Es wurde ihm gleich himmelangst, weil er dachte, es sei jemand hinter ihm her, wie gewöhnlich. Er fuhr in der Krippe herum und versuchte alle seine Künste und schließlich, in der äußersten Not, schlüpfte er dem Kinde ins Ohr.

„Vergib mir!" flüsterte der atemlose Floh, „aber ich kann nicht anders, sie bringen mich um, wenn sie mich erwischen. Ich verschwinde gleich wieder, göttliche Gnaden, laß mich nur sehen, wie!" Er äugte also umher und hatte auch gleich seinen Plan. „Höre zu", sagte er, „wenn ich alle Kraft zusammennehme, und wenn du still hältst, dann könnte ich vielleicht die Glatze des Heiligen Josef erreichen, und von dort weg kriege ich das Fensterkreuz und die Tür . . ."

„Spring nur!" sagte das Jesuskind unhörbar, „ich halte stille!"

Und da sprang der Floh. Aber es ließ sich nicht vermeiden, daß er das Kind ein wenig kitzelte, als er sich zurechtrückte und die Beine unter den Bauch zog.

In diesem Augenblick rüttelte die Mutter Gottes ihren Gemahl aus dem Schlaf.

„Ach, sieh doch!" sagte Maria selig, „es lächelt schon!"

Karl Heinrich Waggerl

Krippenlied

Willkommen, Kind, willkommen
auf unsrer armen Welt!
Wenn auch die Stürme blasen,
und wenn der Schnee auch fällt.

Ich will dich gerne wärmen,
in solcher kalten Nacht.
Sieh, eine weiche Decke
hab' ich dir mitgebracht.

Ich will dir gerne reichen
ein Schüsselchen mit Brei,
indes die Engel singen
die Himmelsmelodei.

Ich will ganz sacht dich wiegen,
und schläfst du endlich ein,
will ich kein Wörtlein reden
und nahe bei dir sein.

Marina Thudichum

Zuviel Weihnachten

"Entsinnst du dich noch", fragte im Paradies der Tiere die Seele des Eselchens die Seele des Ochsen, "entsinnst du dich noch zufällig jener Nacht vor vielen Jahren, als wir in einer Art Hütte standen, und gerade dort in der Krippe . . .?"

"Laß mich nachdenken! Ja richtig", bestätigte der Ochse, "in der Krippe lag ein neugeborenes Kind. Wie hätte ich das vergessen können? Es war ein so schönes Kind."

"Seit damals, wenn ich nicht irre", sagte nun das Eselchen, "weißt du, wie viele Jahre seit damals vergangen sind?"

"Wo denkst du hin, ich mit meinem Ochsengedächtnis." "Eintausendneunhundertetliche."

"Was du nicht sagst!"

"Und im übrigen, weißt du übrigens, wer das Kind gewesen ist?"

"Wie soll ich das wissen. Es waren doch Leute auf der Durchreise. Gewiß ein wunderschönes Kindlein. Merkwürdig, daß es mir nie aus dem Sinn gekommen ist, und dabei schienen seine Eltern doch ganz gewöhnliche Menschen. Sag mir, wer war es?"

Das Eselchen flüsterte etwas ins Ohr des Ochsen.

"Aber nein", sagte dieser verblüfft; "wirklich? Du scherzt doch wohl nur?"

"nein, es ist die reine Wahrheit. Ich schwöre . . . übrigens hatte ich es schon damals sofort verstanden."

"Ich nicht, ich gebe es zu", sagte der Ochse, "aber du bist eben intelligenter als ich. Ich habe es nicht einmal geahnt. Obwohl es wirklich ein wunderschönes Kind war."

"Nun gut, seit damals feiern die Menschen jedes Jahr ein großes Fest zu seinem Geburtstag. Es gibt keinen schöneren Tag für sie. Wenn du sie nur sehen könntest. Es ist eine Zeit allgemeiner Heiterkeit, der Seelenruhe, der Sanftmut, des Friedens, der Familienfreuden, des Sichgernehabens. Selbst Mörder werden zahm wie Lämmer. Weihnachten nennen es die Menschen. Übrigens, mir kommt ein guter Gedanke. Da wir schon davon sprechen, soll ich sie dir zeigen?"

"Wen?"

"Die Menschen, die Weihnachten feiern."

"Wo?"

"Unten auf der Erde."

"Warst du schon einmal dort?"

"Jedes Jahr mache ich einen Sprung hinunter. Ich habe einen besonderen Passierschein. Aber ich denke, du wirst auch einen bekommen, denn nach allem könnten wir zwei wohl auch auf etwas Anerkennung Anspruch erheben."

"Weil wir das Kindlein damals mit unserem Atem wärmten?"

"Komm, beeile dich, wenn du nicht das Beste versäumen willst.

Heute ist Heiliger Abend."

„Und mein Passierschein?"

„Sofort gemacht, ich habe einen Vetter im Paßamt."

Der Passierschein wurde bewilligt. Sie setzten sich in Bewegung, und unendlich leicht, wie es körperlosen Säugetieren eigen ist, schwebten sie vom Himmel auf die Erde. Bald entdeckten sie ein Licht und hielten darauf zu. Aus einem wurden Tausende, es war eine riesenhafte Stadt.

Und da durchwanderten nun Eselchen und Ochse, unsichtbar, die Straßen des Zentrums. Da es sich um Geister handelte, fuhren Autobusse, Automobile, Straßenbahnwagen durch sie hindurch, ohne Schaden anzurichten, und selbst durch Mauern war es ihnen gegeben zu gehen, als ob sie Luft wären. So vermochten sie alles nach Herzenslust zu betrachten.

Es war wirklich ein eindrucksvolles Schauspiel: Tausende von Lichtern in den Schaufenstern, Blumengewinde, Girlanden, unzählige Tannenbäume; die ungeheure Stauung der Wagen, die sich abmühten, durch enge Straßen zu fahren, und das wirblige Gewimmel und Hin und Her der Menschen, die sich in den Läden drängten, hinein- und wieder herausströmten, sich mit Paketen und Paketchen beluden und alle gespannte Gesichter hatten, als würden sie gejagt. Das Eselchen schien bei diesem Anblick wie verzückt, während der Ochse sich voller Entsetzen umsah.

„Höre, Freund Eselchen, du hast mir gesagt, daß du mir Weihnachten zeigen wolltest! Du hast dich wohl geirrt. Ich sage dir, hier ist doch Krieg!"

„Siehst du denn nicht, wie zufrieden alle sind?"

„Zufrieden? Mir kommen sie wie Wahnsinnige vor. Sieh doch auf ihre besessenen Gesichter, ihre fiebrigen Augen."

„Du bist eben ein Provinzler, mein lieber Ochse, und bist nie aus dem Paradies herausgekommen. Du verstehst die modernen Menschen nicht. Um sich zu unterhalten, um sich zu freuen, um sich glücklich zu fühlen, haben sie es nötig, ihre Nerven zu ruinieren."

Laufburschen auf Fahrrädern, die gefährlich große Paketbündel balancierten, zogen vorbei; Lieferwagen wurden be- und entladen; riesige Mengen von Süßigkeiten und Berge von Blumen lösten sich unter dem Ansturm keuchender Menschen auf; Lampen blitzten und verloschen; seltsame Lieder, die Schreien ähnelten, dröhnten von allen Seiten. Dank seiner körperlosen Natur flog der Ochse neugierig zu einem Fenster im siebten Stock hinauf. Das Eselchen folgte gutmütig.

Sie sahen in ein reichmöbliertes Zimmer, wo eine sorgenvolle Dame vor einem Tisch saß. Linker Hand lag ein Haufen von fast einem halben Meter farbiger Karten und Kärtchen aufgebaut und rechts von ihr ein Stoß weißer Billette. Die Dame, sichtlich bemüht, keine

Minute zu verlieren, nahm hastig ein farbiges Kärtchen, betrachtete es einen Augenblick lang, sah in einem dicken Buch nach und schrieb sodann etwas auf eines der weißen Billetts, steckte es in einen Umschlag, schloß den Umschlag, dann nahm sie vom linken Stoß ein neues buntes Kärtchen und wiederholte die ganze Prozedur. Ihre Hände bewegten sich so schnell, daß man ihnen kaum folgen konnte. Aber der Haufen bunter Kärtchen hatte einen eindrucksvollen Umfang. Wie lange würde sie sohl brauchen, um alles zu erledigen? Man sah es der Unglücklichen an, daß sie fast nicht mehr konnte, und dabei war sie erst am Anfang.

„Hoffentlich bezahlen sie sie wenigstens gut für solche Schufterei", sagte der Ochse.

„Bist du naiv, lieber Freund! Das ist eine außerordentlich reiche Dame aus der besten Gesellschaft."

„Und warum arbeitet sie sich dann zu Tode?"

„Sie arbeitet sich gar nicht zu Tode, sie antwortet nur auf Glückwunschkarten."

„Glückwunschkarten? Was nützen die?"

„Nichts, absolut nichts. Aber wer weiß warum, die Leute haben jetzt eine besondere Vorliebe dafür."

Sie sahen in ein anderes Zimmer hinein. Auch da saßen Leute mit Schweißperlen auf der Stirn und in Aufregung und schrieben Glückwünsche auf Glückwunschkarten. Überall, wo die beiden Tiere hineinschauten, richteten Männer und Frauen Päckchen, schrieben Adressen, liefen ans Telefon, eilten blitzschnell von einem Zimmer ins andere, Schnüre, Bänder, Kärtchen, Gehänge tragend, während junge Dienstboten, mit von Müdigkeit gezeichneten Gesichtern, weitere Päckchen, weitere Schachteln, weitere Blumen und neue Stöße von Briefen, Rollen, Kärtchen und Bogen herbeischleppten. Und alles war Hast, Aufregung, Verwirrung, Mühe und eine schreckliche Anstrengung.

Überall, wo sie hinkamen, zeigte sich ihnen dasselbe Schauspiel. Kommen und Gehen, Kaufen oder Verpacken, Absenden oder Empfangen, Einwickeln, Auswickeln, Rufen und Antworten. Und alle blickten immer nach der Uhr, alle hasteten, alle keuchten, von Furcht besessen, nicht zur Zeit fertig zu werden, jemand brach zusammen, schnappte nach Luft unter der immer größer werdenden Flut der Pakete, Päckchen, Kärtchen, Kalender, Geschenke, Telegramme, Briefe, Karten, Billetts und so weiter.

„Du hast mir doch gesagt", bemerkte der Ochse, „daß es ein Fest der Heiterkeit, des Friedens und der Seelenruhe sei."

„Tja", antwortete das Eselchen – „einmal war es auch so. Aber was soll ich dir sagen, seit einigen Jahren scheinen die Menschen beim Nahen des Weihnachtsfestes wie von einer geheimnisvollen Tarantel gestochen und verstehen gar nichts mehr. Hör ihnen doch zu."

169

Verwundert hörte der Ochse hin. In den Straßen, den Geschäften, den Büros, den Fabriken sprachen die Menschen schnell miteinander und wechselten, wie Automaten, monotone Redensarten: „Fröhliche Weihnachten" – „Gesegnete Weihnachten" – „Danke, auch Ihnen" – „Fröhliche Weihnachten" – „Gesegnete Weihnachten" – „Danke" – „Fröhliche Weihnachten" – „Fröhliche Weihnachten" . . . Es war ein Geflüster, das die ganze Stadt füllte.

„Glauben sie denn daran?" fragte der Ochse, „meinen sie es wirklich so? Lieben sie ihren Nächsten?"

Das Eselchen schwieg.

„Wollen wir nicht etwas abseits gehen?" schlug der Ochse vor, „der Kopf brummt mir, und ich habe Sehnsucht nach dem, was du Weihnachtsstimmung nennst."

„Im Grunde auch ich", gab das Eselchen zu.

So schlüpften sie durch die wirbelnden Schleusen der Wagen, entfernten sich ein wenig vom Zentrum, von den Lichtern, dem Lärm, der Raserei.

„Du, der mehr davon versteht als ich", begann der Ochse, immer noch wenig überzeugt, „sag mir doch, bist du wirklich sicher, daß das dort keine Verrückten sind?"

„Nein, nein, es ist eben einfach Weihnachten."

„Dann ist dort zuviel Weihnachten. Erinnerst du dich noch damals in Betlehem an die Hütte, die Hirten und das schöne Kind? Auch dort war es kalt, aber welcher Frieden, welche Zufriedenheit. Wie anders war es damals."

„Ja, und die fernen Klänge des Dudelsacks, die man nur ganz leise hörte."

„Und das sanfte Flügelschlagen auf dem Dach. Was für Vögel das wohl waren?"

„Vögel? Aber nein doch, Engel waren es."

„Und die drei reichen Herren, die Geschenke brachten, entsinnst du dich noch ihrer? Wie wohlerzogen sie waren, wie leise sie zusammen sprachen, welch vornehme Leute. Könntest du dir sie heute in diesem Rummel vorstellen?"

„Und der Stern? Denkst du noch an den hellen Stern, der damals gerade über der Hütte stand? Ob es ihn wohl heute noch gibt? Sterne haben doch meist ein langes Leben."

„Ich fürchte nein", sagte der Ochse skeptisch, „es sieht so wenig nach Sternen hier aus."

Sie hoben ihre Köpfe und wirklich, man sah nichts. Über der Stadt lag eine Decke dichten Nebels.   *Dino Buzzati*

Michels Weihnachtsgeschenk

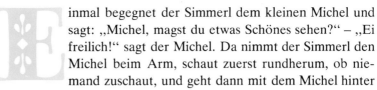

Einmal begegnet der Simmerl dem kleinen Michel und sagt: „Michel, magst du etwas Schönes sehen?" – „Ei freilich!" sagt der Michel. Da nimmt der Simmerl den Michel beim Arm, schaut zuerst rundherum, ob niemand zuschaut, und geht dann mit dem Michel hinter einen Busch. Dort zieht er aus der Hosentasche etwas heraus, was in Zeitungspapier eingewickelt ist. Der Simmerl tut das Zeitungspapier weg, dann das weiße Einmachpapier, dann das grüne Seidenpapier. Dann macht er ganz spitze Finger und zeigt dem Michel ein schönes, echt ledernes Geldtäschchen. „Ich gebe dir meinen Spielzeugrevolver dafür!" sagt der Michel. „Du Narr", sagt der Simmerl, „was glaubst du denn, ich kann doch meiner Mutter net zu Weihnachten einen Spielzeugrevolver schenken!" Jetzt sperrt der Michel Mund und Augen auf. „Schenkst du deiner Mutter was zu Weihnachten?" fragt der Michel ganz dumm. „Ja, schenkst du ihr vielleicht nix?" fragt der Simmerl. Jetzt dreht sich der Michel ganz beleidigt um und sagt: „Was glaubst du denn überhaupt? Ich werd' meiner Mutter nix schenken? Ich schenk ihr auch so ein Geldtaschl, aber ein viel größeres, eine große Geldtasche, eine viel, viel größere, eine, wie die Kellnerinnen sie haben!"

Und schnell geht der Michel heim, geradeaus zu seiner Mutter. „Mutter", sagt er, „ich brauch einen Schilling!" – „Und ich brauch zwei", sagt die Mutter. – „Bitte schön, Mutter!" sagt der Michel jetzt, „bitte gar schön, Mutter. Weißt, ich muß was einkaufen." „So-o?" fragt die Mutter, „was mußt du denn einkaufen?" – Aber wie sie jetzt das kleine Bübchen anschaut, weiß sie schnell, daß sie nicht mehr weiterfragen darf, und sie gibt ihm einen Schilling in die Hand, und der Michel geht in die Stadt einkaufen.

Oh, wie wunderschön schaut die Stadt um Weihnachten aus und gar, wenn man einen Schilling in der Tasche hat! Der kleine Michel hält den Schilling fest in der Hand und geht von Auslage zu Auslage. ‚So eine Tasche ist nix Feines', denkt er und schaut eine große Torte an. Auf der Torte sind vierundzwanzig Schokoladenstückchen und in der Mitte ein ganzer Schokoladenberg. Wenn er der Mutter so eine Torte kaufte? Die Schokoladenstückchen könnte man ja herunteressen, und die Mutter hätte immer noch eine große Freude mit dem anderen. Aber in der nächsten Auslage sieht er einen Eisenbahnzug. Der hat sieben Wagen, und ein Tunnel ist sogar dabei. Das würd' die Mutter gewiß freuen, und wenn sie genug Eisenbahn gespielt hätte, dann täte sie sicherlich alles ihm schenken, dem Michel. Aber eigentlich wäre so ein Paar schöne Schi doch viel gescheiter. Da könnte die Mutter bald das Schifahren lernen, und wenn sie es nicht erlernte, dann könnte sie die Schi ja ihm schenken.

Aber da fällt dem Michel ein, daß das alles nicht ganz recht ist, was er da denkt, und daß die Mutter eigentlich ein Seidenkleid brauchte, so ein schönes, glänzendes. Und jetzt nimmt er den Schilling in die Hand, geht in das Geschäft, legt den Schilling auf den Tisch und sagt dann: „Ein Seidenkleid krieg ich!" und wie ihn der Verkäufer dumm anschaut, sagt er: „Für meine Mutter!" Der Verkäufer sagt sogar „Sie" zu ihm und sagt: „Für ein Seidenkleid dürfte es nicht reichen, mein Herr! Aber seidene Taschentücher vielleicht angenehm?" Und jetzt bringt er schon eine ganze Schachtel voll herbei und zupft lauter kleine Tüchlein heraus. Aber der Michel ist ja kein Dummer, oh, der Michel versteht etwas vom Einkaufen, und er kauft ein großes, rotes Taschentuch, so groß, wie ein kleines Tischtuch. Und in der Mitte ist ein Zeppelin drauf, wie er um die Welt fliegt. Und das alles kostet nur 96 Groschen, und für vier Groschen kauft der Michel noch ein Zuckerl, und dann geht er heim.

Die Mutter steht gerade beim Herd und kocht und bäckt. Da springt der Michel an ihr hinauf. „Mutter!", schreit er, „Mutter, wenn du wissen tätst, was da drin ist! Oh, ich sag dir aber nix! So groß ist's!" Und er reckt die Arme aus, so weit er nur kann. „Mutter", sagt er, „bitte, Mutter, schneuz dich einmal!" Die Mutter tut ihm den Gefallen, zieht ihr Taschentuch hervor und schneuzt sich. „O je!" schreit der Michel und wirft sein Päckchen, in dem das rote Tüchlein ist, in die Luft: „O je, das ist gar nix! Aber du wirst sehen, wenn du dich am Heiligen Abend schneuzen wirst! Du siehst den Zeppelin, Mutter!" Und er springt und tanzt um seine Mutter und wirft dabei sein Päckchen so lange herum, bis es der Mutter in die Teigschüssel fällt. Schnell springt er hinzu. „Nein, Mutter, du darfst es nicht anrühren!" Und dann putzt er sein Päckchen ab und versteckt es unter seinem Kopfkissen. Jede Nacht schläft er jetzt auf dem großen, roten Taschentuch mit dem Zeppelin. Furchtbar langsam vergeht die Zeit, wenn man auf etwas wartet. Endlich, endlich ist der heilige Tag da. Der Michel hat kaum schlafen können. Warum soll man da bis zum Abend warten. Er wartet nimmer. Wenn die Mutter aufwacht, dann soll sie gleich den Zeppelin sehen. Er zieht das Päckchen unter dem Kopfkissen hervor, wickelt das rote Taschentuch aus und geht hinüber zur Mutter ins Schlafzimmer. Die Mutter hat die Augen fest zu, sie schläft. Der Michel stellt sich auf die Zehenspitzen und breitet der Mutter das rote Taschentuch über den Kopf, so daß der Zeppelin gerade vor ihren Augen schwebt. Oh, das wird ein Aufwachen werden! Michel hält es in seinem Bett nicht mehr aus. Er versteckt sich neben dem Kleiderschrank und wartet bis die Mutter aufwacht.

Und was für ein herrliches Erwachen war das! Oh, wie sich die Mutter freute! Wie sie das schöne Tuch immer wieder auseinanderbreitete und anschaute! Und dann am Heiligen Abend! Als das „Stille Nacht" gesungen war, wie da die Mutter sagte: „Nun, Vater, paß auf!" Und wie sie da das große Tuch schön in die Hand nahm und feierlich hineinschneuzte, schön in eine Ecke, damit ja der Zeppelin nicht beschädigt werde! Es ist nicht zu beschreiben, was für eine Freude die Mutter mit dem Zeppelintaschentuch hatte! Ja, der Michel, das war einer! Der verstand's.   *Karl Springenschmid*

Gottes Sohn, unser Bruder

In einer alten Legende wird erzählt:
Es sei der Teufel auf eine Zeit in eine Kirche zur Messe gekommen, und da man im Patrem die Worte gesungen habe: „Et homo factus est, Gottes Sohn ist Mensch geworden", und die Leute gestanden und nicht haben niedergekniet, hat er einen aufs Maul geschlagen und ihn gescholten und gesagt: Du grober Schelm, schämst du dich nicht, daß du so stehst wie ein Stock und nicht vor Freuden niederfällest?
Wenn Gottes Sohn unser Bruder geworden wäre, wie eurer, wüßten wir nicht, wo wir vor Freuden bleiben sollten.

173

Besuch der Tiere an der Krippe

Mehrere Tiere baten, Ochs und Esel als Mittler, das Jesuskind sehen zu dürfen. Und eines schönen Tages wurde, nachdem Joseph zugestimmt hatte, ein Pferd, als zutunlich und schnell bekannt, vom Ochsen bestimmt, das vom folgenden Tage an alle einladen sollte, die kommen mochten.

Ochs und Esel fragten sich, ob man wilde Tiere zulassen dürfe, und auch Dromedare, Kamele, Elefanten: alles Tiere, die ein bißchen verdächtig sind vor lauter Buckel, Rüssel, Bein und Fleisch.

Dasselbe galt für Abscheu erregende Tiere, Insekten wie die Skorpione, Taranteln, die Riesenspinne, die Schlangen, alle, die Gift in ihren Drüsen entstehen lassen, tags und nachts, selbst morgens, wenn alles noch rein ist.

Die Jungfrau zögerte nicht.

„Ihr könnt alle kommen lassen, mein Kind ist so sicher in seiner Krippe, als sei es im höchsten Himmel."

„Und eins nach dem andern", meinte Joseph in fast militärischem Ton, „es dürfen nicht zwei Tiere auf einmal durch die Tür, sonst findet man sich ja gar nicht mehr zurecht."

Mit den giftigen Tieren fing man an: jeder hatte das Gefühl, daß man ihnen so genugtun müsse. Bemerkenswert war der Takt der Schlangen, die es vermieden, die Jungfrau anzusehen, und ihr weit aus dem Wege gingen. Dann schieden sie mit so viel verhaltener Würde, als seien sie Tauben oder Wachhunde. – – –

Die Hunde konnten sich nicht enthalten, ihr Wundern zu zeigen: sie nämlich durften nicht im Stall wohnen wie Ochs und Esel. Jeder aber – anstatt ihnen Bescheid zu geben – streichelte sie, und so gingen sie wieder, voll sichtlichen Danks.

Und trotzdem, als man an seinem Geruch den Löwen kommen spürte, wurden Ochs und Esel unruhig. Um so mehr, als dieser Geruch unbekümmert Weihrauch, Myrrhen und die anderen Düfte durchdrang, die die Könige reichlich verbreitet hatten.

Der Ochs würdigte die hochherzigen Gründe, aus denen das Vertrauen der Jungfrau und Josephs kam. Aber ein solches Kind, solch ein zartes Fünkchen an ein Tier zu bringen, das es mit einem einzigen Atemzug auszulöschen vermochte . . .

Der Löwe kam mit seiner Mähne, die nie einer gekämmt hatte außer dem Wüstenwind, und mit melancholischen Augen, die sagten: ‚Ich bin der Löwe, was kann ich denn dafür; ich bin nur der König der Tiere.'

Dann sah man, daß seine größte Sorge war, möglichst wenig Platz im Stall einzunehmen, was nicht leicht war, und zu atmen, ohne etwas in Unordnung zu bringen, und seine Krallen zu vergessen und die mit fürchterlichen Muskeln versehenen Kinnbacken. Er kam mit gesenkten Lidern und verbarg sein wunderschönes Gebiß wie eine

häßliche Krankheit; kam mit so viel Bescheidenheit, daß er augenscheinlich den Löwen zuzurechnen war, die sich eines Tages weigerten, die heilige Blandine zu fressen. Die Jungfrau hatte Mitleid und wollte ihn beruhigen mit einem Lächeln, wie sie es sonst nur für das Kind übrig hatte. Der Löwe blickte geradeaus, mit einer Miene, als sage er in noch verzweifelterem Ton als vorher:

‚Was habe ich denn getan, daß ich so groß und stark bin? Ihr wißt doch alle, daß ich immer von Hunger und der frischen Luft getrieben war, wenn ich fraß; und ihr kennt ja auch das Problem der Löwenjungen. Wir haben alle mehr oder weniger versucht, Pflanzenfresser zu werden, aber Pflanzen sind nichts für uns.'

Dann senkte er seinen riesigen Kopf, auf dem die Haare wie explodiert standen, und legte sich traurig auf den harten Boden; die Quaste seines Schweifs wirkte ebenso niedergeschlagen wie sein Kopf; er war von einer großen Stille umgeben, die zu Herzen ging.

Der Tiger warf sich, als er an die Reihe kam, auf die Erde und machte sich so flach, bis er vor lauter Selbstverleugnung wie ein Bettvorleger vor der Krippe lag. Doch dann, in Sekundenschnelle, war er wieder ganz da mit einer unglaublich elastischen Kraft, verschwand und ward nicht mehr gesehen.

Die Giraffe zeigte für kurze Zeit ihre Füße in der Tür, und jeder war der Meinung, daß das ,zähle', als ob sie den Besuch an der Krippe gemacht habe.

Das gleiche war beim Elefanten; er begnügte sich damit, auf der Schwelle niederzuknien und seinen Rüssel wie ein Weihrauchfaß zu schwenken, was von allen gut aufgenommen wurde.

Ein Hammel mit unheimlich viel Wolle wünschte, sogleich geschoren zu werden, aber man ließ ihm sein Vlies mit Dank.

Mutter Känguruh wollte mit aller Gewalt Jesus eines ihrer Kinder schenken, machte geltend, daß das Geschenk von Herzen komme und daß es sie nicht beraube, denn sie habe noch andere kleine Känguruhs zu Hause. Aber Joseph wollte es nicht, und sie mußte ihr Kind wieder mitnehmen. Der Strauß hatte mehr Glück; er legte in einer unbeobachteten Sekunde ein Ei in den Winkel und kam ohne Lärm fort. Das Andenken wurde erst am nächsten Tag entdeckt, und zwar bemerkte es der Esel. Er hatte noch niemals etwas so Großes und Hartes als Ei gesehen und wollte an ein Wunder glauben . . . Da belehrte Joseph ihn eines Besseren: es wurde daraus ein Eierkuchen gemacht.

Die Fische, die sich infolge ihrer bedauernswerten Atemweise nicht außerhalb des Wassers zeigen konnten, hatten eine Möwe beauftragt, sie zu vertreten.

Die Vögel ließen, wenn sie fortflogen, ihre Lieder da, Tauben ihre Liebessänge, Affen lustige Streiche, Katzen ihre Blicke, Turteltäubchen die Süße ihrer Kehle.

Jules Supervielle

175

Vom Ochsen und vom Esel

 om Ochsen und vom Esel hat die Schrift durchaus nichts zu melden. Ich weiß nicht mehr, wo ich die Geschichte von diesem ungleichen Paar zuerst hörte, wahrscheinlich hat sie wohl nur meine Mutter erfunden, um den lästigen Frager loszuwerden, der auf dem Kinderschemel zu ihren Füßen saß.

Demnach war es aber so, daß der Erzengel, während Joseph mit Maria nach Bethlehem wanderte, die Tiere in der Gegend heimlich zusammenrief, um eines oder das andere auszuwählen, das der Heiligen Familie im Stall mit Anstand aufwarten konnte.

Als erster meldete sich natürlich der Löwe. Nur jemand von königlichem Geblüt sei würdig, brüllte er, dem Herrn der Welt zu dienen. Er werde sich mit all seiner Stärke vor die Tür setzen und jeden zerreißen, der sich in die Nähe des Kindes wagte.

„Du bist mir zu grimmig", sagte der Engel.

Darauf schlich der Fuchs heran und erwies in aller Unschuld eines Gaudiebes seine Reverenz mit der Rute. König hin oder her, meinte er, vor allem sei doch für die leibliche Notdurft zu sorgen. Deshalb mache er sich erbötig, süßesten Honig für das Gotteskind zu stehlen, und jeden Morgen auch ein Huhn in den Topf für die Wöchnerin.

„Du bist mir zu liederlich", sagte der Engel.

Nun stelzte der Pfau in den Kreis. Das Sonnenlicht glänzte in seinem Gefieder, rauschend entfaltete er sein Rad. So wolle er es auch hinter der Krippe aufschlagen, erklärte er, und damit den armseligen Schafstall köstlicher schmücken als Salomon seinen Tempel.

„Du bist mir zu eitel", sagte der Engel.

Hinterher kamen noch viele der Reihe nach, Hund und Katze, die kluge Eule und die süß flötende Nachtigall, jedes pries seine Künste an, aber vergeblich. Zuletzt blickte der strenge Cherub noch einmal um sich und sah Ochs und Esel draußen auf dem Felde stehen, beide im Geschirr, denn sie dienten einem Bauern und mußten Tag für Tag am Wassergöpel im Kreise laufen. Der Engel rief auch sie herbei. „Ihr beiden, was habt ihr anzubieten?"

„Nichts, Euer Gnaden", sagte der Esel und klappte traurig seine Ohren herunter. „Wir haben nichts gelernt, außer Demut und Geduld. Denn in unserem Leben hat uns alles andere immer nur noch mehr Prügel eingetragen."

„Aber", warf der Ochse schüchtern ein, „aber vielleicht könnten wir dann und wann ein wenig mit den Schwänzen wedeln und die Fliegen verscheuchen!" „Dann seid ihr die Rechten!" sagte der Engel.   *Karl Heinrich Waggerl*

Bim und der Wind

Es waren einmal drei Glocken. Sie hießen Bom, Bam und Bim.

Bom war die größte. Ihre Stimme war dunkel und kräftig. Bam war etwas kleiner. Aber auch sie konnte man weithin hören. Bim war die kleinste. Ihr Ruf war sehr hell und ein wenig dünn, doch schwang sie eifrig hin und her, wenn die Buben an den Seilen zogen.

Die Glocken wohnten im Turm einer alten Kirche. Die Kirche gehörte zu einem kleinen Dorf, nahe an einem großen Wald. Sie wären in ihrer luftigen Behausung sehr einsam gewesen, wäre der Wind nicht öfters zu Besuch gekommen. Der pflegte sich nach seiner Reise über die Hügel in eine Turmluke zu setzen und von seinen Erlebnissen zu berichten. Die Glocken lauschten seinen Geschichten stets voller Staunen. ,,Ach", seufzte Bom, ,,wenn wir doch auch einmal etwas Besonderes erleben dürften!" Bam meinte: ,,Wenn es auch nur ein einziges Mal wäre." Nur Bim sagte nichts.

Am Nachmittag des 24. Dezember hatte es zu schneien angefangen. Ganz dicht fielen die Flocken, und der Wind trieb sie dahin und dorthin, so daß es aussah, als wehten vor der Kirche und vor den Häusern zarte weiße Schleier. Als es schon anfing dunkel zu werden, setzte sich der Wind in die Turmluke und sagte: ,,Ich muß euch etwas Neues erzählen: Als ich am Wald entlangwehte, sah ich zwei Kinder durch den Schnee stapfen. Sie zogen einen Schlitten hinter sich her, auf den ein Korb gebunden war. Sie schienen sehr müde zu sein. Das eine von ihnen war ein Mädchen. Es blieb immer wieder stehen und weinte. Der Knabe, der neben ihm ging, schob es vorwärts und zog an der Schlittenschnur. Sie taten mir leid. Da fegte ich an ihnen vorbei und stieß die Tür der Scheune auf, die am Wald steht. Sie erschraken, weil es so krachte, aber dann taumelten sie beide hinein und ließen sich ins Heu fallen. Der Knabe stand noch einmal auf und drückte die Tür von innen zu. Jetzt sind sie wenigstens im Trockenen."

,,Aber es ist doch kalt in der Scheune", sagte Bim. ,,Menschen können keine Kälte vertragen."

,,Man müßte Hilfe holen", sagte der Wind. ,,Ich kann das leider nicht. Wenn ich an den Türen und Fensterladen rüttle, kommt keiner heraus. Die Menschen verstehen meine Sprache nicht."

,,Dann wollen wir läuten!" rief Bim.

,,Du vergißt, daß wir nur läuten können, wenn man an den Seilen zieht", sagte Bam bedächtig.

,,Aber der Wind!" rief Bim. ,,Er muß so lange blasen, bis wir uns bewegen und unsere Klöppel anschlagen!"

,,Das kann er doch nicht", erklärte Bom.

,,Wir sind viel zu schwer."

,,Aber ich doch nicht", widersprach Bim.

177

„Ich bin leicht. Puste mich an, Wind!" Da blähte der Wind die Backen und blies und blies. Erst hing Bim ganz still, aber dann fing sie an, hin und her zu schwingen, mehr und mehr. Und dann schlug plötzlich der Klöppel an, erst zaghaft, dann lauter und lauter. Und schließlich war das Geläute nicht mehr zu überhören.

Unten öffneten sich die Haustüren, Männer, Frauen und Kinder traten heraus und verwunderten sich. Der alte Mesmer, der der Kirche zunächst wohnte, meinte: „Wenn die Glocke läutet, ohne

daß einer am Seil zieht, so hat das etwas zu bedeuten. Vielleicht will Gott uns auf einen Vermißten aufmerksam machen, der unsere Hilfe braucht. Wir wollen den Umkreis des Dorfes mit Laternen absuchen, ob wir jemanden finden."

Die Leute aber wollten von diesem Vorschlag nichts wissen. ,,Es war der Wind", sagten sie und kehrten in ihre warmen Stuben zurück.

Der alte Mann meinte: ,,Auch den Wind läßt Gott wehen. Nichts geschieht von ungefähr." Und er ging ins Haus und machte sich bereit für den Weg. Seine Frau bat ihn, doch dazubleiben, die Dunkelheit breche schon herein. ,,Eben darum muß ich mich beeilen", sagte er und ging.

Als der Mesmer den Rand des Dorfes erreicht hatte, sagte der Wind zu den Glocken. ,,Ich will vor ihm herlaufen und das Scheunentor wieder aufstoßen, damit der Mann aufmerksam wird und die Kinder drinnen findet." Damit stob er davon. Die Glocke Bim war so aufgeregt, daß sie noch ein paarmal leise anschlug, ehe sie ganz schwieg.

Es dauerte eine Weile, ehe der Wind in die Turmluke zurückkehrte. ,,Der Mann hat die Kinder gefunden", berichtete er noch ein wenig atemlos. ,,Denkt euch nur, sie fielen ihm um den Hals und nannten ihn Großvater. Er streichelte sie und hüllte sie in eine Decke, die er mitgebracht hatte. Es waren wahrhaftig seine eigenen Enkel. Ihre Eltern, die hinter dem Wald wohnten, hatten sie mit Weihnachtsku-chen zu den alten Mesmersleuten geschickt. Als es zu schneien anfing, waren sie vom Weg abgekommen. Aber jetzt ist ja alles gut. Über den Wiesen sehe ich ein Licht, das hin- und herschaukelt und immer näher kommt. Das ist wohl des Mesmers Laterne. Sie werden bald da sein."

,,Ich möchte so gern noch einmal läuten zu ihrem Empfang" sagte die Glocke Bim. ,,Ich muß ihnen sagen, wie ich mich freue. Puste mich an, Wind!" Und der Wind tat der Glock den Gefallen und blies und blies. Und wieder hörten die Leute in den Häusern das Geläute und traten auf die Straße. Und wie sie so standen, schwebte ein Licht auf sie zu. Der alte Mesmer hielt seine Laterne hoch, daß alle den Schlitten mit den Kindern sehen konnten.

Und die Glocke läutete und läutete.

,,Gott sei Dank, ich habe sie gefunden", sagte der Mesmer. Als keiner etwas antwortete und alle nur beschämt zu Boden blickten, meinte er: ,,Nun können wir fröhlich Weihnachten feiern."

,,Bim-bim-bim", rief die Glocke noch einmal. Dann hing sie still.

Marina Thudichum

Man soll aus der
Vergangenheit lernen,
in der Gegenwart leben
und an die Zukunft glauben.

Volksgut

Dezember

Im Stall bei Esel, Ochs und Rind
zur Nacht geboren ward das Kind.
Und wieder still wie ehedem
der Stern leucht über Bethlehem.

Gott in der Höh sei Preis und Ehr,
und Fried den Menschen weit umher.
Gevatter, schlachte du ein Schwein,
back Honigbrot, fahr auf den Wein.

Und heiz die Stube nach Gebühr,
daß uns das Kindlein ja nicht frier!
Wir feiern's mit bei Trunk und Schmaus:
Die Glock' schlägt zwölf – das Jahr ist aus.

Josef Weinheber

Die Silvester-musik

Wenn ich so zurückdenke: wie lang war damals ein Jahr!

Es begann mit dem „Neujahrwünschen" an der Hand von Vater und Mutter; es setzte sich gemächlich fort mit Schneetreiben und Eiszapfen und dem Rodelvergnügen auf einem sanften Hügelchen. Anschließend taute es sich schön langsam durch bis zum 19. März – dem Geburtstag meines Vaters und meinem Tauftag – Grund zu doppelter Feierlichkeit. Dann brauste der Frühling mit Macht heran und in seinem Geleite die stürmischen Stöbertage, die Therese mit wahrer Lust teppichklopfend und scheuernd beging. Dann blühte der Garten, die Gießkannen traten in Aktion, die Sommerkleider wurden verlängert, der Wind strich behutsam über das Rosenbeet, blau schimmerte der See. Allmählich wurde es kühler, die Äpfel rundeten sich, das Laub fiel, der Nebel wallte feucht um meine Lodenkapuze. Schließlich kam die vorweihnachtliche Zeit mit bemühtem Bravsein und Weihnachten mit strahlender Christkindl-Herrlichkeit. Und dann kam die Silvestermusik.

Sie bestand aus einem Bläserchor von fünf Mann – alles „gestandene" Handwerker aus dem Dorf. Der Dirigent war Herr Schreinermeister Müller.

Ich liebte die Silvestermusik; ich bewunderte sie. Ein Jahr ohne sie zu beschließen, schien mir ein Ding der Unmöglichkeit. Schon am Nachmittag ging sie ,im Dorf um', sie wäre sonst mit ihrem Pensum nicht fertig geworden. So kam es, daß man einige verwehte Töne ihres Programms schon bald nach dem Mittagessen vernehmen konnte. Ich lauschte jedesmal angestrengt und berichtete Therese: „Jetzt sind sie schon näher da."

Worauf Therese jedesmal sagte: „Wart nur ein bisserl, sie kommen schon noch ganz nah."

So gegen sieben Uhr abends ging mein Vater zum Tor. Ehe er die Treppen hinunterschritt, rief er: „Macht euch zurecht, sie werden jeden Augenblick da sein!"

Ich war vor Aufregung schon ganz aus dem Häuschen. Am liebsten wäre ich mit meinem Vater zum Gartentor gegangen, aber das durfte ich nicht. Die Begrüßung der Musikanten nahm mein Vater persönlich vor. Es ging alles nach einem vorschriftsmäßigen, liebenswürdigen Zeremoniell.

Meine Mutter ergriff nun eine große Wolldecke und faltete sie auseinander. Einen Zipfel ergriff Therese, den andern sie. Meine Mutter öffnete die Balkontür, wir traten hinaus.

Therese und Mama zogen sich die Decke über die Schultern. Mich nahmen sie in die Mitte und schoben mir eine Fußbank unter die Füße. Ich kuschelte mich in das warme Nest, und wir schauten gebannt auf die Straße hinunter.

183

Und da hörte man das Knirschen von Schritten. Mein Vater drehte den Schlüssel herum und riß das Tor auf. Ich werde den Schwung nicht vergessen, mit dem er es öffnete. Er drückte Freude und Achtung in einem aus.

„Guten Abend, meine Herren!" rief er. „Habe die Ehre!" Sie traten ein. Mein Vater schüttelte jedem einzelnen die Hand – zuletzt dem Herrn Kapellmeister. Dann nahmen sie vor dem verschneiten Efeubeet Aufstellung.

Ich fror und schwitzte zu gleicher Zeit. Gab es etwas Schöneres und Feierlicheres als die Männer mit ihren blitzenden Instrumenten in dem winterlichen Garten, matt beleuchtet von unserer Haustürlampe und um sie herum schweigende, weißschimmernde Bäume? Ein Jahr ging zu Ende, es kam nicht zurück, wie seltsam! Aber es kam ja ein neues, und Mama würde ins Theater fahren, Nippesfiguren abstauben und sticken, Papa würde Klavier spielen, und Therese würde kochen und bügeln und Plätzchen backen – ach, wie gut, daß alles wiederkam! In diesem Augenblick fingen sie unten zu blasen an. Herr Kapellmeister Müller bewegte den Taktstock ganz langsam, denn sie spielten eine ernste, fromme Melodie:

Des Jahres letzte Stunde,
sie naht mit ernstem Schlag.

Ich kannte das Lied. „Der ernste Schlag" stimmte mich jedesmal traurig.

Dann folgte:

In Gottes Segen wohlgeborgen
ruh'n Haus und Wiese, Feld und Wald.

Das tröstete mich sehr.

Nun machten sie eine kleine Pause. Ich benützte sie dazu, mich etwas aus dem Neste hervorzuwagen und die Männer zu betrachten, soweit man sie in der Düsternis betrachten konnte. Dann erhob Herr Müller wieder den Taktstock. Und feierlich ertönte es:

Nun danket alle Gott
mit Herzen, Mund und Händen.

Wir lauschten stumm. Das Nest geriet etwas in Unordnung, weil Mama und Therese sich abwechselnd die Augen wischten. Mächtig verklang der letzte Ton.

Erst war es ganz still. Dann rief mein Vater: „Wo ist der Herr Kapellmeister?" Er rief es jedesmal, obwohl Herr Müller doch neben ihm stand und nicht zu übersehen war.

Herr Müller sagte: „Hier, Herr Doktor!"

„Mein lieber Herr Kapellmeister", sagte mein Vater, „Sie haben uns allen miteinander wieder eine große Freude gemacht. Darf ich mir gestatten, Ihnen eine kleine Anerkennung . . ."

Er drückte Herrn Müller die Hand.

„Vielen Dank, Herr Doktor", sagte Herr Müller, „und ein gut's neu's Jahr!" Nun ging einer hinter dem andern zu meinem Vater. „Ein gut's neu's Jahr! Und gesund bleiben! Alles Gute, Herr Doktor!"

Ich wartete mit Ungeduld auf das Ende des Händeschüttelns, dann kam das eigentlich Großartige: Der Herr Kapellmeister drehte sich um und rief zu uns hinauf: „Jetzt spielen wir eins für die Damen auf dem Balkon!"

„Jawohl!" riefen die andern und winkten mit ihren Instrumenten.

Mein Vater sagte: „Zu liebenswürdig, meine Herren!"

Und sogleich erklang das Heimatlied. Es hatte viele Strophen – sie ließen keine aus. Wir sangen nämlich mit, Mama, Therese und ich. Mein Vater stand, einen Fuß nach vorne gestellt, und dirigierte an der Seite von Herrn Müller mit. Anstelle des Taktstocks schwenkte er den Schlüssel vom Gartentor.

Wir sangen:

Und drunten im Tal
und drob'n auf der Höh
ist's nirgends so schön
wie bei uns am See.

Aber auch das schönste und längste Lied hat ein Ende. Die fünf schwenkten ihre Hüte und Instrumente zum Abschiedsgruß, Herr Müller warf seine Mütze in die Luft und fing sie mit dem Taktstock wieder auf. „Ein gut's neu's Jahr", riefen sie, und „Dankschön, gleichfalls!" riefen wir zurück. Dann gingen sie. Mein Vater blieb drunten stehen, bis sie um die Ecke waren.

Dann schloß er das Tor. *Marina Thudichum*

Jahresschluß – Neujahr

Der du die Zeit in Händen hast,
Herr, nimm auch dieses Jahres Last,
und wandle sie in Segen.
Nun von dir selbst in Jesus Christ
die Mitte fest gewiesen ist,
führ uns dem Ziel entgegen.

Da alles, was der Mensch beginnt,
vor seinen Augen noch zerrinnt,
sei du selbst der Vollender.
Die Jahre, die du uns geschenkt,
wenn deine Güte uns nicht lenkt,
veralten wie Gewänder.

Wer ist hier, der vor dir besteht?
Der Mensch, sein Tag, sein Werk vergeht:
nur du allein wirst bleiben.
Nur Gottes Jahr währt für und für,
drum kehre jeden Tag zu dir,
weil wir im Winde treiben.

Der Mensch ahnt nichts von seiner Frist.
Du aber bleibest, der du bist,
in Jahren ohne Ende.
Wir fahren hin durch deinen Zorn,
und doch strömt deiner Gnade Born
in unsre leeren Hände.

Und diese Gaben, Herr, allein
laß Wert und Maß der Tage sein,
die wir in Schuld verbringen.
Nach ihnen sei die Zeit gezählt;
was wir versäumt, was wir verfehlt,
darf nicht mehr vor dich dringen.

Der du allein der Ewge heißt
und Anfang, Ziel und Mitte weißt
im Fluge unsrer Zeiten:
bleib du uns gnädig zugewandt
und führe uns an deiner Hand,
damit wir sicher schreiten.

Jochen Klepper 1938

Die vier archimedischen Punkte

In den Wochen vor und nach der Jahreswende pflegt es Ansprachen zu schneien. Sie senken sich sanft, mild und wattig auf die rauhe Wirklichkeit, bis diese einer wärmstens empfohlenen, überzuckerten und ozonreichen Winterlandschaft gleicht. Doch mit dem Schnee, wie dicht er auch fällt, hat es seine eigene Bewandtnis – er schmilzt. Und die Wirklichkeit sieht nach der Schmelze, mitten im schönsten Matsch, noch schlimmer aus als vor dem großen Schneetreiben und Ansprachengestöber.

Was war, wird nicht besser, indem man's nachträglich lobt. Und das, was kommt mit frommen Wünschen zu garnieren, ist Konditorei, nichts weiter. Es hat keinen Sinn, sich und einander die Taschen vollzulügen. Sie bleiben leer. Es hat keinen Zweck, die Bilanz zu frisieren. Wenn sie nicht stimmt, helfen keine Dauerwellen.

Rund heraus: das alte Jahr war keine ausgesprochene Postkartenschönheit, beileibe nicht. Und das neue? Wir wollen's abwarten. Wollen wir's abwarten? Nein. Wir wollen es nicht abwarten! Wir wollen nicht auf gut Glück und auf gut Wetter warten, nicht auf den Zufall und den Himmel harren, nicht auf die politische Konstellation und die historische Entwicklung hoffen, nicht auf die Weisheit der Regierungen, die Intelligenz der Parteivorstände und die Unfehlbarkeit aller übrigen Büros. Wenn Millionen Menschen nicht nur neben-, sondern miteinder leben wollen, kommt es aufs Verhalten der Millionen, kommt es auf jeden und jede an, nicht auf die Instanzen. Das klingt wie ein Gemeinplatz, und es ist einer. Wir müssen unser Teil Verantwortung für das, was geschieht, und für das, was unterbleibt, aus der öffentlichen Hand in die eigenen Hände zurücknehmen. Wohin es führt, wenn jeder glaubt, die Verantwortung trüge der sehr geehrte, wertgeschätzte Vordermann und Vorgesetzte, das haben wir erlebt. Soweit wir's erlebt haben . . .

Ich bin ein paar Jahre älter als ihr, und ihr werdet ein paar Jahre länger leben als ich. Das hat nicht viel auf sich. Aber glaubt mir trotzdem: wenn Unrecht geschieht, wenn Not herrscht, wenn Dummheit waltet, wenn Haß gesät wird, wenn Muckertum sich breitmacht, wenn Hilfe verweigert wird, – stets ist jeder einzelne zur Abhilfe mitaufgerufen, nicht nur die jeweils ,zuständige' Stelle.

Jeder ist mitverantwortlich für das, was geschieht, und für das, was unterbleibt. Und jeder von uns und euch – auch und gerade von euch – muß es spüren, wann die Mitverantwortung neben ihn tritt und schweigend wartet. Wartet, daß er handle, helfe, spreche, sich weigere oder empöre, je nachdem. Fühlt er es nicht, so muß er's fühlen lernen. Beim einzelnen liegt die große Entscheidung.

Aber wie kann man es lernen? Steht man nicht mit seinem Bündel

Verantwortung wie in einem Wald bei Nacht? Ohne Licht und Weg, ohne Laterne, Uhr und Kompaß?

Ich sagte schon, ich sei ein paar Jahre älter als ihr, und wenn ich bisher auch noch nicht, noch immer nicht gelernt habe, welche Partei, welche Staatsform, welche Kirche, welche Philosophie, welches Wirtschaftssystem und welche Weltanschauung ‚richtig' wären, so bin ich doch nie ohne Kompaß, Uhr und Taschenlampe in der Welt herumgestolpert. Und wenn ich mich auch nicht immer nach ihnen gerichtet habe, so war's gewiß nicht ihr, sondern mein Fehler.

Archimedes suchte für die physikalische Welt den einen festen Punkt, von dem aus er sich's zutraute, sie aus den Angeln zu heben. Die soziale, moralische und politische Welt, die Welt der Menschen nicht aus den Angeln, sondern in die rechten Angeln hineinzuheben, dafür gibt es in jedem von uns mehr als einen archimedischen Punkt. Vier dieser Punkte möchte ich aufzählen.

Punkt 1: Jeder Mensch höre auf sein Gewissen! Das ist möglich. Denn er besitzt eines. Diese Uhr kann man weder aus Versehen verlieren, noch mutwillig zertrampeln. Diese Uhr mag leiser oder lauter ticken – sie geht stets richtig. Nur wir gehen manchmal verkehrt.

Punkt 2: Jeder Mensch suche sich Vorbilder! Das ist möglich. Denn es existieren welche. Und es ist unwichtig, ob es sich dabei um einen großen toten Dichter, um Mahatma Gandhi oder um Onkel Fritz aus Braunschweig handelt, wenn es nur ein Mensch ist, der im gegebenen Augenblick ohne Wimperzucken das gesagt und getan hätte, wovor wir zögern. Das Vorbild ist ein Kompaß, der sich nicht irrt und uns Weg und Ziel weist.

Punkt 3: Jeder Mensch gedenke immer seiner Kindheit! Das ist möglich. Denn er hat ein Gedächtnis. Die Kindheit ist das stille, reine Licht, das aus der eigenen Vergangenheit tröstlich in die Gegenwart und Zukunft hinüberleuchtet. Sich der Kindheit wahrhaft erinnern, das heißt: plötzlich und ohne langes Überlegen wieder wissen, was echt und falsch, was gut und böse ist. Die meisten vergessen ihre Kindheit wie einen Schirm und lassen sie irgendwo in der Vergangenheit stehen. Und doch können nicht vierzig, nicht fünfzig spätere Jahre des Lernens und Erfahrens den seelischen Feingehalt des ersten Jahrzehnts aufwiegen. Die Kindheit ist unser Leuchtturm.

Punkt 4: Jeder Mensch erwerbe sich Humor! Das ist nicht unmöglich. Denn immer und überall ist es einigen gelungen. Der Humor rückt den Augenblick an die richtige Stelle. Er lehrt uns die wahre

Größenordnung und die gültige Perspektive. Er macht die Erde zu einem kleinen Stern, die Weltgeschichte zu einem Atemzug und uns selber bescheiden. Das ist viel. Bevor man das Erb- und Erzübel, die Eitelkeit, nicht totgelacht hat, kann man nicht beginnen, das zu werden, was man ist: ein Mensch.

Vier Punkte habe ich aufgezählt, daß ihr von ihnen aus die Welt, die aus den Fugen ist, einrenken helft: das Gewissen, das Vorbild, die Kindheit, den Humor. Vier Angelpunkte. Vier Programmpunkte, wenn man so will. Und damit habe ich unversehens selber eine der Ansprachen gehalten, über die ich mich eingangs lustig machte. Es läßt sich nicht mehr ändern, höchstens und konsequenterweise auf die Spitze treiben, indem ich, anderen geschätzten Vor- und Festrednern folgend, mit ein paar Versen schließe, mit einem selbst- und hausgemachten Neujahrsspruch:

Man soll das Jahr nicht mit Programmen
beladen wie ein krankes Pferd.
Wenn man es allzu sehr beschwert,
bricht es zu guter Letzt zusammen.

Je üppiger die Pläne blühen,
um so verzwickter wird die Tat.
Man nimmt sich vor, sich schrecklich zu bemühen,
und schließlich hat man den Salat.

Es nützt nicht viel, sich rotzuschämen.
Es nützt nichts, und es schadet bloß,
sich tausend Dinge vorzunehmen.
Laßt das Programm und bessert euch drauflos!

Erich Kästner

Silvester mit Schampus

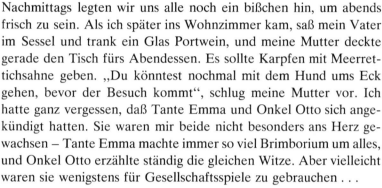

Niemals werde ich diesen Silvesterabend vergessen, an dem das mit meinem Hund Schampus passierte.

In den vergangenen Jahren hatten mich meine Eltern immer erst kurz vor Mitternacht geweckt, damit ich vom Fenster aus das Neujahrsfeuerwerk sehen und mit ihnen auf das neue Jahr anstoßen konnte. Aber in diesem Jahr durfte ich zum ersten Mal aufbleiben – das ganze Jahr hatte ich mich auf diesen Abend gefreut. Eine Tüte voller Knallfrösche, Raketen, Böller und Kracher, die ich mit meinem Vater für unser Feuerwerk gekauft hatte, stand auf der Terrasse vor meinem Zimmer. Ich nahm mir insgeheim vor, mit der Knallerei schon ein bißchen vor Mitternacht anzufangen, damit der Abend nicht so lang würde.

Nachmittags legten wir uns alle noch ein bißchen hin, um abends frisch zu sein. Als ich später ins Wohnzimmer kam, saß mein Vater im Sessel und trank ein Glas Portwein, und meine Mutter deckte gerade den Tisch fürs Abendessen. Es sollte Karpfen mit Meerrettichsahne geben. „Du könntest nochmal mit dem Hund ums Eck gehen, bevor der Besuch kommt", schlug meine Mutter vor. Ich hatte ganz vergessen, daß Tante Emma und Onkel Otto sich angekündigt hatten. Sie waren mir beide nicht besonders ans Herz gewachsen – Tante Emma machte immer so viel Brimborium um alles, und Onkel Otto erzählte ständig die gleichen Witze. Aber vielleicht waren sie wenigstens für Gesellschaftsspiele zu gebrauchen . . .

Ich machte mich also mit Schampus auf den Weg. Schampus ist ein Airdale-Terrier und mein bester Freund. Ich habe ihn letzten April zum Geburtstag bekommen. Er war jetzt gerade 10 Monate alt, und dies war für ihn das erste Silvester seines Lebens.

Als wir vom Spaziergang zurückkamen, waren meine Tante und mein Onkel schon da. „Hallo, Herzchen!" schrie Tante Emma, die meiner Mutter in der Küche half. Sie rieb gerade den Meerrettich für den Karpfen. Ich war noch ein Stück von ihr entfernt und überlegte, wie ich der Küsserei entgehen könnte, denn ich mochte Tante Emmas Küsse nicht. „Hallo, Herzchen!" schrie Tante Emma zum zweiten Mal und machte die Arme weit auf. Aber sie ließ sie schnell wieder sinken, weil in diesem Augenblick Schampus an ihr hochgesprungen war. Damit hatte sie nicht gerechnet. Schampus stieß zwei kurze aufgeregte Beller aus. Das bedeutet, daß er sich mächtig freut. Aber das konnte Tante Emma nicht wissen. Sie hatte Schampus ja noch nie gesehen.

Erst kriegte Tante Emma einen furchtbaren Schreck – und dann sah sie die Laufmaschen an ihrem Strumpf. Da war es um ihre Fassung geschehen. „Schaff mir das Hundevieh vom Leibe!" schrie sie gellend. „So eine gräßliche Töle!"

Schampus ist wirklich der gutmütigste Hund auf der Welt. Aber er hat eine Abneigung gegen schrille Stimmen und alles Laute. Er sauste dreimal um den Küchentisch, bellte wie wild und schoß wie der Blitz wieder auf Tante Emma los. Aber diesmal nicht vor Freude. Ich warf mich dazwischen und hielt Schampus fest, obwohl ich ihn viel lieber auf Tante Emma losgelassen hätte. Wer meinen Schampus ‚Hundevieh‘ und ‚gräßliche Töle‘ nennt, der ist für mich ein für allemal erledigt, dachte ich und warf Tante Emma nur einen vernichtenden Blick zu.

Meine Eltern hielten leider zu Tante Emma. Ich mußte Schampus im Kinderzimmer einsperren, weil Tante Emma nichts mehr mit ihm zu tun haben wollte. Und da sollte er den ganzen Abend bleiben, bloß wegen der paar Laufmaschen und so ein bißchen Bellerei.

Das Abendessen war eigentlich sehr lecker und festlich. Aber mir machte noch nicht mal das Vanilleeis mit Schokoladensoße Freude.

Ich war einfach sauer und konnte nur noch an Schampus denken, der im Kinderzimmer sein mußte und bestimmt furchtbar enttäuscht und gekränkt war. Denn so hatten wir ihn noch nie behandelt. Einsperren ist wirklich auch für Hunde keine gute Erziehungsmethode!

Als ich in mein Zimmer kam, lag Schampus auf dem Bärenfell vor meinem Bett und schlief. Ich setzte mich neben ihn auf die Erde und vergrub mein Gesicht in seinem Fell. Er wedelte ein bißchen mit dem Schwanz und schlief weiter. Zuerst wollte ich den ganzen Silvesterabend bei Schampus im Kinderzimmer bleiben. Aber dann schliefen mir die Beine ein. Und ich bekam Angst, daß ich am Ende selbst einschlafen und alles versäumen könnte.

Da fiel mir die Tüte mit den Feuerwerksachen auf der Terrasse vor meinem Zimmer ein. Ich schlich mich hinaus und bereitete im Garten auf dem Rasen ein kleines Feuerwerk vor: In der Mitte die Flasche für den Raketenabschuß und rundherum ein Kreis von Knallfröschen. Zuerst ließ ich nacheinander die Knallfrösche explodieren und zum Schluß die Rakete.

Das war ganz ungefährlich. Ich habe es vorher mit meinem Vater genau besprochen. Schon als die ersten Knallfrösche losballerten, steckten meine Eltern, Tante Emma und Onkel Otto die Köpfe aus dem Wohnzimmerfenster.

Sie lachten und jauchzten – Tante Emma am lautesten und schrillsten. Anscheinend waren sie alle in bester Stimmung. Da wurde auch mir leichter ums Herz. Und ich beschloß, mir den Silvesterabend nicht durch Tante Emmas Laufmaschen verderben zu lassen. Wenn Schampus sowieso schlief, konnte er auch ganz gut in meinem Zimmer allein sein. Ich ging vom Garten über die Terrasse in mein Zimmer und wollte zur der Silvestergesellschaft zurückkehren. Da fiel mein Blick auf den Bettvorleger. Ich erstarrte. Mir wurden die Knie weich: Schampus war verschwunden!

Er hatte wohl von der Knallerei einen Schock bekommen und war vor Angst davongelaufen. Daß ich daran nicht früher gedacht hatte! Wenn er schon Tante Emmas Stimme nicht ertragen konnte und so empfindlich gegen alles Laute war, wie schrecklich mußte für ihn meine Feuerwerksknallerei im Garten gewesen sein. Der arme Schampus!

Schreiend lief ich ins Wohnzimmer: „Schampus ist weg! Schampus ist weggelaufen!" „Hab dich doch nicht so albern wegen deiner Töle!" sagte Tante Emma giftig. Da schrie ich noch lauter.

„Wir müssen ihn finden, bevor es Mitternacht ist und die Neujahrsknallerei losgeht, sonst dreht er völlig durch", sagte mein Vater entschlossen.

„Ohne mich!" gab Tante Emma genauso entschlossen zurück. Meine Mutter wollte Tante Emma nicht allein lassen. Außerdem hatten wir nur drei Taschenlampen. Mein Vater nahm die größte, mein Onkel und ich die beiden kleineren. Zuerst suchten wir unseren Garten ab. Wir leuchteten hinter jeden Busch und in die dunkelsten Ecken, ja sogar die Bäume hinauf. Nichts.

Dann kletterte ich zu Seiferts, unseren Nachbarn auf der linken Seite, hinüber. Schampus hatte nämlich ein Loch unterm Zaun zu Seiferts gebuddelt, weil er sich mit ihrer Dackelhündin anfreunden wollte. Seitdem sind sie böse mit uns. Ich rief nur ganz leise nach Schampus. Aber ihre Dackelin hörte mich doch und kläffte wie wild. Als Herr Seifert auf die Terrasse kam, war ich wieder in unserem Garten.

Im Nachbargarten auf der rechten Seite gackerten die Hühner vom Polizisten Sauer wie hysterische Tanten, bloß weil ich beim Suchen aus Versehen ein bißchen gegen ihren Stall gestoßen war . . .

Aber auch hier war Schampus nirgends zu finden. Da gingen mein Vater, Onkel Otto und ich vors Haus und suchten dort nach Schampus straßauf und straßab.

„Wir haben nur noch 20 Minuten Zeit bis Mitternacht!" sagte mein Vater ärgerlich. „Und alles wegen deiner Knallerei!"

„Nein – wegen Tante Emmas Laufmaschen!" gab ich zurück. „Dabei ist mein Schampus tausendmal wichtiger und wertvoller als alle Strümpfe der Welt!"

Ich war völlig verzweifelt und dem Heulen nahe. Meine Stimme war schon ganz heiser vom vielen Rufen. Mein Vater und mein Onkel hatten viel lautere und kräftigere Stimmen als ich und waren überhaupt nicht heiser. Wenn sie sich ein bißchen Mühe gegeben hätten, wären sie über unser ganzes Viertel zu hören gewesen. Aber sie riefen nur hin und wieder ganz leise nach Schampus. Sie schämten sich nämlich, weil die Leute auf der Straße sich über uns lustig machten. Ein paar Spaßvögel liefen schon hinter uns her. Und jedesmal, wenn wir ‚Schampus-Schampus' riefen, antworteten sie mit ‚Cognac-Cognac' oder ‚Wodka-Wodka'. Einer rief „Prost, Bru-

der Lustig!" und hielt meinem Onkel die Schnapsflasche unter die Nase. Die dachten wohl, wir hätten einen Schwips und riefen nur aus Jux ‚Schampus-Schampus'.

„Laßt uns doch noch einmal im Haus nachsehen!" schlug mein Vater vor, der vor Kälte zitterte – er hatte in der Aufregung keinen Mantel angezogen. Niedergeschlagen und ohne Hoffnung trottete ich hinter ihm her ins Haus und in mein Zimmer. Von Schampus keine Spur. Müde und traurig legte ich mich auf den Bettvorleger, auf dem Schampus vorher geschlafen hatte – und da entdeckte ich meinen Hund: Er war unter mein Bett gekrochen aus Angst vor der Knallerei. Da heulte ich vor Freude.

Kaum hatte ich Schampus unterm Bett hervorgezogen und an mich gedrückt, als auch schon die Glocken zu läuten anfingen. Mein Vater stürzte in die Küche und entkorkte den Sekt. Und dann konnten wir doch gerade noch rechtzeitig auf das neue Jahr anstoßen. Ich war ganz benommen vor Glück, daß Schampus wieder da war. Ich glaube, ich war in dieser Silvesternacht der glücklichste Mensch auf der ganzen Welt!   *Rosemarie Künzler-Behncke*

Ein paar Ratschläge zum Feiern der Silvesternacht

Silvester ist das Fest der unbegrenzten Möglichkeiten. Es kann deshalb auch ein Fest der unbegrenzten Langeweile sein.

Silvesternächte sind lang. Wenn man verhüten will, daß die Gäste bereits um 10 Uhr zu gähnen anfangen, muß man sich schon etwas einfallen lassen. Wenn man kein Festessen, sondern ein kaltes Büfett arrangiert, vereinfacht man die Sache wesentlich. Man braucht dann zu keiner bestimmten Uhrzeit einzuladen, sondern nur etwa „ab acht Uhr". Die Gäste können sich dann zwanglos nacheinander einfinden. Das kalte Büfett braucht nicht mit kostspieligen Delikatessen überladen zu sein. Mit einiger Fantasie läßt sich Appetitanregendes und zugleich Nahrhaftes herstellen – es kommt hier sehr auf ein reizvolles Arrangement an. Auf jeden Fall muß das „Angebot" ein Gegengewicht zu den dargebotenen alkoholischen Getränken bilden. Man vergesse auch Obstsäfte und Mineralwasser nicht. Zu vorgerückter Stunde ist eine kräftige und pikante Suppe allgemein willkommen.

Musik ist wichtig – aber unter den Gästen sind vielleicht auch solche, die nicht tanzen wollen. Sie sollen sich aber nicht langweilen. Kleine Spiele, zwischendurch improvisiert, lockern die Stimmung. Durch Pantomimen dargestellte Berufe, die erraten werden müssen; eine Person muß mit verbundenen Augen aus der Hand eines ihr nicht sichtbaren Partyteilnehmers seine Zukunft „lesen"; zwei Per-

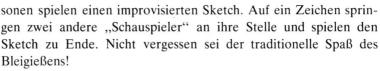

sonen spielen einen improvisierten Sketch. Auf ein Zeichen springen zwei andere „Schauspieler" an ihre Stelle und spielen den Sketch zu Ende. Nicht vergessen sei der traditionelle Spaß des Bleigießens!

Sind Kinder in der Familie, so lasse man sie tunlichst nicht die langen Stunden bis Mitternacht „durchwarten". Man schickt sie zu gegebener Zeit zu Bett mit dem Versprechen, sie pünktlich zum „Anstoßen" zu wecken. Dieses Versprechen muß natürlich eisern gehalten werden.

Etwa zehn vor zwölf versammelt man sich um Sekt und Krapfen, um den feierlichen Augenblick pünktlich zu würdigen.

Silvester ist ein fröhliches Fest – darum sollte man keine sentimentalen oder moralisierenden Reden halten. Ein ernstes Wort ist aber auf jeden Fall erlaubt: Die Bitte an die Gäste, ihren Wagen stehen zu lassen. Das neue Jahr soll nicht mit einem Unfall beginnen. Zum Nüchternwerden hilft kein Kaffee. Im Gegenteil: Kaffee verstärkt die Wirkung des Alkohols. Dies wissen die meisten nicht.

Wer den geeigneten Platz dazu hat (und die Kosten nicht scheut) kann natürlich auch ein Feuerwerk abbrennen. Dies ist vor allem für die Kinder ein herrliches Erlebnis.

Alles in allem: Hauptsache Stimmung, die sich bis zuletzt hält und von den Gästen mit nach Hause genommen wird. Gute Laune macht den Anfang leicht. In diesem Sinne: Prost Neujahr!

Silvesterbewirtung mit alten Rezepten

Getränke

Cardinal (kalt)

Man mischt: Eine Flasche Rotwein, zwei Flaschen Weißwein und den Saft von einer bis zwei Orangen. Auf je einen halben Liter Flüssigkeit gibt man ein Viertelpfund Zucker.

Weinpunsch (kalt)

Man mischt: eine Flasche Rotwein, zwei Flaschen Weißwein, eine halbe Flasche Arrak, den Saft einer Orange und einer Zitrone. Auf je einen halben Liter Flüssigkeit gibt man ein Viertelpfund Zucker.

Weinpunsch (heiß)

Man läßt drei Flaschen Weißwein heiß werden und gießt dreiviertel Liter starken Tee dazu; den Tee vermengt man vorher mit dem Saft von drei Zitronen. Zuckermenge nach Geschmack.

Punsch á la Princesse

In eine Punschterrine legt man dreiviertel Pfund Würfelzucker, nachdem man die Stücke vorher leicht an einer (ungespritzten)

Orangenschale abgerieben hat. Der Saft von einer Orange und einer bis zwei Zitronen wird über den Zucker gegossen.

Man erhitzt den Inhalt von einer Flasche gutem Weißwein und schüttet ihn mit der gleichen Menge von heißem Tee in die Schüssel. Zuletzt gibt man noch einen Viertelliter Arrak hinzu.

Besondere Leckerbissen

Waffeln

Ein halbes Pfund Butter wird schaumig gerührt, sechs Eigelb und ein Viertelliter Rahm, sowie Zucker nach Geschmack werden darunter gemischt. Hierauf vermengt man die Masse mit dreiviertel Pfund Mehl und einer Messerspitze Backpulver. Zuletzt hebt man den Schnee von sechs Eiern darunter. Das Waffeleisen bestreicht man mit Speck oder zerlassener Butter.

Wenn man ein elektrisches Waffeleisen besitzt, können die Waffeln am Tisch gebacken und frisch serviert werden.

Kümmelstangen

(aufgezeichnet von einer bayerischen Hofköchin, die mit der Prinzregentenmedaille ausgezeichnet wurde.)

20 gr. Hefe werden in drei Eßlöffeln Milch aufgelöst. Dann werden sie mit dreiviertel Pfund Mehl vermengt und auf dem Nudelbrett mit 125 gr. Butter, etwas Salz und einem Ei zusammengeknetet. (Etwa zehn Minuten lang.) Dann rollt man Stangen aus, legt sie auf das gebutterte Blech, bepinselt sie mit Ei und streut Kümmel und Salz darauf. Backzeit eine halbe Stunde.

Silvester mit Plumpudding

Man rührt einen Viertelliter süßen Rahm unter 130 gr. Mehl (das Mehl gut gewogen) hierauf gibt man nach und nach ein Viertelpfund Zucker, sechs Eigelb, ein Pfund Sultaninen, ein halbes Pfund Rosinen, etwas Muskatnuß, 120 gr. feingeschnittenes, gehäuteltes Nierenfett, Eischnee von sechs Eiern und ein Weinglas voll Rum oder Arrak dazu. Hierauf wird eine verschließbare Puddingform gut mit Butter eingefettet und nur zu drei Vierteln mit der Masse gefüllt. Der Pudding muß drei bis vier Stunden im Wasserbad kochen. Nach dem Stürzen wird er mit Rum übergossen, angezündet und brennend zusammen mit Weincrème serviert.

Türmerlied

Hört ihr Herrn, und laßt euch sagen,
wenn die Glock' wird zwölfmal schlagen,
verhält das alte Jahr den Schritt,
ein neu's an seine Stelle tritt.
Es setzt, geführt von Gottes Hand,
den Fuß auf unser Erdenland.
Der Zeiger rückt.

Hört ihr Herrn, und laßt euch sagen,
wenn die Glock' anhebt zu schlagen,
laßt ab vom Neid, vergeßt den Streit,
seid brüderlich zur Hilf' bereit.
Vor Gott ist alles offenbar,
ein Tag nur sind ihm tausend Jahr'.
Bedenkt es wohl.

Hört ihr Herrn, und laßt euch sagen,
uns're Glock' hat zwölf geschlagen.
Da nun das neue Jahr begann,
fangt recht es im Vertrauen an.
Gott schenkt die Zeit mit Glück und Leid,
Sein' Lieb' bleibt uns in Ewigkeit.
Dank sei Gott.

Marina Thudichum

Gott ist das einzige,
was nie vergeblich
gesucht wird,
selbst wenn du ihn
nicht finden könntest.

Bernhard von Clairveaux

Jesus kommt als der neue, größere Mose

Die Kindheitsgeschichte Jesu nach Matthäus

Am volkstümlichsten ist Matthäus geworden mit seiner Geschichte von den Weisen aus dem Morgenland. Sie haben immer die Phantasie der Menschen beschäftigt und in prächtigen Krippenfiguren Gestalt angenommen. Dabei ist oft das Entscheidende in den Hintergrund getreten: In diesen Magiern huldigen die ersten Heiden dem König Israels, der hingegen von seinem eigenen Volk oder vielmehr von dessen Machthabern verfolgt wird. Darin sind die Erfahrungen der Kirche mit Juden und Heiden mit dargestellt worden. Überhaupt hat Matthäus in seiner Kindheitsgeschichte weit mehr an Glaubenserfahrungen der Kirche verarbeitet und eingebracht, als der rasche Leser von heute auf den ersten Blick bemerken kann. Betrachten wir das ein wenig an den sechs Einzelstücken seiner Kindheitsgeschichte: dem Stammbaum Jesu, dem kurzen Geburtsbericht, der Huldigung der Magier, der Flucht nach Ägypten, dem Kindermord von Bethlehem und der Rückkehr der heiligen Familie aus Ägypten.

Matthäus beginnt mit einem Stammbaum, wie es damaliger Darstellungsart entsprach. Viele der Namen sagen uns nichts mehr; aber einiges fällt auch dem Leser auf, der das Alte Testament ein wenig kennt. Jesus ist Sohn Abrahams, das bedeutet bei Matthäus: In ihm werden alle Geschlechter der Erde gesegnet werden, wie es dem Nachkommen des Abraham verheißen ist. Damit ist von vornherein gesagt, daß Jesus für Juden und Heiden gekommen ist, zum Heil für alle. Erst dann wird auch herausgestellt, daß Jesus der Sohn Davids ist, der Messias, auf den sich die Hoffnungen Israels richten. Matthäus wird bald darstellen, daß dieser Messias Jesus in Israel abgelehnt wird und nicht willkommen ist: er entspricht nicht dem Bild des machtvollen und erfolgreichen Herrschers, auf den man wartet. Für immer wird es das Ärgernis für Israel sein, daß Jesus der Gekreuzigte ist.

Im übrigen ist die Geschlechterkette, wie Matthäus sagt (er hat sie selber nicht streng durchgeführt), in 3 x 14 Glieder aufgeteilt; dem Kundigen wird damit angedeutet, daß Jesus der Sohn Davids schlechthin ist, denn die Quersumme der Zahlenwerte des hebräischen Namens David ist 14. Die genannten Frauen (Tamar, Rehab, Rut und die Frau des Urija) gehören außer der Heidin Rut zu den Gestalten des Alten Testaments, von denen wenig Ehrenvolles zu erzählen ist. Matthäus nennt sie sicher bewußt, um anzudeuten, daß Jesus zum Heil für alle kommt, auch zur Erlösung der sündigen Ahnen.

Der Stammbaum nimmt am Schluß eine überraschende Wende. Josef, der Sohn Davids, wird Jesus zwar den Namen geben und ihn damit amtlich zum Sohn Davids machen; aber er selbst ist nicht der

Vater. Hier wird deutlich, daß der Stammbaum, den Matthäus aufzählt, nicht im heutigen Sinn biographisch und biologisch gemeint ist, sondern rein theologische Bedeutung hat; andernfalls hätte Matthäus die Vorfahren Mariens nennen müssen.

Josef, der Gerechte, erfährt, daß seine Verlobte, die er bisher nicht heimgeführt hat, ein Kind erwartet; nicht sein Kind. Was soll er denken? Ehebrecherinnen werden in Israel vom Gesetz her gesteinigt. Josef sucht eine menschliche Lösung. Er will Maria ohne Aufsehen entlassen, das heißt, ihr den Scheidebrief schreiben, den Mose erlaubt hat.

Da geschieht seine Berufung zum Hüter des Gottessohnes und seiner Mutter. In doppelter Bildhaftigkeit sagt Matthäus, daß dies durch göttliche Offenbarung geschieht: im bedeutungsschweren Traum, durch die Botschaft eines Engels. Und Josef glaubt und gehorcht ohne ein Wort. In dieser stillen Schlichtheit liegt die Größe des Mannes Josef, von dem uns das Evangelium kein Wort, keine Aussage berichtet außer immer nur diesem einen: daß er offen ist für die wiederholten Botschaften und Rufe, die an ihn ergehen und denen er gehorcht. Josef ist der dem Willen Gottes verfügbare Mensch, ein „Gerechter", wie der alttestamentliche Ehrenname lautet, den ihm Matthäus beilegt. Josef nimmt Maria zu sich und ist seitdem der Hüter der Jungfrau und ihres Kindes, des Immanuel.

Wenn Matthäus hervorhebt, daß Josef sich Maria nicht ehelich genaht hat, bis sie Jeus gebar, so will er noch einmal die vom Heiligen Geist gewirkte Empfängnis und Geburt hervorheben, nichts weiter. Eine Aussage über das spätere eheliche Leben ist das nicht.

Das Volk Israel erwartete nicht, daß sein kommender Messias keinen irdischen Vater haben würde. Die von Matthäus und auch Lukas bezeugte „Jungfrauengeburt" bezeugt den absoluten Neuanfang, die Neuschöpfung Gottes, die mit Jesus beginnt. „Bei Gott ist kein Ding unmöglich", wird es bei Lukas darüber heißen. Wie könnte ein Glaube, der diesen Schöpfungsakt Gottes nicht für möglich hält, Auferstehung und ewiges Leben für möglich halten, einen neuen Himmel und eine neue Erde, die Gott schaffen wird?

Nun tauchen die Weisen aus dem Morgenland auf. Ihre Namen, ihre Zahl werden nicht genannt. Die spätere Tradition spricht von dreien (wohl nach ihren Geschenken: Gold, Weihrauch, Myrrhe) und nennt auch ihre Namen. Matthäus nennt sie nur Magier, Sterndeuter; später hält man sie für Könige. Kommen sie aus Persien, aus Babylon? Dort, wo die Sterndeutekunst zu Hause ist, haben diese Heiden den Stern gesehen, der sie zum Aufbruch bewegte. Aber sie wissen nur von einem neugeborenen König der Juden, dem Heilsbringer für alle Welt. Erst durch die Auskunft, die ihnen Herodes durch seine Schriftgelehrten aus Gottes Wort geben läßt, werden sie nach Bethlehem verwiesen. Dieser Herodes mit dem Beinamen „der

Große" war ein erfolgreicher Politiker im Dienste Roms gewesen; es sind seine letzten Lebensjahre (er stirbt 4 vor Christus), aber noch immer hängt er an Thron und Macht und verteidigt sie skrupellos, selbst mit der Tötung seiner eigenen Söhne und seiner Frau, wenn er sich von ihnen bedroht fühlt. Ihm ist nicht zu glauben, daß auch er hingehen werde, das Kind anzubeten, wenn die Weisen es gefunden und ihm gemeldet haben.

Die nun folgende Szene der Huldigung, ja der Anbetung ist von großer Tiefe und Symbolkraft. Die Weisen finden das Kind und seine Mutter; der Stern hat nicht getrogen; nein, jetzt haben sie Gottes Wort, die Weissagung von Bethlehem, gehört, die dem Volk Israel durch seine Propheten anvertraut worden ist, und nun kommen diese frommen Heiden, erneut vom Stern geführt, und bringen ihre Gaben dar: Gold dem König, Weihrauch dem Priester, Myrrhe dem Leidensknecht Gottes, der ans Kreuz gehen wird.

Herodes erfährt schließlich, daß die Weisen fortgezogen sind, ohne ihm Nachricht über das Kind zu bringen; er beschließt, es zu ermorden. Aber bis dahin ist Josef auf Geheiß Gottes schon nach Ägypten geflohen, in das alte Zufluchtsland verfolgter Leute aus Palästina. Herodes läßt umsonst die zweijährigen Knaben in Bethlehem töten. Er wird selbst bald vom Tod abberufen, und Josef kann – wiederum auf göttlichen Befehl – zurückkehren. Aus Sorge, der Nachfolger des Herodes werde seinem Vater gleichen, zieht er nicht zurück nach Bethlehem, sondern geht nach Galiläa. Das unbekannte Nazaret und das halbheidnische galiläische Land am See Genesaret werden später deshalb zur Heimat des Evangeliums.

An dieser hier knapp skizzierten Kindheitsgeschichte des Matthäus fällt auf, daß er die äußerst kurz erzählten Begebenheiten immer wieder mit Zitaten aus dem Alten Testament kommentiert, und zwar als die Erfüllung von Prophetenworten. So nennt Matthäus nach dem prophetischen Wort des Jesaja Jesus den Immanuel, „Gott mit uns"; und schließlich bei der Heimkehr nach Nazaret nach einem anderen Prophetenwort den „Nazoräer", das Reis aus der Wurzel Jesse.

Und ein Letztes muß noch hervorgehoben werden. „Aus Ägypten rief ich meinen Sohn" – das zitiert Matthäus aus dem Propheten Hosea. Wie Mose war Jesus, von einem Mächtigen verfolgt, als Kind wunderbar gerettet worden; jetzt ruft ihn Gott als den neuen Mose, den Retter seines Volkes und aller Welt, zurück nach Israel. Jesus wird sich in Wort und Werk als der mächtigere, der größere erweisen als Mose; in der Bergpredigt wird er im Gegensatz zu den 10 Geboten des Mose das neue „Gesetz" des Evangeliums verkünden. Er wird nicht nur Pharao überwinden und die ägyptische Streitmacht vernichten, sondern Sünde, Tod und Teufel und seinem Volk den Weg in die Freiheit des ewigen Lebens bahnen.

Bei Matthäus ist nicht die Rede von der Krippe im Stall, von den Hirten und den Engeln der Heiligen Nacht. Seine Kindheitsgeschichte entbehrt außer bei der Huldigungsszene der Magier solcher Szenen, die das Gemüt freudig anrühren. Aber auch er gibt trotzdem bereits ein großes, gewinnendes Bild Christi. Vielleicht kann man sagen, daß die Erzählung ihren Gipfelpunkt dort erreicht, wo Josef bei seiner Berufung gesagt wird: „Du sollst ihm den Namen Jesus geben, denn er wird sein Volk von seinen Sünden erlösen" und dort, wo die Weisen aus dem Morgenland wortlos niederfallen und ihre Gaben darreichen.

Andreas Baur

Der Traum

Die Wüste schlief. Die Nacht war kalt.
Die Könige saßen in ihrem Zelt.
Sie saßen schweigend schon lange Zeit,
der Stern stand leuchtend über der Welt.

Da sagte Caspar und hob den Blick:
„Mir träumte von einem eisernen Tor.
Es war verschlossen, gewaltig und hoch,
und wir standen, Einlaß begehrend, davor.

Wir schlugen dagegen, wir riefen laut.
Da fing eine Stimme zu sprechen an:
„Nicht rohe Gewalt, der Glaube allein
ist's, der die Türen öffnen kann.

Ein Stall ist mein Schloß, mein Lager von Stroh,
meine Mutter wärmt mich mit ihrem Gewand.
Glaubt ihr, daß ich ein König bin,
ihr Könige aus dem Morgenland?"

„Wir wollen dir glauben!" riefen wir laut.
Aufsprang das Tor. Wir standen im Licht.
Da wachte ich auf. Wer deutet den Traum?
Ich, ihr Gefährten, vermag es nicht."

„Wie seltsam", sagte, von Staunen erfüllt,
sinnend darauf König Melchior
„Auch ich weiß ihn nicht zu deuten, den Traum
vom Licht und der Stimme hinter dem Tor.

König Balthasar sprach: „Uns führet der Stern.
Unser Weg ist voller Gefahren und Mühn.
Wir finden das Kind, und wir huldigen ihm,
lasset uns glauben und weiterziehn.

Marina Thudichum

Haussegen zum Dreikönigsfest

Erfüll mit deinen Gaben,
Herr Jesu, dieses Haus!
Tod, Krankheit, Seelenschaden,
Brand, Unglück treib hinaus!
Laß hier den Frieden grünen,
verbanne Zank und Streit,
daß wir dir fröhlich dienen
jetzt und in Ewigkeit!

(Aus Oberbayern)

Die Geschichte vom kleinen Mohren und vom weißen Pferd

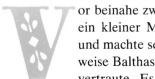 or beinahe zweitausend Jahren lebte im Morgenlande ein kleiner Mohr. Er mußte im Pferdestall arbeiten und machte seine Sache so gut, daß ihm sein Herr, der weise Balthasar, seinen Lieblingshengst zur Pflege anvertraute. Es war ein schönes, schneeweißes Pferd, feurig und wild, aber wenn der kleine Mohr in seiner Nähe war, dann wurde es sanft wie ein Lämmchen. Es stampfte nicht, es schlug nicht aus, es ließ sich von dem kleinen Mohren striegeln und streicheln, und wenn der kleine Mohr etwas sagte, dann neigte es seinen schönen Kopf, als ob es ihm ganz genau zuhören wollte.

Als der weise Balthasar sich mit dem weisen Caspar und dem weisen Melchior aufmachte, um dem Stern zu folgen, der ihnen die Geburt des Jesuskindes angezeigt hatte, da bestimmte Balthasar, daß der kleine Mohr mitkommen sollte; denn niemand anderem wollte er die Pflege seines weißen Pferdes überlassen. Der kleine Mohr war sehr erstaunt, daß sich so eine große Karawane auf den Weg machte, nur weil irgendwo ein neuer Stern aufgegangen war. Und er staunte noch mehr, als er hörte, daß dieser Stern die Geburt eines Königs anzeigte. Was mußte das für ein mächtiger König sein, der die Gewalt hatte, den Sternen zu befehlen? Der kleine Mohr fürchtete sich vor ihm, und er wäre lieber zu Hause geblieben. Aber er mußte ja gehorchen, und außerdem hätte er sich nicht von dem schönen weißen Pferde trennen mögen.

Die Karawane zog viele Wochen durch die Wüste, und der Stern wanderte vor ihr her. Als sie endlich in einer großen Stadt ankam, und die Weisen im Palast nach dem neugeborenen König fragten, da wurde ihnen gesagt, man wisse nichts von einem solchen Kinde.
Da zog die Karawane weiter, aus der Stadt hinaus, vorbei an armen Hütten, über ödes Feld, immer dem Glanz des großen Sternes nach. Der kleine Mohr wunderte sich jeden Tag mehr. So viel Umstände um ein kleines Kind – und wenn es auch ein Fürstenkind war! Er konnte es nicht verstehen. Während er das weiße Pferd striegelte und fütterte, malte er sich aus, in welch prächtigem Schlosse der fremde König wohnen würde. Sicher schlief er in einem goldenen Saal auf purpurnen Decken, und hundert kleine Mohren, wie er einer war, fächelten ihm mit Palmenblättern Kühlung zu. „Wir werden ja sehen", sagte er zu dem weißen Pferd, „was für ein König das ist." Und das Pferd nickte würdevoll mit dem Kopf.
Und dann war die Karawane endlich am Ziele angekommen. Da war zwar kein Schloß, sondern nur ein armer Stall, aber weil der Stern über seinem Dache stand, zögerten die Weisen keinen Augenblick, hier halt zu machen. Sie stiegen von ihren prächtig aufgezäumten Kamelen, ließen sich von den Dienern in kostbaren Gefäßen Gold, Weihrauch und Myrrhen reichen und traten durch die

niedere Tür des Stalles, um dem Kinde ihre Verehrung zu bezeigen. Dann ließen sie in der Nähe des Stalles ihre Zelte aufschlagen.

Als der kleine Mohr das weiße Pferd ein wenig am Zügel herumführte, um ihm Bewegung zu verschaffen, da hörte er einen Kameltreiber sagen: „Ihr könnt es mir glauben: es ist ein armseliger Stall, und es stehen nur Ochs und Esel darin. Die Frau trägt weder Krone noch Kette und der Mann hat einen rauhen, verblichenen Rock an. Das Kind schläft in einer Krippe. Es ist ein schönes Kind, das gebe ich zu. Aber so wohnt doch kein König!"

Diese Worte ließen dem kleinen Mohren keine Ruhe. Um Mitternacht, als alles in den Zelten schlief und die Wachen beim Würfelspiel saßen, band er das weiße Pferd los und schlich mit ihm zu dem Stall hinüber. Sicher haben sie noch nie ein so prächtiges Pferd gesehen wie du eines bist", sagte der kleine Mohr, „wo sie doch nur einen Esel in ihrem Stall haben."

Die Tür war nur angelehnt, der kleine Mohr drückte sie leise auf. Sie war so nieder, daß das weiße Pferd draußen stehen bleiben mußte. Drinnen war es dämmerig. Der große Stern funkelte über dem Dach und schickte seine Strahlen durch die breiten Spalten und Risse. Das Kind schlief in der Krippe. Der Mann und die Frau saßen daneben und blickten zu dem kleinen Mohren hin.

Der kleine Mohr wußte nicht recht, was er sagen sollte. Er senkte den Kopf, und dann schaute er sich nach dem weißen Pferd um. Und da war etwas Seltsames geschehen: das weiße Pferd hatte sich auf die Knie niedergelassen.

Der kleine Mohr erschrak, er dachte, dem Pferd sei etwas geschehen. Aber da sagte die Frau freundlich: „Fürchte dich nicht, kleiner Mohr. Mein Sohn liebt Himmel und Erde, er liebt auch dich und dein Pferd. Willst du ihn nicht grüßen?"

Da kniete der kleine Mohr vor der Krippe nieder, berührte den Boden mit der Stirn und sagte: „Gepriesen seist du, König!"

Als die Karawane wieder in ihr Land zurückwanderte, fragte der Kameltreiber den kleinen Mohren: „Nun, hast du dir auch das Kind im Stalle angesehen?"

„Ja", sagte der kleine Mohr.

„Und glaubst du, daß es ein König ist?"

„Ja, ich glaube es", sagte der kleine Mohr fest.

„Ach was", sagte der Kameltreiber. „In einem Stall wohnt kein König. Erinnerst du dich noch, wie Prinz Achmed geboren wurde und wir deinen Herrn begleiteten, um die Geschenke zu tragen? Das war eine Pracht! Und Prinz Achmed in seiner kleinen goldenen Sänfte – weißt du es noch?"

„Ja, ich weiß es noch", sagte der kleine Mohr. „Aber das weiße Pferd hat nicht vor ihm gekniet."   *Marina Thudichum*

Der Stern

Ein Dreikönigsspiel

Personen: **die drei Könige**   **ein Engel**
          drei Knechte   **Joseph**
          drei Boten   **Maria**
          zwei Hirten

1. Bild (Drei Knechte sitzen würfelnd auf einer Decke. Im Hintergrund ein Zelt.)

1. Knecht: Wie lang schon ziehn wir durch den Sand
Und ließen unser blühend Land!

2. Knecht: Und folgen unserm hohen Herrn!

3. Knecht: Daß ich nicht lach': um einen Stern!

1. Knecht: Zu Hause grämt sich Weib und Kind.

2. Knecht: Wir werden alt in Staub und Wind!

3. Knecht: Groß ist die Wüste – heiß und leer!

1. Knecht (nachdenklich): Und doch! Der Stern geht vor uns her!

3. Knecht: Was hilft uns das?

(Die drei Könige sind während der letzten Worte leise hinter dem Zelt hervorgetreten.)

1. König (mahnend): Es hilft uns viel!
Der Stern ist Leben, Licht und Ziel!

2. König: Er führt uns in des Königs Haus!

3. König: Nun ruht und stellt die Wachen aus!

(Man hört lärmen. Der erste Knecht ergreift sein Schwert und läuft hinaus.)

2. Knecht: Horcht, welch ein Lärm! Was kann das sein?

1. Knecht (zurückkehrend): Drei Boten sind's!

1. König: So laßt sie ein!

(1. Knecht winkt nach draußen. Die drei Boten eilen herzu und werfen sich vor den Königen auf die Knie.)

1. Bote (zum ersten König): Den Göttern Dank, daß ich euch fand!
Im Aufruhr brennet euer Land!

Kehrt heim! Errettet Burg und Stadt,
Die wildes Volk geplündert hat!
Herr, macht euch auf und kehrt zurück,
Der Ruf der Sterne bringt kein Glück!

1. König: *Ein* Stern nur ist, *ein* goldner Strahl,
Dem ich mein Leben anbefahl!
Ich muß ihm folgen fort und fort,
Bis sich erfüllen Zeit und Ort!
Und der mich führt mit sanftem Schein,
Er wird auch Burg und Stadt befrein!

2. Bote
(zum zweiten
König):
O Herr, so kehrt doch Ihr nach Haus!
Mich schickt die hohe Fürstin aus!
Krank liegt euch euer lieber Sohn,
Der Erbe, Herr, von Haus und Thron!

2. König: Mein Sohn ist meiner Augen Licht!
Er ruft mein Herz, doch folg' ich nicht!
Der Stern, der meinen Weg erhellt,
Führt mich im Dienst des Herrn der Welt!

3. Bote
(zum dritten König):
O Herr, so höret Ihr mein Flehn
Und wollt mit mir zur Heimat gehn!
Man stieß die Herrin aus dem Haus
Und lebt darin in Saus und Braus!
Ihr habt der schlimmen Freunde viel!
Kehrt um und laßt das falsche Ziel!

3. König: Der Stern ist hell, mein Ziel ist recht!
Bescheide dich, mein treuer Knecht!

1. König: Stärkt euch, ihr Boten, nach der Reise,
Im Lager nun mit Trank und Speise!
Schütz uns des Sternes Glanz und Macht
Und schenk uns eine gute Nacht!

(Die drei Könige gehen langsam, während sie sich gegenseitig die Hände
auf die Schultern legen, in das Zelt zurück. Die Boten stehen schweigend, mit gesenktem Kopf.)

1. Knecht: Weh uns! Ein Wahn hat sie behext!
Sie kennen keine Heimat mehr!
Sie folgen einem Truggebild!

2. Knecht: Oh, daß der Weg zu Ende wär!

3. Knecht: Hört zu! Wir haben lang genug
Die Füße uns gelaufen wund!
Das ist des Handelns rechte Stund!

Alle: Wir handeln nur mit Recht und Fug!

3. Knecht: Des Nachts, wenn sie der Schlaf umfängt,
Umstellen wir ihr Königszelt
Und legen ihnen Fesseln an
Und ziehn aus dieser Wüstenwelt!

2. Knecht (fröhlich): Der lieben, schönen Heimat zu!

1. Knecht: Seid leise jetzt und geht zur Ruh!

(Die Knechte lagern sich auf der Decke, die Boten gesellen sich schweigend dazu. Es wird dunkel.)

VORHANG

2. Bild (Die drei Könige liegen nebeneinander, schlafend, mit ihren Mänteln zugedeckt. Ein Engel tritt langsam herzu. Der Engel ruft):

Engel: Kaspar! Melchior! Balthasar!
(Die Könige erwachen und richten sich auf.)

Könige: Wer ruft?

2. König: Welch Licht!

3. König: Wer trat ins Zelt?

Engel: Wacht auf! Mich schickt der Herr der Welt!
Es droht Verrat euch und Gefahr,
O Kaspar! Melchior! Balthasar!

1. König: Wo werden denn die Wachen sein?

Engel: Behüten kann nur Gott allein!

2. König: Ist keiner, der sich treu erfand?

Engel: Die Treue liegt in Gottes Hand!

3. König: Sag, narrte uns des Sternes Licht?

Engel: Gott hält allzeit, was er verspricht!
Wollt ihr der Himmel König sehn,
Müßt ihr allein, in Armut gehn!
Wobei ihr das nur tragen sollt,
Was ihr dem Kindlein geben wollt!

1. König: So nehm ich Weihrauch!

2. König: Myrrhen!

3. König: Gold!

Die drei Könige: Als unsrer großen Liebe Sold!
Und wollen wandern fort und fort,
Bis uns der Stern bezeigt den Ort!

(Während der Engel ihnen, nach Osten deutend, den Weg weist, gehen sie langsam zwischen den schlafenden Knechten hinaus. Man hört von ferne mit leiser Flötenbegleitung das Lied singen „Kommet, ihr Hirten . . .") VORHANG

3. Bild (Die Krippe, Maria und Josef, über ihren Häuptern der Stern. Im Vordergrund zwei kniende Hirten. Sie flöten das Lied „Kommet ihr Hirten . . .", dessen zweite Strophe hinter der Bühne leise mitgesungen wird. Die drei Könige kommen langsam auf die Krippe zugeschritten.)

1. König: Horcht, wieder klingt der milde Sang,
Der uns vor unserm Zelt erklang!

2. König: Wie lang ist's her? Ich weiß es nicht!

3. König: Noch immer strahlt des Sternes Licht!

1. König: Und wandert freundlich vor uns her!

2. König
(aufblickend): Oh, sieh! Es wandert ja nicht mehr!

3. König
(erstaunt): Ein Stall! Fürwahr kein Prunkgemach!

1. König: Doch strahlt der Stern ob seinem Dach!
Er zeigt, daß wir am Ziele sind!

Die drei Könige
(niederkniend): Sei uns gegrüßt, o Königskind!

1. König
(zu Maria): Sag, warum liegt dein Sohn auf Stroh?

Maria: Er liebt die harte Erde so!

2. König: Ich fürcht', die Kälte macht ihm Schmerz!

Joseph: Gar warm schlägt seiner Mutter Herz!

3. König: Sein Lächeln ist wie Sonnenschein!

Maria: Er will euch allen Bruder sein!

Die drei Könige: Nimm Weihrauch, Myrrhen und Geschmeid,
Nimm unsre Kronen, unser Kleid!
Laß deiner Augen milden Schein
Auf allen unsern Wegen sein!

Die Hirten: Der Herr hat Großes uns getan!

Die drei Könige: Wir sind am Ziel. Wir beten an!

Weihnachtsmusik hinter der Bühne.

VORHANG   *Marina Thudichum*

210

Babuschka und die drei Könige

Vor vielen, vielen Jahren, da stand einmal ein kleines Haus ganz allein zwischen den Wiesen und Feldern. Dort wohnte die alte Babuschka.

Im Sommer sangen die Vöglein im Apfelbaum, aber im Winter war alles still.

Auf den Wiesen und Feldern lag der Schnee.

An einem Wintertag fegte und putzte Babuschka wieder einmal ihr kleines Haus. Weil sie allein war und viel Zeit hatte, fegte und putzte sie oft so lange, bis es allmählich dunkel wurde.

Plötzlich blieb Babuschka mitten in der Stube stehen. Durch Schnee und Wind hatte sie deutlich die Stimmen von Menschen gehört. Es mußten sehr viele sein.

Babuschka hörte sie näher kommen.

Als Babuschka aus dem Fenster sah, wollte sie kaum ihren Augen trauen. Da kamen zuerst drei weiße Pferde, die einen prächtig geschmückten Schlitten zogen. Drei Männer saßen in dem Schlitten. Sie waren bunt und fremdländisch angezogen.

Jeder von ihnen trug eine schwere Krone, mit Edelsteinen reich verziert. Dann kamen noch viele Männer zu Pferd oder zu Fuß, es war eine lange Reihe, und die ersten standen schon vor Babuschkas kleinem Haus.

Als es an die Tür klopfte, hätte Babuschka sich gern versteckt. Sie fürchtete sich und wartete lange. Dann aber zog sie den Riegel zurück und trat vor das Haus. Waren es Könige, die vor der Tür standen? Dunkel erinnerte sich Babuschka, daß man Menschen, die eine Krone trugen, Könige nannte. Waren sie streng und böse, wie man ihr erzählt hatte?

Aber da lächelte einer der drei Fremden und sagte freundlich: „Fürchte dich nicht! Wir sind einem hellen Stern gefolgt und suchen den Ort, wo ein Kind geboren wurde, das uns allen Freude und Erlösung bringt. Willst du nicht mitgehen, Babuschka? Wir haben den Weg verloren im tiefen Schnee. Hilf uns den Weg wiederfinden, damit wir dem Kind unsere Gaben bringen!"

Der kurze Wintertag ging schon dem Ende zu. Babuschka sah in das Schneegestöber hinaus. „Kommt in die Stube und wärmt euch! Ich mache erst noch die Arbeit im Haus fertig. Morgen werde ich gewiß mit euch gehen."

Doch die drei Könige wandten sich ab. „Wenn du nicht mitkommen kannst, Babuschka, wir müssen gleich wieder aufbrechen. Für uns gibt es keinen Aufenthalt."

Babuschka sah ihnen lange nach. Mit allen, die bei ihnen waren, zogen sie wieder durch Wind und Schnee über das weite Land.

Babuschka war in ihr Haus zurückgekehrt und hatte die letzten Ecken sauber gemacht. Noch lange aber saß sie am Tisch und dachte daran, was die drei Könige ihr von dem neugeborenen Kind erzählt hatten: daß es allen Menschen Freude und Erlösung bringen werde. ‚Wenn ich doch mitgegangen wäre‘, dachte Babuschka, ‚ich hätte das auserwählte Kind mit eigenen Augen gesehen.‘ Und sie bereute nun, daß sie zurückgeblieben war. Auch als sie sich zum Schlafen niederlegte, fand Babuschka keine Ruhe. Sie konnte den Morgen kaum erwarten. Tief im Herzen hatte sie nur noch den einen Wunsch, das Kind zu finden und ihm Geschenke darzubringen, wie es die Könige tun wollten.

Schon in der ersten Tagesfrühe machte sich Babuschka auf den Weg. Sie trug in der Reisetasche die wenigen kleinen Geschenke, die sie in ihrer Hütte gefunden hatte. Auch wenn sie nicht kostbar waren, so hoffte Babuschka doch, daß sich das Kind darüber freuen würde.

Sie trat aus dem Haus und suchte die Spuren im Schnee, die ihr den Weg der Könige zeigen sollten, aber der Wind hatte die Spuren längst verweht.

So ging sie allein und ohne Hilfe in das verschneite Land hinein, klopfte an viele Türen und fragte: „Sind drei Könige hier vorbeigekommen? Kennt ihr das auserwählte Kind und wißt ihr, wo es geboren wurde?“ Aber nicht einer von allen konnte ihr Antwort geben.

Fremde Kinder spielten im Schnee. Babuschka sah ihnen gerne zu. Seitdem sie hinausgezogen war, um das eine Kind zu suchen, hatte sie alle Kinder liebgewonnen. Aber nicht lange durfte sie stehenbleiben.

Babuschka wanderte weiter.

Schritt für Schritt, den Stock in der Hand, wanderte sie von Dorf zu Dorf. Freundlich wurde sie aufgenommen, aber vergeblich fragte sie überall:

„Wißt ihr den Weg zu dem auserwählten Kind?“

Und weiter stapfte die alte Babuschka über das schneebedeckte Land. Die Wege sind weit in diesem Land, und niemand weiß, ob sie das Kind gefunden hat.

Aber die Leute erzählen, daß bis auf den heutigen Tag, wenn es Winter geworden ist, eine alte Frau durch die Straßen und Gassen geht.

Sie schaut in die Stuben hinein, und manchmal finden die Kinder am anderen Tag ein kleines Geschenk auf der Fensterbank, nur eine Zuckerstange oder ein einfaches Spielzeug.

Die gute alte Babuschka ist in der Dunkelheit an ihrem Haus vorbeigekommen.

Paul Schaaf

Die Heiligen
Drei Könige

1. Die hei - li - gen drei___ Kö - nig mit___ ih - ri - gem___ Stern, die kom-men ge - gan-gen, ihr___ Frau-en und Herrn. Der Stern___ gab ih - nen den Schein. Ein neu - es Jahr geht uns her - ein.

2. Die heiligen drei König mit ihrigem Stern,
   sie bringen dem Kindlein das Opfer so gern.
   Sie reisen in schneller Eil,
   in dreizehn Tag vierhundert Meil.

3. Die heiligen drei König mit ihrigem Stern,
   knien nieder und ehren das Kindlein, den Herrn.
   ein' selige, fröhliche Zeit,
   verleih uns Gott im Himmelreich.

Dieses Sterndreherlied kommt aus Oberammergau

Die drei dunklen Könige

r tappte durch die dunkle Vorstadt. Die Häuser standen abgebrochen gegen den Himmel. Der Mond fehlte, und das Pflaster war erschrocken über den späten Schritt. Dann fand er eine alte Planke. Da trat er mit dem Fuß gegen, bis eine Latte morsch aufseufzte und losbrach. Das Holz roch mürbe und süß. Durch die dunkle Vorstadt trabte er zurück. Sterne waren nicht da.

Als er die Tür aufmachte (sie weinte dabei, die Tür), sahen ihm die blaßblauen Augen seiner Frau entgegen. Sie kamen aus einem müden Gesicht. Ihr Atem hing weiß im Zimmer, so kalt war es. Er beugte sein knochiges Knie und brach das Holz. Das Holz seufzte. Dann roch es mürbe und süß ringsum. Er hielt ein Stück davon unter die Nase. Riecht beinahe wie Kuchen, lachte er leise. Nicht, sagten die Augen der Frau, nicht lachen! Er schläft. Der Mann legte das süße, mürbe Holz in den kleinen Blechofen. Da glomm es auf und warf eine Handvoll warmes Licht durch das Zimmer. Die fiel auf ein winziges, rundes Gesicht und blieb einen Augenblick. Das Gesicht war erst eine Stunde alt, es hatte schon alles, was dazu gehört: Ohren, Nase, Mund und Augen. Die Augen mußten groß sein, das konnte man sehen, obgleich sie zu waren. Aber der Mund war offen, und es pustete leise daraus. Nase und Ohren waren rot. Er lebt, dachte die Mutter. Und das kleine Gesicht schlief.

„Da sind noch Haferflocken", sagte der Mann. „Ja", antwortete die Frau, „das ist gut. Es ist kalt." Der Mann nahm noch von dem süßen, weichen Holz. Nun hat sie ihr Kind gekriegt und muß frieren, dachte er. Aber er hatte keinen, dem er dafür die Fäuste ins Gesicht schlagen konnte. Als er die Ofentür aufmachte, fiel wieder eine Handvoll Licht auf das schlafende Gesicht. Die Frau sagte leise: „Guck, wie ein Heiligenschein, siehst du?" Heiligenschein! dachte er, und er hatte keinen, dem er die Fäuste ins Gesicht schlagen konnte.

Dann waren welche an der Tür. „Wir sahen das Licht", sagten sie, „vom Fenster. Wir wollen uns zehn Minuten hinsetzen."

„Aber wir haben ein Kind", sagte der Mann zu ihnen. Da sagten sie nichts weiter, aber sie kamen doch ins Zimmer, stießen Nebel aus den Nasen und hoben die Füße hoch. „Wir sind ganz leise", flüsterten sie und hoben die Füße hoch. Dann fiel das Licht auf sie. Drei waren es. In drei alten Uniformen. Einer hatte einen Pappkarton, einer einen Sack. Und der dritte hatte keine Hände. „Erfroren", sagte er, und hielt die Stümpfe hoch. Dann drehte er dem Mann die Manteltasche hin. Tabak war darin und dünnes Papier. Sie drehten Zigaretten. Aber die Frau sagte: „Nicht, das Kind!"

Da gingen die vier vor die Tür, und ihre Zigaretten waren vier Punkte in der Nacht. Der eine hatte dicke, umwickelte Füße. Er nahm ein Stück Holz aus seinem Sack. „Ein Esel", sagte er, „ich habe sieben Monate dran geschnitzt. Für das Kind." Das sagte er und gab es dem Mann. „Was ist mit den Füßen?" fragte der Mann. „Wasser", sagte der Eselschnitzer, „vom Hunger". – „Und der andere, der dritte?" fragte der Mann und befühlte im Dunkel den Esel. Der dritte zitterte in seiner Uniform. „Oh, nichts", wisperte er, „das sind nur die Nerven. Man hat eben zuviel Angst gehabt." Dann traten sie die Zigaretten aus und gingen wieder hinein.

Sie hoben die Füße hoch und sahen auf das kleine, schlafende Gesicht. Der Zitternde nahm aus seinem Pappkarton zwei gelbe Bonbons und sagte dazu: „Für die Frau sind die."

Die Frau machte die blassen, blauen Augen weit auf, als sie die drei Dunklen über das Kind gebeugt sah. Sie fürchtete sich. Aber da stemmte das Kind seine Beine gegen ihre Brust und schrie so kräftig, daß die drei Dunklen die Füße aufhoben und zur Tür schlichen. Hier nickten sie nochmal, dann stiegen sie in die Nacht hinein.

Der Mann sah ihnen nach. „Sonderbare Heilige", sagte er zu seiner Frau. Dann machte er die Tür zu. „Schöne Heilige sind das", brummte er und sah nach den Haferflocken. Aber er hatte kein Gesicht für seine Fäuste.

„Aber das Kind hat geschrien", flüsterte die Frau, „ganz stark hat es geschrien. Da sind sie gegangen. Guck mal, wie lebendig es ist", sagte sie stolz. Das Gesicht machte den Mund auf und schrie. „Weint er?" fragte der Mann. „Nein, ich glaube, er lacht", antwortete die Frau. „Beinahe wie Kuchen", sagte der Mann und roch an dem Holz, „wie Kuchen. Ganz süß."

„Heute ist ja auch Weihnachten", sagte die Frau. „Ja, Weihnachten", brummte er, und vom Ofen her fiel eine Handvoll Licht auf das kleine, schlafende Gesicht.   *Wolfgang Borchert*

Die Könige

Drei Könige wandern aus Morgenland,
ein Sternlein führt sie zum Jordanstrand,
in Juda fragen und forschen die drei,
wo der neugeborne König sei.
Sie wollen Weihrauch, Myrrhen und Gold
zum Opfer weihen dem Kindlein hold.

Und hell erglänzt des Sternes Schein,
zum Stalle gehen die Könige ein,
das Knäblein schauen sie wonniglich,
anbetend neigen die Könige sich,
sie bringen Weihrauch, Myrrhen und Gold
zum Opfer dar dem Knäblein hold.

O Menschenkind, halt treulich Schritt,
die Kön'ge wandern, o wand're mit!
Der Stern des Friedens, der Gnade Stern
erhelle dein Ziel, wenn du suchest den Herrn;
und fehlen dir Weihrauch, Myrrhen und Gold
schenke dein Herz dem Knäblein hold!

Peter Cornelius

Der echte Dreikönigszug

Lange Zeit hatten wir uns nicht darüber einigen können, wer nun eigentlich den Mohren darstellen dürfe; denn den Spaß, mit rußgeschwärztem Gesicht von Haus zu Haus zu gehen, wollte sich keiner von uns entgehen lassen; schließlich hatte ich den Gedanken aufgebracht, daß nur jener einen würdigen Mohrenkönig abgebe, der mit dem schwarzen Gesicht auch ein entsprechend königlich-afrikanisches Kostüm vorzuweisen habe, und so kam es, daß Willi freiwillig zurücktrat und sich für die Rolle des Königs Melchior entschied, zumal er als Oberministrant bereits das Rauchfaß bediente und leicht echten Weihrauch beizubringen wußte, ohne den nun einmal König Melchior nicht zur Anbetung des Kindes ausziehen darf.

So stand die Wahl, wer als König Kaspar und wer als Balthasar die Reise nach Bethlehem antreten werde, nur noch zwischen dem Karrer Hans und mir offen; und es hätte nicht viel gefehlt, so wäre ich als schwarzer König daraus hervorgegangen, weil ich den Rest einer roten Fahne, die ich auf unserem Dachboden gefunden hatte, als besonders kleidsames und majestätisches Kostüm aufweisen konnte. Aber da fiel die entscheidende Frage: „Hast du auch eine Myrrhe?"

Der Karrer Hans hatte diese Frage natürlich nur gestellt, um Zeit zu gewinnen; denn was eine Myrrhe sei, wußte er ebensowenig wie Willi oder ich.

Damit waren wir mit unserer Beratung am toten Punkt angekommen; und weil keiner von uns dreien auch nur irgendeinen Ersatz für eine Myrrhe vorschlagen konnte, brachen wir unsere Sitzung hinter dem Opacher Stadel ab und vertagten unsere Besprechung auf den nächsten Abend.

Als ich nach Hause kam, wurde bereits das Abendessen auf den Tisch gestellt: ich stierte in die Schüssel, ohne zu sehen, was darin dampfte, ich aß wenig und hastig, so daß man mich mit mißtrauischen Augen musterte. Und kaum war das Gebet gesprochen, machte ich mir in einem Wandschränkchen zu schaffen, darin ich zwischen Wollknäueln und Zeitungen eine Legende wußte, also ein frommes Buch, das die Evangelien der Sonn- und Festtage nebst ihrer Erklärung in sich barg.

Mit einiger Mühe fand ich schließlich das Fest der Heiligen Drei Könige oder Epiphanie, was zu deutsch „Erscheinung des Herrn" heißt, wie daneben vermerkt stand. Dann saß ich unter der Lampe am Tisch, den Kopf mit beiden Händen stützend, und las zum erstenmal die Begebenheit von den drei Weisen, die aufgebrochen waren, um den Messias zu suchen und anzubeten. Dabei fiel mir unangenehm auf, daß in dem Bericht mit keinem Wort erwähnt war, daß die Drei Könige von Haus zu Haus gezogen seien oder daß sie Verse aufgesagt und dafür Süßigkeiten, Lebkuchen oder andere weihnachtliche Raritäten erhamstert hatten, wie wir es vorhatten. Das Schlimmste aber war, daß selbst in diesem dicken Buch nicht der geringste Hinweis gegeben wurde, was eine Myrrhe sei; es war nur erwähnt, daß einer der Könige Gold, ein anderer Weihrauch und ein dritter die Myrrhe als Geschenk dargebracht hatte.

Plötzlich hatte ich den Eindruck, als sei es in der Stube seltsam ruhig geworden. Eine dicke, fette Winterfliege brummte mir ins Buch, und als sie verweilte, spürte ich die Stille und schaute auf. Alle sahen zu mir her, die Geschwister mit etwas Spott im Gesicht, die Eltern mit sehr besorgten Mienen; denn es war bislang noch nie passiert, daß ich so öffentlich, ja geradezu auffällig in einem frommen Buch gelesen hatte. Ich klappte es rasch zu, stieß es in den Kasten und rannte hinaus, um mich irgendeiner peinlichen Frage zu entziehen.

„Der möchte wohl Pfarrer werden", hörte ich Max sagen. Und alle lachten. Ich nahm mir vor, Max bei nächster Gelegenheit zu verbläuen.

Am anderen Morgen erwachte ich aus dumpfen Träumen, in denen Max den Mohrenkönig und eine riesige Kiste schleppte, in der Myrrhe war. Ich wollte ihm die Kiste entreißen, aber es gelang mir nicht, so daß mir auch der Traum keine Anhaltspunkte gab, und verstimmt begann der Tag, an dem die Entscheidung fallen mußte. Aber sie fiel nicht; und ohne Hoffnung schlich ich abends zum Opacher Stadel zur letzten Beratung; denn morgen war der Dreikönigstag.

Der Karrer Hans hatte mittlerweile zwar erfahren, daß aus der Myrrhe eine Arznei gemacht werde; welcher Art sie aber sei und wie sie aussah, hatte auch er nirgends erfahren können. Und zum Apotheker zu gehen, fürchteten wir uns, weil wir bei ihm noch vom Herbst her einiges gut hatten, wegen der Stachelbeeren im Apothekergarten.

Unser Dreikönigszug schien also immer fragwürdiger zu werden; denn daß er echt und genau sein müsse – darüber bestand für uns kein Zweifel; man konnte ja schließlich nicht mit Hoffmannstropfen oder Aspirin anstatt mit Myrrhe durchs Land ziehen!

Daß diese Echtheit und Genauigkeit bei uns aber überhaupt nicht gegeben war, hatte ich aus dem frommen Buch bereits erkannt, und der Zweifel der Berechtigung zu unserem Vorhaben quälte mich allmählich so sehr, daß ich mir Luft machen mußte und meinen Freunden davon mitteilte.

Sie lachten. Sie glaubten es mir nicht, so sehr ich mich auch ereiferte. „Das mußt du uns schon schwarz auf weiß beweisen", forderte Willi. „Und wovon hätten denn die echten Dreikönige auf ihrer Reise gelebt, wenn sie nicht Gedichte aufgesagt und dafür Birnbrot bekommen hätten, he?" fragte Karrer Hans. „Die waren doch reich", wandte ich ein, „die konnten doch im Wirtshaus essen!" –

„So – reich meinst du? Weshalb sind sie dann den ganzen Weg zu Fuß gelaufen?"

Ich kam nicht auf gegen sie. Aber ich wußte, daß sie im Unrecht waren, und machte ihnen den Vorschlag, mich das Buch holen zu lassen, damit sie sich selber überzeugen könnten, wie unecht unser geplanter Dreikönigszug ausfallen müsse.

Da eine andere Einigung nicht zustande kam und der Zweifel nun langsam auch auf die beiden Freunde übergriff, verabredeten wir uns auf den späten Nachmittag des anderen Tages, an dem jeder seine Kostüme und Beigaben – mit Ausnahme der Myrrhe – mitzubringen hätte.

Obgleich ich an diesem Abend später als erlaubt nach Hause kam, ließ man mich ungestraft, nicht etwa wegen meiner frommen Lektüre von gestern, als vielmehr wegen meiner jüngeren Schwester, die schrecklich weinte und so sehr über Zahnweh klagte, daß sie bei jedem Bissen, den sie essen sollte, in ein wahres Indianergeheul ausbrach. Als sich Vater schließlich den bösen Zahn besehen wollte, erschrak er nicht wenig; denn mein Schwesterchen hatte viele kleine schmerzhaft brennende Bläschen im Mund, was auf eine Erkrankung deuten konnte, die vielleicht ernsthafter Natur war, so daß ich fortlaufen und den Arzt herbeiholen mußte.

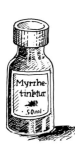

Der alte Doktor Binder stellte eine Entzündung des Zahnfleisches und der gesamten Mundhöhle fest, schrieb ein Rezept für eine Arznei, mit der man die Entzündung auszutupfen hätte, und schickte mich mit dem Zettel zum Apotheker.

Dort erhielt ich das Fläschchen mit der Arznei. Unter der Haustür las ich zufällig die Aufschrift auf dem Schildchen der Flasche. „Myrrhentinktur" stand darauf gedruckt. Jetzt hieß es rasch handeln.

Ehe ich also die Stube betrat, füllte ich die Tinktur in ein leeres Fläschchen, pappte ein Zettelchen an und schrieb mit Druckbuchstaben das gleiche Wort darauf. Nur ein paar Tropfen des kostbaren Inhalts behielt ich in der Originalflasche zurück.

Ich wollte meinen Sieg auskosten, als ich am Nachmittag des 6. Januar zum Opacher Stadel eilte, das fromme Buch unterm Arm und die Myrrhe in der Hostentasche.

Es war ein klirrend frostiger Tag, und der Hauch wehte in weißen Schwaden von unserm Mund, als wir, eng zusammenhockend, einander die Geschichte von den drei Königen vorlasen.

„Er hat recht", sagte Willi, als wir am Ende waren, „sie haben nicht gebettelt." – „Wozu sind sie dann eigentlich ausgezogen?" fragte Karrer Hansl. „Hast du doch selbst gelesen!" gab Willi zur Antwort. „Sie haben das Kind gesucht und es angebetet." Dann war es lange still im Opacher Stadel. Bis endlich Willi sagte: „Gehen wir also!" Wir standen auf, holten die Kostüme unter der Strohschütte heraus und zogen sie an. Ich nahm die Blechschachtel hervor, die ich mit Ruß gefüllt hatte, und machte mich schwarz; keiner erhob Einspruch. Der Karrer Hansl zündete den Stern an und trat hinaus; es war dunkel und kalt, und die anderen Sterne leuchteten mit dem unsern um die Wette.

Schon kamen überallher Kinder und schlossen sich an, aber ihr Johlen und Schreien verstummte, als sie den unerschütterlichen Ernst in unseren Gesichtern sahen.

Bis wir zur Kirche kamen, waren wir ein langer Dreikönigszug. Es war leer und fast dunkel im Gotteshaus, und der Stern ging uns voran und blieb bei der Krippe stehen. Dort knieten wir nieder, die Kinder alle mit uns Königen. Und wir brachten unsere Gaben: Hansl einen goldenen Messingknopf, Willi den geklauten Weihrauch. Alle sahen zu mir herüber: Ich stellte die braune Flasche mit dem Etikett und den paar Tropfen Myrrhentinktur vor das göttliche Kind hin und sah, daß es über die Aufschrift auf der Flasche lächelte. Es war alles ganz echt geworden. *Edmund Johannes Lutz*

Die Antwort der Liebe

Unter den dreizehn italienischen Fliegern, die im November 1961 von meuternden kongolesischen Truppen in Kivu auf grauenhafte Weise ermordet wurden, befand sich auch der Hauptmann Girogio Gonelli. Auf seinem letzten Flug, den er im Dienste der Vereinten Nationen unternahm, führte er eine Kiste mit Spielzeug mit sich, das er an kongolesische Kinder verteilen wollte. Nach der Niedermetzelung der Flieger auf dem Flugplatz vor Kivu war die Kiste verschwunden. Als der Vater des ermordeten Hauptmannes davon erfuhr, bat er die Vereinigung der Angehörigen tödlich verunglückter Flieger in Ferrara, das Vorhaben seines Sohnes auszuführen. Die Vereinigung teilte die Bitte des Vaters der Öffentlichkeit mit. Bald darauf trafen im Hauptquartier der 46. Luftwaffenbrigade, der die ermordeten Flieger angehört hatten, aus ganz Italien Geschenkpakete ein. Am Dreikönigstag, dem Tage, an dem in Italien die Kinder beschenkt werden, starteten in Ferrara zwei Flugzeuge mit Spielzeug und anderen Geschenken an Bord zum Flug in den Kongo. Der Vater Giorgio Gonellis sagte dazu, auf diese Weise werde das Andenken seines Sohnes am besten geehrt. – An diesem Vater kann man sehen, was Christentum ist.

Unbekannter Verfasser

In der Karawane der Könige

chade, daß alles so schnell vorbeigeht, denkt Wenzel und betrachtet den Weihnachtsbaum, dessen Kerzen zur Hälfte niedergebrannt sind. Am Dreikönigstag werden sie noch einmal angezündet, hat die Mutter gesagt. Und danach wird das Weihnachtszimmer wieder ein gewöhnliches Zimmer sein . . .

Wenzels Augen wandern zur Krippe. Es ist eine sehr große, schöne Krippe. Wenzel wird es nicht müde, sie zu betrachten. Inmitten von sanften Hügeln liegt der Stall, in dem Maria und Josef bei dem Jesuskind Wache halten. Über die Hügel herab sieht man die Hirten eilen mit Lämmern auf dem Rücken, mit Krügen in der Hand und Brotlaiben unterm Arm. Ein großer schwarzer Hund springt ihnen voraus. In einer Mulde glimmt ein verlassenes Lagerfeuer, und auf dem höchsten der Hügel steht ein schneeweißer Engel.

Wo die Wiesen zu Ende sind, breitet sich heller, glitzernder Sand. Dort beginnt die Wüste, auf der die Heiligen Drei Könige wandern, gefolgt von einem beladenen Kamel, das ein dunkelhäutiger Treiber führt. Hinter dem Treiber schreiten Diener, die goldene Gefäße mit den Geschenken für das Christkind tragen. Noch ist der Zug ein ganzes Stück von der Krippe entfernt. Aber Wenzel weiß, er wird jeden Tag etwas näher kommen. Und am Dreikönigstag wird er vor dem Stall zu Behtlehem angekommen sein.

Wenzel überlegt: es ist ja eigentlich schon gut, daß sie nicht mehr lang in der Wüste bleiben müssen. Die Hitze dort muß schrecklich sein. Und in der Nacht muß man dort frieren, hat der Vater erzählt. Und immerzu nichts als Sand! Wenzel bückt sich, um diesen Sand genauer zu betrachten . . .

„Steh auf!" sagt jemand. „In der Wüste darf man sich nicht so einfach irgendwo schlafen legen. Das ist gefährlich! Komm, wir nehmen dich mit!"

Wenzel erhebt sich mühsam. Der Kopf ist ihm schwer. Er schaut um sich. Es ist tiefe Nacht. Er erkennt die Umrisse von Menschen, Pferden und Kamelen. Er hört Rufe und das Klingeln heller Glöckchen, die am Hals der Tragtiere befestigt sind.

„Wo bin ich?" fragt Wenzel.

„In der Karawane der Könige", antwortet jemand in einer fremden Sprache, die Wenzel aber trotzdem versteht.

„Und wer bist du?"

„Ich bin Achmed, einer von König Balthasars Kameltreibern", kommt die Antwort in der gleichen, klingenden Sprache. „Oh, wie wunderbar!" ruft Wenzel. „Ich hätte nie geglaubt, daß ich einmal mit den Heiligen Drei Königen durch die Wüste ziehen dürfte, um dann mit ihnen das Christkind im Stall anzubeten!"

„Was redest du da?" fragt der dunkelhäutige junge Mann, der Achmed heißt. „Der Schlaf in der Wüste hat deine Sinne verwirrt.

Unsere Könige beschäftigen sich mit Sterndeuterei, mußt du wissen. Sie haben herausgefunden, daß dieser Stern da" – er deutet zum Himmel – „daß dieser Stern da die Geburt eines mächtigen Königs anzeigt."

„Ja!" ruft Wenzel, „es ist so! Dies ist der Stern des Christkinds, und er steht über dem Stall zu Bethlehem."

Achmed hat nicht auf Wenzels Worte geachtet. „Ich habe mir gedacht", sagt er, „ein König, dessen Ankunft sich durch ein Zeichen am Himmel ankündigt, muß schon als kleines Kind sehr mächtig sein. Und weil wiederum Kinder doch noch ein weicheres Herz haben, als die großen Menschen, so könnte es doch sein, daß dieser König mir einen Wunsch erfüllt, wenn ich ihn darum bitte."

„Was hast du denn für einen Wunsch?" fragt Wenzel neugierig.

„Ich möchte reich werden", sagt Achmed. „Ich möchte Sklaven und Kamele und edle Pferde besitzen, und ich möchte einen prächtigen Palast haben; nein, nicht einen Palast. Viele Paläste."

„Ich weiß nicht, ob dir das Kind so einen Wunsch erfüllen würde", sagt Wenzel.

„Natürlich weißt du es nicht. Es käme auf einen Versuch an. Ich müßte freilich vor den Königen dort sein. Nachher werden sie mich nicht mehr in die Nähe des kleinen Königs lassen. Da kommt Hassan, um mich abzulösen."

Der neue Treiber greift in die Zügel des Kamels. Wenzel und Achmed gehen schweigend nebeneinander her.

Schließlich sagt Wenzel: „Wenn du willst, führe ich dich zu dem kleinen König. Es ist nicht weit, und wenn wir uns beeilen, können wir vor Sonnenaufgang zurück sein. Gleich hinter diesen Hügeln liegt der – der – Ort."

Wenzel sagt nicht „Christkind" und nicht „Stall", weil Achmed ihn nicht verstehen würde.

„Ist das wahr?" fragt Achmed. „Wenn das wahr ist, sollst du nicht leer ausgehen. Aber wenn du mich belügst, werde ich es dir heimzahlen!"

Nun fangen sie beide an zu laufen, immer schneller und schneller. Wenzel kennt sich aus. Da sind die Hügel, da steht der schneeweiße Engel und blickt ihnen nach. Sie drängen sich zwischen den Hirten hindurch, vorbei an dem verlassenen Lagerfeuer. Ein Lamm springt blökend zur Seite, der schwarze Hund bellt sie an. „Wo ist der Palast?" fragt Achmed.

„Hier", antwortet Wenzel und zeigt auf den Stall.

Achmed runzelt die Stirn. Er will sich mit einem Ausruf des Zornes auf Wenzel stürzen. Da sieht er das Kind. Lächelnd liegt es auf seinem harten Bett. Seine kleinen Hände spielen mit einem Strohhalm. Da kniet Achmed unter der Türe nieder und berührt den Boden mit der Stirne.

„Sei willkommen, Achmed", sagt Maria mit freundlicher Stimme. „Sag, was du dir wünschest."

‚Jetzt wird er sagen, daß er reich werden will', denkt Wenzel, der in einiger Entfernung stehengeblieben ist. Aber Achmed antwortet: „Ich will dem kleinen König dienen."

„Ja", sagt Maria, „diene ihm. Geh zurück zur Karawane und löse Hassan ab, es ist an der Zeit. Pflege und tränke das Kamel und sei ihm ein geduldiger und freundlicher Herr. Und habe keine unzufriedenen Gedanken in deinem Herzen, sondern fröhliche. Dann bist du ein guter Diener des kleinen Königs." Achmed erhebt sich, verneigt sich noch einmal und wendet sich um. Er sieht sehr glücklich aus. Dann geht er eilends davon.

„Achmed!" ruft Wenzel, „nimm mich mit zu der Karawane!"

Aber Achmed ist schon hinter den Hügeln verschwunden. Nebel steigt auf und hüllt die Hirten ein, die Schafe, den Stall. Wenzel reibt sich die Augen, um besser sehen zu können, aber es gelingt ihm nicht. Er sitzt in der Dämmerung vor dem Christbaum mit den halb niedergebrannten Kerzen. Die Heiligen Drei Könige wandern mit ihrem Gefolge immer noch auf die Krippe zu, in der der kleine König liegt, dem man überall dienen kann.   *Marina Thudichum*

Immer schneller wächst der Tag

Der Tag wächst um Weihnachten um einen Mückenschritt,
um Neujahr wird's ein Hahnentritt,
um den Heiligdreikönigstag gar ein Hirschensprung,
und am Lichtmeßtag ist er gewachsen schon eine volle Stund.

Volksgut

224

Inhalts-
verzeichnis

225

Quellennachweis

Texte

S. 21   Josef Guggenmos: Am 4. Dezember. Aus: Josef Guggenmos: Ein Elefant marschiert durchs Land. Georg Bitter Verlag, Recklinghausen.

S. 29   Toni Francis: Nikolaus für den Nikolaus. Aus: Augsburger Allgemeine Zeitung Nr. 283 vom 5. 12. 1964

S. 32   Felix Timmermans: Sankt Nikolaus in Not. Aus: Felix Timmermans: Sankt Nikolaus in Not und andere Erzählungen. Übertragen von Anna Valeton-Hoos. Insel Verlag, Frankfurt am Main

S. 50   Eveline Hasler: Die Weihnachtsschlacht. Aus: Regine Schindler (Hrsg.): Weihnachten ist nahe. Orell Füssli Verlag, Zürich 1981. © Eveline Hasler

S. 58   Kurt Ihlenfeld: Der erste Hirte. Aus: Kurt Ihlenfeld: Unbewaffnet geht die Nachricht. Lutherisches Verlagshaus, Hamburg 1978

S. 64   Elly Heuss-Knapp: Weihnachten entgegen. Aus: Rat und Tat. Elly Heuss-Knapp. Nachklang eines Lebens. Hrsg. Friedrich Kaufmann. Rainer Wunderlich Verlag Hermann Leins, Tübingen 1964

S. 79   Karl Heinrich Waggerl: Die stillste Zeit im Jahr. Aus: Karl Heinrich Waggerl: Das ist die stillste Zeit im Jahr. Otto Müller Verlag, Salzburg

S. 84   Wolfdietrich Schnurre: Die Leihgabe. Aus: Als Vaters Bart noch rot war. Verlag Die Arche, Peter Schifferli, Zürich

S. 108 Marina Thudichum: Das Herbergsuchen. Aus: Es weihnachtet sehr. Bergwald Verlag, Darmstadt

S. 111 Marina Thudichum: Die Hirten. Aus: Das Christkind kommt bald. Bergwald Verlag, Darmstadt

S. 112 Marina Thudichum: Die Franziskus-Legende. Aus: Es weihnachtet sehr. Bergwald Verlag, Darmstadt

S. 122 Ludwig Thoma: Die Engel, die haben gesungen... Aus: Ludwig Thoma: Gesammelte Werke, Band 3, Piper Verlag, München

S. 130 Ernst Heimeran: Erinnerungen an die Schiebetür. Aus: Der Vater und sein erstes Kind. © 1981 Carl Hanser Verlag, München, Wien

S. 137 Antoine de Saint-Exupéry: Der Schatz des Kindes. Aus: Antoine de Saint-Exupéry: Die Stadt in der Wüste. Übersetzt von Oswalt von Nostitz. Karl Rauch Verlag, Düsseldorf 1951

S. 150 Bertolt Brecht: Das Paket des lieben Gottes. Aus: Bertolt Brecht: Gesammelte Werke, Band 2. Suhrkamp Verlag, Frankfurt am Main 1967, S. 56

S. 156 Selma Lagerlöf: Die Heilige Nacht. Aus: Selma Lagerlöf: Christuslegenden. Langen Müller Verlag, München 1949

S. 160 Stefan Andres: Weihnachten. Aus: Stefan Andres: Der Knabe im Brunnen. Piper Verlag, München 1953

S. 164 Karl Heinrich Waggerl: Es lächelt schon. Aus: Karl Heinrich Waggerl: Und es begab sich ... Inwendige Geschichten um das Kind von Betlehem. Otto Müller Verlag, Salzburg

S. 167 Dino Buzzati: Zuviel Weihnachten. Aus: Dino Buzzati: Die Lektion des Jahres 1984. H. Deutsch Verlag, Wien 1962

S. 171 Karl Springenschmid: Michels Weihnachtsgeschenk. Mit freundlicher Genehmigung des Verfassers.

S. 174 Jules Supervielle: Besuch der Tiere an der Krippe. Aus: Jules Supervielle: Ochs und Esel bei der Krippe. Übertragen von Gustav Rademacher. F. H. Herbig Verlag, München 1960

S. 176 Karl Heinrich Waggerl: Vom Ochsen und vom Esel. Aus: Karl Heinrich Waggerl: Und es begab sich ... Inwendige Geschichten um das Kind von Betlehem. Otto Müller Verlag, Salzburg

S. 182 Josef Weinheber: Dezember. Aus: O Mensch, gib acht. Ein erbauliches Kalenderbuch für Stadt- und Landleut. Hoffmann und Campe Verlag, Hamburg 1950

S. 186 Jochen Klepper: Der du die Zeit in Händen hast. © Verlag Merseburger, Berlin

S. 187   Erich Kästner: Die vier archimedischen Punkte. Aus: Die Kleine Freiheit. Atrium Verlag, Zürich 1949

S. 207   Marina Thudichum: Der Stern. Aus: Es weihnachtet sehr. Bergwald Verlag, Darmstadt

S. 211   Paul Schaaf: Babuschka und die drei Könige. Middelhauve Verlag, Köln und Opladen

S. 214   Wolfgang Borchert: Die drei dunklen Könige. Aus: Wolfgang Borchert: Das Gesamtwerk. Rowohlt Verlag, Hamburg 1949

S. 217   Edmund Johannes Lutz: Der echte Dreikönigszug. Aus: Montagsgeschichten. Don Bosco Verlag, München

Lieder

S. 20   Wir warten auf den Einen. Melodie: Erna Woll / Text: Marina Thudichum. Aus: Stern, goldner Stern. Neue Weihnachtslieder für Kinder, Fidula-Verlag, Boppard/Rhein

Alle übrigen Texte sind frei oder Originalbeiträge für dieses Buch.

Bildnachweis

S. 7:   Vier Szenen aus der Weihnachtsgeschichte:
Maria Verkündigung; Christi Geburt; Anbetung der Könige; Darstellung im Tempel.
Fol. 1 der Hs.st. 422 der Universitätsbibliothek Eichstätt. (Eigentum des Freistaates Bayern, vorm. Augustinerchorherrenstift Rebdorf): Balthasar Boehm CanAug (Ende 15. Jh. – 1530): Talentum primum de tempore hiemali. Rebdorf, um 1520

S. 9:   Der hl. Martin (Robert Holder, Bad Urach)

S. 13:   Eleonore Weindl, Schondorf

S. 14:   Monika Stein-Böving, München

S. 17:   Maria Verkündigung (Archiv)

S. 25:   Eleonore Weindl, Schondorf

S. 26:   Der hl. Nikolaus (Robert Holder, Bad Urach)

S. 35:   Archiv

S. 41–43:   Erna Horn, Schloß Buchenau

S. 45:   Robert Holder, Bad Urach

S. 51:   Bavaria-Verlag, Gauting (Selke)

S. 57:   Gertie Burbeck, Düsseldorf

S. 61:   Anthony-Verlag, Starnberg (Schönbach)

S. 69:   Eleonore Weindl, Schondorf

S. 70:   Eleonore Weindl, Schondorf

S. 71:   Nürnberger Christkindlesmarkt (Ifa-Bilderteam, München/Kadow)

S. 72–75:   Erna Horn, Schloß Buchenau

S. 76/77:   Bildagentur Mauritius, Mittenwald

S. 81:   Die Christgeburt aus dem Hochaltar der Nikolai-Kirche, Kalkar, um 1508 von Jan Joest von Kalkar geschaffen (Archiv)

S. 87:   Franz Meitinger, Donauwörth

S. 92–95:   Eleonore Weindl, Schondorf

S. 96:   Hans-Günther Kaufmann, München

S. 98–101:   Erna Horn, Schloß Buchenau

S. 103:   Hirten auf dem Felde mit Engel. Prof. Spielmann, Innsbruck (Robert Holder, Bad Urach)

S. 106:   Engelsgruß von Veit Stoß, 1518. Rosenkranzmedaillon, Geburt Christi. Nürnberg, St. Lorenz (Ingeborg Limmer, Bamberg)

S. 117:   Der Engel erscheint den Hirten. Holzschnitt von Ludwig Richter

S. 119:   Robert Holder, Bad Urach

S. 122:   Robert Holder, Bad Urach

S. 125:   Hans-Günther Kaufmann, München

S. 129:   Archiv

S. 145:   Ernst Baumann, Bad Reichenhall

S. 157:   Robert Holder, Bad Urach

S. 163:   Robert Holder, Bad Urach

S. 165:   Geburt Christi. Prof. Spielmann, Innsbruck (Robert Holder, Bad Urach)

S. 173:   Robert Holder, Bad Urach

S. 178:   Anthony-Verlag, Starnberg (Hardenberg)

S. 181:   Robert Holder, Bad Urach

S. 193:   Bildagentur Mauritius, Mittenwald

S. 198/199:   Die Geburt Christi (Archiv)

S. 204:   Bavaria-Verlag, Gauting (Lauter)

S. 213:   Sternsinger (Bavaria-Verlag, Gauting / Lauter)

S. 215:   Anbetung der Könige. Basler Münster. Deckenmalerei im Umganggewölbe der Krypta (unbekannter Meister aus dem letzten Viertel des 14. Jhs. (Peter Hermann, Photographie, Basel)

S. 223:   Foto Appetiti, Rom

1. Stil - le Nacht, hei - li - ge Nach

nur das trau - te hoch - hei - li - ge Paar.

schlaf in himm - li - scher Ruh,_____